史上最強のインディアン コマンチ族の興亡

最後の英雄
クアナ・パーカー
の生涯

上

S・C・グウィン✣著　森夏樹✣訳

青土社

史上最強のインディアン　コマンチ族の興亡（上）　目次

ケイティーとメイジーに

砂漠の風が廃墟に塩を吹きつける。そこには通りすがりの旅人に、この地で人々が生き、死んでいった様子を物語るものは何一つない。亡霊も書記官もいない。

——コーマック・マッカーシー

下巻目次

主な登場人物一覧

パーカー家の人々

ジョン・パーカー　パーカー家の長老。父親
サリー・パーカー　ジョンの妻
エリザベス・ケロッグ　ジョンの息子（長兄）の妻。寡婦
ダニエル・パーカー　次兄。パプテスト派説教師
ジェームズ・パーカー　ダニエルの弟。テキサス・レンジャーズ長官
サラ・パーカー・ニクソン　ジェームズの姉娘
レイチェル・パーカー・プラマー　ジェームズの妹娘
ジェームズ・プラット・プラマー　レイチェルの息子
ベンジャミン・パーカー　ダニエルの弟
サイラス・パーカー　ダニエルの弟
ルーシー・パーカー　サイラスの妻
シンシア・アン・パーカー　サイラスとルーシーの娘
ジョン・リチャード・パーカー　シンシアの弟
サイラス・ジュニア　シンシアの弟
オールレナ　シンシアの妹
アイザック・パーカー　ダニエルの弟。政治家

アメリカ合衆国軍人

J・M・チヴィントン　合衆国陸軍将校。「サンドクリークの虐殺」を指揮
ジョージ・アームストロング・カスター　合衆国陸軍将校。ウォシタ川のシャイアン族虐殺を指揮。リトル・ビッグホーンの戦いで戦死
キット・カーソン　道案内人。のちに合衆国軍大佐
ユリシーズ・シンプソン・グラント　南北戦争北軍総司令官。のちに合衆国第一八代大統領
ウィリアム・テクセム・シャーマン　南北戦争北軍の総司令官
ラナルド・スライデル・マッケンジー　合衆国陸軍将校。第四騎兵隊を指揮

スペイン軍人

ドン・ディエゴ・オルティス・デ・パリージャ　大佐。「サンサバの虐殺」を指揮
ドン・フアン・バウティスタ・デ・アンサ　ニューメキシコ総督

メキシコ軍人

アントニオ・ロペス・デ・サンタ・アナ　メキシコ大統領

テキサス人

サム・ヒューストン　テキサス共和国初代及び第三代大統領
ミラボー・ボナパルテ・ラマー　テキサス共和国第二代大統領
ジョン・カフィー・ヘイズ・ジャック　テキサス・レンジャーズの指揮官
ジョン・サモン・「リップ」・フォード　テキサス・レンジャーズの指揮官

コマンチ族長ペタ・ノコナ一家

ペタ・ノコナ　ノコニ部隊族長。ナウトダの夫
ナウトダ（シンシア・アン・パーカー）　ペタ・ノコナの妻
クアナ・パーカー　ペタ・ノコナとナウトダの長子
ピーナッツ　クアナの弟
プレーリー・フラワー　クアナの妹

史上最強のインディアン　コマンチ族の興亡——最後の英雄クアナ・パーカーの生涯（上）

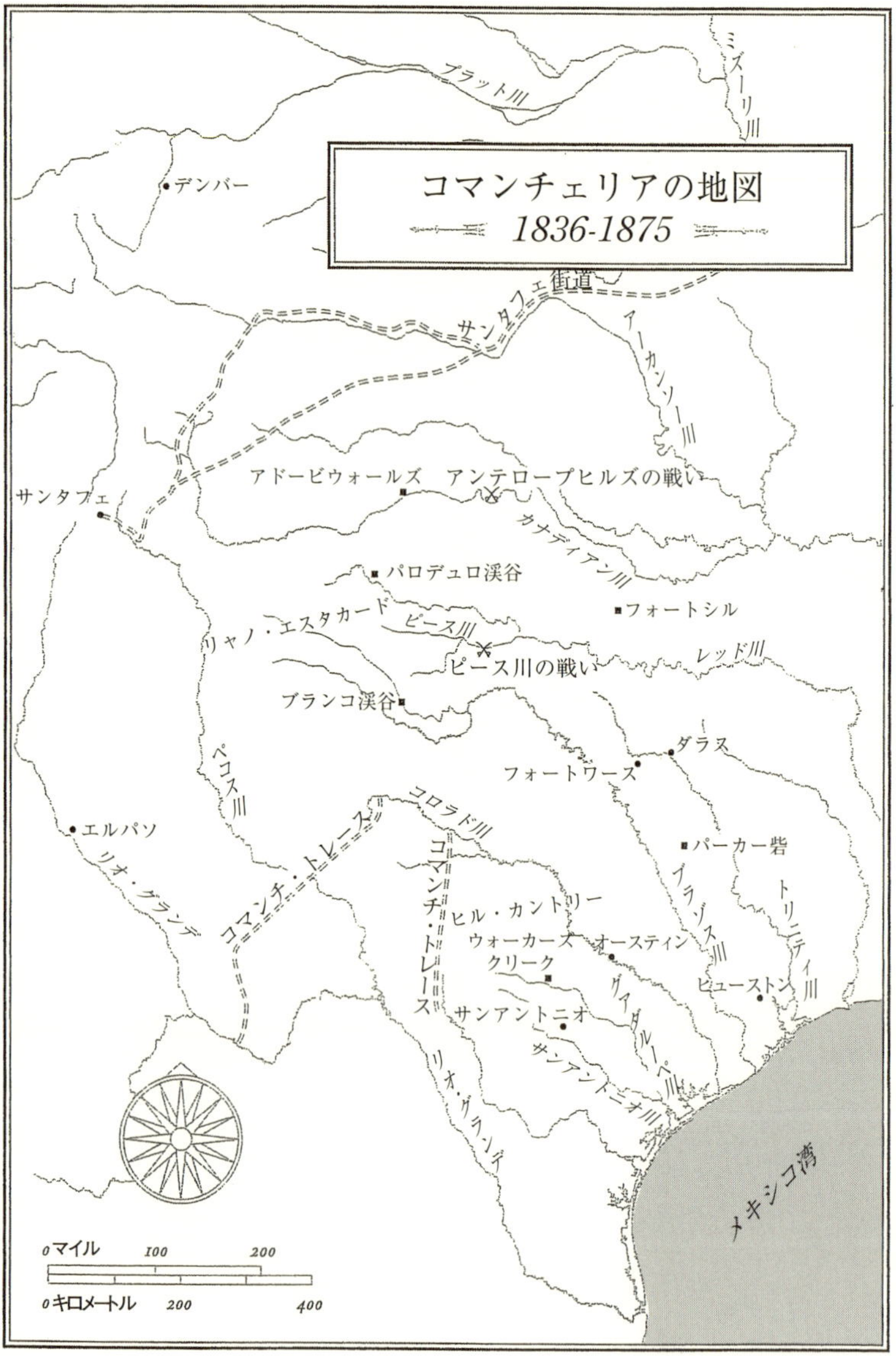
コマンチェリアの地図
1836-1875
プラット川
ミズーリ川
デンバー
サンタフェ街道
アーカンソー川
サンタフェ
アドービウォールズ
アンテロープヒルズの戦い
カナディアン川
パロデュロ渓谷
フォートシル
リャノ・エスタカード
ピース川
ピース川の戦い
レッド川
ブランコ渓谷
ダラス
フォートワース
ペコス川
コロラド川
エルパソ
リオ・グランデ
コマンチ・トレース
パーカー砦
ヒル・カントリー
ブラゾス川
トリニティ川
ウォーカーズ
クリーク
オースティン
グァダルーペ川
ヒューストン
サンアントニオ
サンアントニオ川
メキシコ湾
0 マイル 100 200
0 キロメートル 200 400

1　新しい戦争

騎兵隊の隊員たちはこのときのことをよく覚えている。運搬用ラバのうしろでは砂塵が渦を巻き、ラッパ手の吹くラッパの音が大気をつんざく。馬は鼻を鳴らし、騎兵の馬具のきしむ音が隊列のあちらこちらで聞こえて、古い連隊歌が風とともに湧き上がる。「故郷へ帰るんだ、ジョン。長居は無用。すぐに子供の待つ故郷へ帰るんだ[1]」。日付は一八七一年一〇月三日。六〇〇人の兵士と二五人のトンカワ族の斥候が、ブラゾス川の支流クリアフォークの美しい湾曲部で露営をしていた。そこはテキサス州フォートワースの西方約一五〇マイルの地点にあり、なだらかな大草原をなしている。グラマーグラスやヒイラギガシ、セージなどが生え、低木の茂みが散在していた。今しも兵士たちはキャンプを畳んで、高い切り立った崖や流砂の流れを通り抜け、うねうねと長い列を作りながら行進しつつあった。が、この時点では彼らもまだ、これから先に何が起きるのか、その事実を知るよしもなかった。それにたとえ知ったところで、彼らにとってそれは途方もないことに思えたにちがいない。この朝耳にした召集ラッパの音が、アメリカにおけるインディアン戦争終結のはじまりとなり、ヴァージニアの海岸に最初の船が到着してから、二五〇年にわたって繰り広げられた血なまぐさい闘いに、ようやく今終止符が打たれることになろうとは。第一、最後まで敵対を続けるインディアンの諸部族《トライブ》が、この数年の内に最終的な崩壊を迎えようなどと予測する兵士は一人もいなかった。インディアンたちを一網打尽にして捕らえるか、兵糧攻めにするか、あるいは彼らの食料源を絶つか、浅い渓谷へと追いつめるか、はたまた完全に彼らを皆殺しにするか、いずれを行なうにしても、それを実現するためにはまだまだ時間が必要だと彼らは考えていた。さしあたって問題となるのは強固で一途な意志を持続することだった。以前にも、報復と称して公式に発表された行為が散発的に行なわれたことはあった。一八六四年のJ・M・チヴィントン大佐（一八二一―九四）の虐殺（サンドクリークの虐殺）や、一八六八年のジョージ・アームストロング・カスター将軍（一八三九―七六）の指揮した第七騎兵隊によるシャイアン族の虐殺（ウォシタ川の虐殺）などがそうだ。しかし当時は、部族を丸ごと壊滅させようという大規模な試みはまったく存在しなかったし、それをしようという気持ちさえ起きなかった。それがここへきて変化したのである。そして一〇月三日、変化は命令という形を取り、命令は第四騎兵隊と第一一歩兵連隊の兵士たちの間を順繰りに怒鳴り声で伝達されていった。前進してコマンチ族を殲滅せよ。それは寛容めいた我慢の終わりであり、最終解決（集団虐殺）のはじまりだった。

白人の陣営は歩兵、北軍兵、騎兵、竜騎兵からなり、そのほとんどが南北戦争の古参兵だ。今、彼らは既知の世界のはずれで、テキサス西部の名高いリャノ・エスタカード（大草原の南部に広がる高原地域）を前にして、門のようにそびえ立つ高い岩を上りつつあった。リャノ・エスタカードはコロラドの言葉（スペイン語）で「柵のある平原」を意味する。一帯の住人はほとんどが敵対するインディアンで占められていて、これより以前に、この土地へ足を踏み入れたアメリカ兵はほとんどいない。リャノはきわめて荒涼としていて、広大で人跡未踏、何一つ特徴のない草の海だ。白人がこの中に入ればとたんに道に迷い、方角がわからなくなって飢え死にしてしまう。かつて傲慢なスペイン人たちはコマンチ族を捕まえるといって、自信ありげにこの平原に進軍したが、結局は反対にコマンチ族の反撃に遭い虐殺されてしまった。一八六四年には、キット・カーソン（一八〇九―六八）がサンタフェから連邦政府軍の大隊を率いて、現在のアマリロの北、アドービウォールズという交易所でコマンチ族を襲撃したことがあった。が、彼自身命からがら逃げ延びるのがやっとで、危うく彼の率いた騎兵隊と歩兵連隊の三中隊が絶滅するのを間近で目撃するところだった。(2)

今、その軍隊がふたたび平原へと戻りつつあった。それは一つに、もうたくさんだという我慢の限界のためだったし、グラント大統領（一八二二―八五。南北戦争時北軍の総司令官。アメリカ合衆国第一八代大統領）が保留地に留まるインディアンに向けて出した自慢の「平和政策」（保留地の管理官に指名された従順なクエーカー教徒たちの手で進められた）が、平和の招来に失敗したためでもあり、最終的には、陸軍の最高指揮官であるウィリアム・テクムセ・シャーマン将軍（一八二〇―九一。南北戦争時北軍の総司令官）が怒りにまかせて進軍を命じたためでもあった。シャーマンがインディアン抹殺の代理人として選んだのは、南北戦争の英雄ラナルド・スライデル・マッケンジー（一八四〇―八九）である。気むずかしい上に、むっつりとした執念深い若者で、一八六二年、ウェストポイントの陸軍士官学校をクラスのトップで卒業した。そして驚くべきことに、南北戦争を終えたときには名誉進級して准将になっていた。彼の手は戦傷で醜く損なわれてしまい（指二本を失っている）、そのためにインディアンたちは彼のことを「ノーフィンガー・チーフ」（指のないボス）、あるいは「バッド・ハンド」と呼んだ。マッケンジーにはさらに入り組んだ運命が待ちかまえていた。それから四年が経過する内に、彼はアメリカ史上もっとも残忍なインディアン殺戮の闘士として知られるようになった。が、ほぼこれと時を同じくして、ジョージ・アームストロング・カスターが、無謀な失敗と自らの破滅（一八七六年のリトル・ビックホーンの戦いで戦死した）により天下に一躍名が知れわたった。そのおかげで、マッケンジーの勝利の方はすっかり忘れ去られてしまった。しかし、残った部隊にインディアンとの戦い方を教えたのはマッケンジーであり、カスターではなかった。川が交差するでこぼこの土地を横切り、地平線の先まで続くバッファロー（アメリカ・バイソン）の巨大な群れ、さらにはプレーリードッグ（マーモットの一種）の巣穴群のそばを通って、今、部隊を移動させながら、なおマッケンジーは自分が何をしているのか、彼自身はっきりと認識できないでいた。正確に自分がどこへ行きつつあるのか、そして、平原インディアンの土地で彼らといったいどのようにして戦えばいいのか、それも明確には承知していなかった。最後まで敵対するインディアンの部族を打ち負かす責任が、主として自分にあることにすら、わずかの認識もマッケンジーにはなかった。この種のインディアンとの戦いに不慣れだったために、以後、彼はたく

ラナルド・S・マッケンジー（南北戦争時代。1863 年か 1864 年）　コマンチ族を滅ぼしたアメリカ史上最強の対インディアン闘士。1862 年にウェストポイントの陸軍士官学校を 21 歳で卒業。成績はクラスでトップだった。8 月、第 2 次マナッサスの戦いに従軍。南北戦争が終わったときには、24 歳の若さで准将に名誉昇進していた。

さんのあやまちを犯すことになる。そしてそのあやまちから多くを学ぶことになった。

さしあたって今は、マッケンジーも復讐の道具と化していた。彼が派遣されたのは、大平原《グレート・プレーンズ》を住処とするコマンチ族を殺戮するためだ。南北戦争の終結から六年、西部のフロンティアはなお流血のやまない傷口のようだった。煙でくすぶる廃墟には死体が散乱していて、煙突は黒く焼け焦げたままだ。法の代わりにこの土地を支配していたのは、無秩序と拷問による殺戮だった。ここではインディアンたち、とりわけコマンチ族が勝手気ままに奇襲を仕掛けてきた。南北戦争は北アメリカ史上はじめて、外国を敵としない内戦だったが、この戦争に勝利したアメリカ合衆国（北部諸州）にしてなお、残存するほんのひと握りのインディアンに対処することができなかった。大平原のインディアンたちはこれまで、掃討されず、同化されることもなく、おとなしく保留地へ入るよう強制されることもなしにここまできた（保留地へ入ればたちどころに、みじめな隷属と飢餓の意味を思い知らされる）。今なお敵対を続けるインディアンは、そのすべてが大平原の住人たちだった。彼らはすぐれた馬の乗り手であり、十分な武装をしていて、今では復讐心と政府の政策に対する絶望の入り交じった感情につき動かされていた。大平原の住人とはコマンチ、カイオワ、アラパホ、シャイアン、それに西スーの各部族である。南部の平原にいたマッケンジーにとってあきらかに標的となるのはコマンチ族だった。この国を領したスペイン人、フランス人、メキシコ人、テキサス人、それにアメリカ人の歴史を振り返ってみても、コマンチ族ほど大きな破壊と死をもたらした部族は見当たらない。それに近い部族でさえこれまでに存在したことがなかった。

文明ときわどく境を接するこの土地が、一八七一年の時点でどれほどひどい状態にあったか、それについては、開拓した土地を捨てざるをえなかった入植者たちの数を見れば一目瞭然だ。おびただしい血と汗と努力によって、西へ西へと押し進められたフロンティアが、今では押し戻され、後退を余儀なくされている。この春、ランドルフ・マーシー大佐（一八一二―八七）はシャーマン将軍に同道して西部を旅した。この土地（フロンティア）についてはここ数十年、彼はよく見てよく知っていた。それだけに、多くの場所で一八年前にくらべて入植者の数が激減していることにショックを受けた。「インディアンの来襲者たちを懲らしめることなく、このままに放置していれば、近隣に入植者はいなくなってしまうかもしれない[3]」と彼は書いている。もちろんこのような現象は、新大陸史上まったく知られていなかったわけではない。現にコマンチ族は一八世紀、スペイン帝国の北進にストップをかけていた。この時点に至るまでスペイン人はメキシコで、何百万というインディアンをやすやすと征服しては殺してきた。そして思うがままに大陸を移動していたのである。それが今、一世紀以上にわたる白人の容赦のない西進を目の当たりにして、コマンチ族はふたたび文明の侵略を撃退しつつあった。それもいちだんと大がかりな規模で。フロンティアの全域はあっさりと空っぽになり、東方の森という安全地帯に後退しつつあった。ある郡（ワイズ郡）では、一八六〇年に三一六〇人だった人口が、一八七〇年には一四五〇人にまで落ち込んだ。開拓地の境界線が一〇〇マイル後退した場所もいくつか見られた[4]。シャーマン将軍がその原因（インディアンの来襲）について（かつて彼がしたように）たとえ不審に思ったとしても、ランドルフ・マーシー大佐と同道した旅がその疑念を払拭してしまった。翌年の春、二人は危ういところで襲いかかるインディアンの一隊に殺されかけた。インディアンたち（大半はカイオワ族だった）は将軍たちのそばを通りながら、彼らに攻撃を仕掛けることをしなかった。それは彼らがまじない師《シャーマン》の迷信に従って行動したためだ。インディアンたちはその代わりに、近くを通っていた幌馬車隊を襲った。そこで起きたことは、南北戦争後のテキサスで頻発した、コマンチ族やカイオワ族による凶暴な復讐攻撃の典型だった。典型的でなかったのはシャーマン将軍が現場のごく近くいたこと、そして、もしかしたら自分も犠牲者になっていたかもしれないという、非常に個人的な彼の恐怖心だった。そのためにこの襲撃は有名となり、「ソルトクリークの虐殺」[5]という名で歴史上知られることになった。

襲撃によって七人の男が殺された。しかしこの記述だけでは、マッケンジーがその場で感じた恐怖をとてもいい表せるものではない。現場を目撃したマッケンジーの部下ロバート・G・カーター大尉（一八四五―一九三六）によると、犠牲者たちは裸にされて頭皮を剝がされ、手足を切断されていたという。首を切り落とされた者もいたし、脳をえぐり出された者もいたようだ。「指や爪先、陰部は切り取られ、各人の口に差し込まれていた」とカーターは書いている。「それに遺体は深さ何インチかのたまり水に浸けられていたために、誰が誰だか見分けがつかないほど膨れ上がっていた。おまけに遺体には矢がところ構わず打ち込まれていて、まるでヤマアラシのようだった」。犠牲者はあきらかに拷問を受けていた。「それぞれの遺体の腹の上には、燃えた石炭の塊が置かれていた。……中でもサミュエル・エリオットは悲惨だった。彼は最後まで懸命に戦って、あきらかに負傷していた。馬車の車輪と車輪の間で鎖につながれ、馬車の支柱から火を放たれたらしく、ゆっくりと時間をかけて焼き殺された様子だ――かりかりに焼け焦げていた」[6]

このようにして、とりわけインディアンの来襲が熾烈をきわめたテキサスのフロンティアでは、入植者たちはあわてふためいて東方へと逃走した。西欧起源の文明は長い数々の戦争で征服と支配をほしいままにしてきたが、その西方への猛進がテキサス中央の平原でにわかに立ち往生してしまった。これは信じがたいことだった。いかなるインディアンの部族といえども、新生アメリカ文明の波に対して、これほどまでに久しく抵抗を続けた部族はいない。文明は火縄銃、ラッパ銃、マスケット銃、それに最終的には破壊力の大きな連発式の武器を携えていた。おまけに、土地を求めて次々と絶え間なくやってくる貪欲な入植者たちの群れ、彼らの持つエレガントで不公平きわまる道徳観、そして、先住民の利益に対して彼らの示す完全な無視、発生期のアメリカ文明はこれらを携え伴っていたからだ。大西洋岸の部族（ピーコット、ペノブスコット、パマンキー、ワンパノアグなど）の征服からはじまって、何百という部族や部隊が、ある者は滅ぼされて地上から消え去り、ある者は領土を追われて西方へと追い立てられ、ある者は白人への同化を余儀なくされた。

中には、現在のニューヨーク一帯を支配していたイロコイ族や巨大で好戦的なその同盟諸族、かつては強力だったが、今は敵方のイロコイ族や、さらに西にあっていっそう残忍な平原の部族のもとへと追いやられたデラウエア族もいたし、一七五〇年代に絶望的な引き延ばし作戦を展開したオハイオ州のショーニー族もいた。南部の大きな部族（チカソー、チェロキー、セミノール、クリーク、チョクトー）は一連の条約を交わしたにもかかわらず保留地を取り上げられた。その上、さらに多くの条約（インディアン側のサインがないのであきらかに無効だ）によって新たに付与された、西方の「インディアン特別保護区」（現在のオクラホマ州）へと強制的に追い立てられた。そこへ入るために、彼らはやむなく「涙の道《トレイル・オブ・ティアズ》」を西進した。そして、向かった先の西方の地を支配していたのがコマンチ、カイオワ、アラパホ、それにシャイアンの各平原部族だったのである。

西部では技術や社会に大きな変化が生じていた。が、にもかかわらずその中で、なおコマンチ族が驚くべき抵抗を示しえたことはいっそう不思議な思いを抱かせる。一八六九年には大陸横断鉄道が開通した。これは産業化した東部と発展しつつある西部を繋げることで、従来の街道――オレゴン街道《トレイル》、サンタフェ街道《トレイル》、それに付随する各脇街道――をたちまち無用のものにしてしまった。鉄道が開通したことにより畜牛が北へやってきた。畜牛はテキサス人によって、長い道のりを鉄道で北の終点へと運ばれた。シカゴの市場に畜牛を届けることで、彼らは手っ取り早くひと儲けすることができた。鉄道の開通はまた、バッファローの狩猟者《ハンター》たちをテキサスへと呼び寄せた。彼らは五〇口径のきわめて性能の高いシャープス銃を手にしていたために、恐ろしく効率よくバッファローを殺すことができた。残忍で凶暴、機を見るに敏な男たちは、今ではバッファローの皮を求める市場と、バッファロー猟の意義（インディアンの食料源を断つこと）の双方によってむしろ歓迎された。一八七一年の時点では、バッファローもまだ草原を徘徊していた。それ以前には四〇〇〇万頭の群れが、現在のカンザス州南部のアーカンソー川のあたりに点在し、群れの本体は長さ五〇マイル、幅二五マイルにも及んだ。(7) しかし、殺戮はすでにはじまっていて、やがてそれは人類による史上最大の温血動物の大量殺戮となった。カンザス州だけでも一八六八年から一八八一年にかけて、三一〇〇万頭のバッファローの骨が肥料用として売られた。(8) そして、このような大規模な変化はすべて、マッケンジーの奇襲部隊がクリアフォークのキャンプを出発したときにはすでに起こりつつあった。国家はにわかに景気づいていた。それはもちろん、鉄道が国土を一つに縫い合わせたことによるが、それでもそこにはなお障害物が一つ残されていた。それが大平原という自然の荒地を住処とし、再編入を拒否した、好戦的な平原インディアンの諸部族だった。

これらの部族の中で、もっとも辺鄙なところに住み、もっとも原始的で、救いがたいほど非友好的だったのが、クアハディ（「アンテロープ」の意）の名を持つコマンチ族の一部隊《バンド》である。他の平原インディアンと同じように彼らもまた遊牧の民だった。おもに彼らは高原の最南部で狩りをした。あたりはスペイン人によって「コマンチェリア」と呼ばれたところで、スペイン人はすでに、インディアンたちによってみじめにもそこから追い出されていた。リャノ・エスタカードはコマンチェリアの中にあって、ニューイングランド州より広い平坦な高原だ。標高は高いところで五〇〇〇フィート以上もある。ヨーロッパ人にとってこの場所はあたかも悪しき幻影のように見えた。「三〇〇リーグほど旅して回ったが、まるで海に飲み込まれたようで、何一つ目印となるものがなかった。……石や高台もなければ木や低木もない。目安となるものが一切ないのだ」[9]。スペインの探検家フランシス・バスケス・デ・コロナード（一五一〇頃―五四）は、スペイン国王に宛てた手紙（一五四一年一〇月二〇日付）でこのように書いていた。高原の北限を形成していたのがカナディアン川である。東には険しいキャップロック（帽岩）崖があった。断崖は二〇〇から一〇〇〇フィートもある切り立った絶壁で、それが下に広がる低いパーミアン平野との境界を明確に画していた。リャノ・エスタカードはクアハディ部隊に、巨大で、ほとんど難攻不落ともいえる要塞を提供した。クアハディは他の部族の部隊と違って、白人と接触することをつねに避けてきた。白人とは原則として商取引すらしない。むしろサンタフェからやってくる、コマンチェロと呼ばれたメキシコ商人の方を彼らは好んでいたようだ。クアハディはそれほど遠隔の地にいたために、一七五八年以降、数多く編纂されたインディアンの民族誌（この中にはさまざまなインディアンの部隊が記録されている。その数は三〇にまで達していた）にも、一八七二年になってやっと登場してきたほどだ[10]。このような理由から、一八一六年と一八四九年に流行して、西部の各部族に壊滅的な打撃を与え、コマンチ族のほぼ半数を死に至らしめた天然痘とコレラを、クアハディ部隊は概して忌避することができた。実際、北アメリカにいたあらゆる部隊の中で、唯一彼らだけが条約にサインすることを一切拒否した。大陸で長い間、もっとも凶暴でもっとも好戦的といわれてきたコマンチ族、そのコマンチ族の中でもクアハディは、もっとも手に負えない、もっとも猛々しい、もっとも降服することの少ない部隊だったのである。手持ちの水がなくなると、彼らは死んだ馬の胃袋に残った水を飲んだという。これは頑健この上ないテキサス・レンジャーズ（テキサス騎馬警備隊）にしてなお、まねのできないことだった。同じコマンチ族の者もクアハディ部隊を恐れた。インディアンたちの富の目安（馬）からすると、彼らは平原インディアンの中でもっとも富裕な部隊だった。南北戦争後の数年間、クアハディはおよそ一万五〇〇〇頭の馬を有していた上に「テキサスの畜牛を数えきれないほど[11]」引き連れていた。

一八七一年の秋、晴れ渡ったその日に、マッケンジーの部隊はクアハディ部隊を追跡していた。クアハディは放浪の部隊だったので、彼らの居場所を確定することは不可能だった。知ることができたのは、おおよその活動範囲と猟場、それにおそらくキャンプをしたと思われる場所くらいだ。彼らがリャノ・エスタカードで狩りをすることは知られていた。好んでキャンプをした場所は、グランドキャニオンに次いで北アメリカで二番目に大きなパロデュロ渓谷《キャニオン》の奥所だった。彼らはしばしば、ピース川やマクレランズクリークの上流域近辺、それにブランコ渓谷などに逗留した。これらすべてはテキサス州パンハンドル地方の北部、現在のアマリロからおよそ一〇〇マイル以内の領域にあった。もしここでクアハディ部隊を探すなら、マッケンジーがしたように縦隊に先行して、トンカワ族の斥候を四方八方に放つことが必要だろう。トンクたち（彼らはそう呼ばれていた）は、コマンチ族のためにほとんど皆殺しにされた部族で、ときに食人の風習を持つ。生き残った彼らは何としてもコマンチ族に復讐したいと考えていた。トンカワ族の斥候はほんのわずかの痕跡を探し出し、足跡を見つけては、それをたどってキャンプのありかをつきとめることができた。彼らの協力がなければ軍隊は、平原を住処とするクアハディ部隊や、他のどのインディアンに対してもほんのわずかの勝ち目すらなかっただろう。

次の日の午後、トンクたちは足跡を見つけた。今たしかに自分たちは、クアハディ部隊のあとを追いつつあるとマッケンジーに報告した。そして、クアハディを率いているのがクアナ（コマンチ族の言葉で「薫り」あるいは「芳香」の意）という名の若い族長だということも告げた。狙いはもちろんクアナの集落を見つけ出し、それを殲滅することだった。これまで白人の誰一人として、このようなことをあえて行なった者はいないし、クアハディを相手に試した者もいない。この点でもマッケンジーは他の指揮官にくらべてはるかに優位な立場にいた。パンハンドル地方でそれを試みた者もいないし、クアハディを相手に試した者もいない。

マッケンジーも部下の兵士たちも、族長のクアナについてはほとんど知るところがなかった。だいたい彼について知る者など一人もいなかった。フロンティアではたしかに情報の熟知は必須の条件だ——敵対する者同士はしばしば相手方の事情を驚くほど詳細に理解していた。双方は地理的に途方もないほど離れている上、たがいに相手を殺戮しようとしている。にもかかわらずそうなのである——が、クアナはあまりに若かった。そのためにまだ誰も彼について何一つ知らなかった。これまでどこで何をしていたのか、そしていつ生まれたのかさえ、何年もあとになるまで推測できなかった。おそらくクアナは一八四八年の生まれだろう。したがって一八七一年には二三歳になっていたはずだ。マッケンジーより八つほど若い。そのマッケンジーにしてなお指揮官としてはあまりに若かった。したがってテキサス州では当時、インディアンと白人を問わず、マッケンジーについても多くを知る者はほとんどいなかった。二人はともに一八七〇年代半ばの、残忍なインディアン最終戦争ではじめて名を上げることになる。クアナは族長としては例外的に若かったが、戦場では冷酷で機略に富み、大胆不敵なことで知られていた。

クアナについてはさらに語るべきことがある。それは彼が混血児だったことだ。クアナはコマンチ族の族長と白人女性との間に生まれた。テキサス州のフロンティアにいた人々は、やがてこのことを知るようになるのだが、それは一つに、この事実がきわめて例外的だったことによる。コマンチ族の戦士たちは何世紀もの間、女性の捕虜――インディアン、フランス人、イギリス人、スペイン人、メキシコ人、アメリカ人――を自分のものにしては子供を生ませ、子供たちはコマンチ族の子として育てられた。しかし、白人との間に生まれた混血児が、傑出した戦時の族長になった例は今までにない。マッケンジーがクアナを追跡していた一八七一年の時点では、クアナの母親の名はすでに知れわたっていた。この時代、インディアンの捕虜の中で、彼女はもっともよく知られた存在だった。ニューヨークやロンドンの客間では「白い《ホワイト・》インディアン女《スクウォー》」としてつねに話題に上っていた。というのも彼女は、白人の世界に戻る機会を何度も持ちながら、なおそれを拒否し続けてきたからである。このようにして彼女は、インディアンの風俗に対するヨーロッパ人の考え方のもっとも根本的なものに異議を申し立てた。その根本的な考え方とは――洗練され工業化したヨーロッパのキリスト教文明と、野蛮で残忍、道徳的にも遅れたインディアンの習俗を前にして、二つの内のどちらを選ぶかと尋ねられたとき、本人が正気なら、後者を選ぶ者はまずいないだろうというもの。たしかにクアナの母親以外に、後者を選択する者はほとんどいなかった。彼女の名前はシンシア・アン・パーカー。もともと開拓初期のテキサスで、もっとも著名なある一族の娘だった。一族の中にはテキサス・レンジャーズの隊長や政治家がいたし、州内で最初にプロテスタント教会を設立した著名なバプテスト派の信徒もいた。一八三六年、シンシア・アンが九歳のとき、今のダラスの南九〇マイルにあったパーカーズ・フォート（パーカー砦）がコマンチ族の襲撃に遭った。その際、彼女はコマンチ族によって誘拐された。やがて彼女は自分の母語を忘れてしまい、インディアンの習俗を身につけた。そしてコマンチ族の正規のメンバーとなったのである。彼女は傑出した戦時の族長ペタ・ノコナと結婚して、三人の子供をもうけた。その長子がクアナだった。クアナが一二歳になった一八六〇年、テキサス・レンジャーズはシンシア・アンのいた集落を攻撃して彼女を奪還した。この急襲では彼女と幼い娘のプレーリー・フラワーを除く全員が殺された。マッケンジーと配下の兵士たちもまた、シンシア・アン・パーカーの話はおそらく知っていただろう――フロンティアでこれを知らない者などほとんどいなかったからだ。が、その彼らも、シンシア・アンの血がクアナの血管に入り込んでいるとは思いもしなかった。一八七五年の時点まで、彼らはこの事実を知らなかったのである。さしあたって現在、彼らが承知していることといえば、一八六五年にはじまったインディアン長征の中で、最大となった今回の遠征のもっとも大きな標的がクアナだということだけだ。

マッケンジーの率いた第四騎兵隊は、やがて彼の指導により、冷酷なまでに機能的で機動力のある軍隊に生まれ変わるのだが、当座は概して、まわりに合わせて行動する日和見主義の兵士ばかりだった。彼らはクアナやその訓練された平原戦士たちと、まともに遭遇する準備などまったくできていなかった。兵士たちはすでに文明の及ばないところで行動していたし、彼らだけではとても敵のあとを追うことなどできなかった。それにたぶん、自分の居場所を特定するのに必要な目標物を見分けることさえできなかっただろう。彼らは自分たちのおもな水源が、バッファローの転げ回る穴だと聞いて愕然とした。カーターによると、穴にたまった水は「よどんで生暖かく、吐き気を催すほどくさい臭いを放っていて、脇へ押しやるしかない緑色のヘドロで水面が覆われていた(12)」という。兵士たちの不慣れで経験のなさは、追跡の最初の夜からあきらかに見てとれた。真夜中に彼らは、テキサス西部に吹き荒れる絶え間のない暴風の音を耳にしたが、それに加えて「のっしのっしと踏み歩く大きな音、そしてあきらかに鼻を鳴らす音や唸り声(13)」を耳にした。やがて気がついたのだが、それは一度にどっと駆け出すバッファローの立てた音だった。兵士たちはバッファローの大群と、バッファローの水源のちょうど中間でキャンプをするという、とんでもないあやまちを犯していたのである。パニックに陥った兵士たちはテントから暗闇に飛び出した。そして叫び声を上げては毛布を振り、暴走してくるバッファローの向きを必死になって変えようとした。たしかにそれは成功した。が、向きが変わったのはほんのわずかだけだった。「褐色の怪物たちの巨大な群れはぶつかり合いながら、恐ろしいスピードでわれわれの左側に押し寄せてきた」とカーターは書いている。「押し合いへし合い突進してきたが、それは馬の群れのわずかに一つをかすめ、しかも、その一端をどっと押し流したにすぎなかった。……バッファローの先頭の群れは、ほんのわずかだが進む方向を変えた。しかし、もし方向を変えなかったらどうなっていたのか。そのときバッファローの襲来がもたらしたかもしれない結果を考えると、兵士たちは身震いを押さえることができなかった。たしかに馬はしっかりと『縄でつながれ』、縄は『杭にゆわえつけてあった』。が、この猛烈なバッファローの突撃が必ずやもたらす恐怖から、馬を救い出すことは何をもってしても不可能だったろう(14)」

彼らの無知が招来した結果から奇跡的に逃れた兵士たちは、はぐれてしまった馬を駆り集めた。そして、夜が明けるとともにテントを畳み出発した。あばたのようにプレーリードッグの巣穴が、ぽつりぽつりと点在するなだらかなメスキート（マメ科の低木）の大草原を日がな一日、西へ西へと馬を進めた。プレーリードッグはテキサス州のパンハンドル地方では、どこにでもいるごくありふれた動物だったが、馬やラバにとってはかなり危険だ。特大の齧歯《げっし》動物が何マイルにもわたって築き上げた、巨大な蟻塚のようなものを思い浮かべていただきたい。そしてさらに、プレーリードッグ以上に大きな上に、臭いの激しいバッファローの群れのそばを騎兵たちは通り過ぎた。川の水には石膏が染み込んでいて、とても飲むことができない。彼らはまた奇妙な外観の交易所を通り越した。今は打ち捨てられたままだが、それは崖の中腹に掘られたいくつかの洞窟からできていて、監獄の鉄格子のような柱で補強されていた。

次の日、兵士たちはさらなる困難に巻き込まれる。マッケンジーはキャンプにいる敵（コマンチ族）を驚かせようとして、夜の行軍を兵士たちに命じた。兵士たちは懸命になって、険しい土地や深い薮、渓谷や涸《か》れ谷を行進した。カーターが「試練と大きな苦難、それに口汚い、ほとんどののしり言葉に近い会話」、そして「むしろ滑稽な多くの場面」と表現した数時間の行軍のあとで、兵士たちは傷だらけになり、心身ともに打ちのめされた格好で、小さな渓谷の行き止まりにたどりついた。出口を見つけて谷間から出るためには夜の明けるのを待つしかなかった。数時間後に彼らはブラゾス川のフレッシュウォーターフォークに到着した。そこはインディアンの領土の奥深くにあり、三〇マイルほど続く広くて浅い谷をなしている。幅は五〇〇フィートほどで、さらに小さないくつかの側峡谷に遮られていた。この場所はブランコ渓谷として知られていて、現在のラボックの真東に位置している。クアハディ部隊がもっとも好んでキャンプをした場所の一つだった。

予期しない驚きはマッケンジーの当てが完全にはずれたことだ。三日目にトンカワ族の斥候たちは、四人のコマンチ族に尾行されていることに気がついた。コマンチ族の戦士たちは斥候の行動をことごとく監視していた。おそらく昨夜来の夜の行軍も彼らには愚かしい失敗に見えたにちがいない。こんどは逆にトンクたちがコマンチ族のあとを追った。が、「敵は馬のすぐれた乗り手である。やがて追っ手を遠ざけると、丘の方へと姿を消した」。しかし、これはべつだん驚くほどのことではなかった。たがいに敵対していた二〇〇年の間、トンカワ族がコマンチ族の馬術に対抗できるほど、乗馬の腕を上げたことなど一度としてなかったからだ。トンカワ族は「つねに」負けていた。おかげで政府軍の騎兵や竜騎兵たちは、コマンチ族がどこでキャンプをしているのか皆目見当がつかなかった。が、クアナの方では、マッケンジーが今どこで何をしているのか、すべてを手に取るように把握していた。次の夜、マッケンジーはさらにあやまちを重ねることになる。それは、彼が兵士たちにたき火を焚くことを許したからだ。これでは渓谷の中で、あたかも露営の位置を示す大きな矢印を描いたようなものだ。その上、兵士たちの一団には、馬を繋いだ場所に見張りを置くことを怠ったグループがいて、さらにヘマの上塗りとなった。

事が起こったのは真夜中近くである。この世のものとも思えぬ、甲高い叫び声が続けざまにして連隊は目を覚ました。銃声、叫び声がそのあとに続いた。突然キャンプは全力で疾走するコマンチ族のために大混乱に陥った。インディアンのしていることが正確に何であるのか、やがてそれが明らかになった。叫び声や銃声に混じってさらに一つの音が聞こえた。はじめはほとんど聞き取れないほどだったが、すぐにそれは雷鳴のように大きくなった。兵士たちはやがてそれが、逃げ出す馬のひづめの音だと気づいてぞっとした。「自分たちの」馬だったのである。「全員、馬の繋ぎ縄を取れ」という指令が聞こえる中で、パニックになった六〇〇頭の馬がキャンプ中を逃げ惑い、うしろ脚で立っては、飛び上がりながら全速力で駆け出した。繋ぎ縄はピストルの発射音のような音を立てて繋馬杭《けいばくい》を引き抜いている。数分前まで馬をしっかりと繋ぎ留めていた鉄の杭は、今では馬の首のまわりを、空中で振り回すサーベルのようにぐるぐると回っていた。兵士たちは何とかしてこれを捕まえようとするのだが、体ごと地面に投げつけられ、馬の間を引きずられるばかりだった。手は傷ついて血だらけになった。

騒ぎがすべて収まったとき、兵士たちは気づいたのだが、クアナと彼の戦士たちが、一番すぐれた馬やラバを七〇頭ほど連れ去ってしまっていた。その中にはマッケンジー大佐のすばらしい葦毛のペーサー（側対歩《ペース》で競争する馬）も含まれていた。一八七一年にテキサスの西部で馬を盗むことは、しばしば死刑を宣告するのに等しい。白人の馬を盗んで彼らを放置し、喉の渇きと飢えのために死に至らしめるやり方は、古くから、とりわけ高原で行なわれていたインディアンの戦術だった。一九世紀のはじめにコマンチ族は、それをスペイン人に対する破壊作戦として採用した。いずれにしても、馬に乗っていない正規兵が馬に乗ったコマンチ族に勝てる道理はほとんどなかったのである。

真夜中に行なわれたこの襲撃は、さしあたり、族長クアナの差し出した名刺のようなものだった。彼や仲間のコマンチ族戦士たちを、こともあろうに彼らの故地で追いかけることは困難きわまりない上危険な仕事になるという、それは彼らの明白なメッセージだった。このようにして、歴史上「ブランコ渓谷の戦い」として知られた戦闘がはじまった。それはまた振り返ってみると、これから四年の間続き、ついにはコマンチ族国家の最終的な瓦解を招来した戦い――テキサス州西部の高原で繰り広げられた血なまぐさいインディアン戦争――の火ぶたを切る一斉射撃ともなった。ブランコ渓谷はまた合衆国政府軍がはじめてクアナと対面した場所でもあった。この渓谷における勇敢な戦いぶりで、のちに栄誉章を授与されることになるカーター大尉は、真夜中の暴走の翌日、アメリカ軍との戦いに臨んだ若きコマンチ族戦時族長の勇姿を次のように描写している。

背丈が大きく、がっしりとした体つきの族長が、真っ黒の小型馬《ポニー》に乗り一隊を率いていた。たてがみの上に少し前かがみになり、かかとは馬の腹を小刻みに叩いている。六連発銃を宙にかざした姿はあたかも野蛮で残忍な歓喜の化身のようだ。顔には黒い顔料が塗られていて、それが容貌に悪魔のすごみを加えていた。……長い頭飾りはワシの羽根で飾られた戦時の冠りもの《ウォー・ボンネット》だが、馬に乗るとそれが広がり、額から後方に流れて、頭から背中へ、そして馬の尾っぽへと、ほとんど地面に届かんばかりに垂れている。耳には大きな真鍮の輪がぶら下がっていた。彼は腰のあたりまで裸で、わずかに脛当てとモカシン（やわらかい革靴）、それに腰巻きを付けている。首にはクマの爪でできたネックレスを掛けていた。……猛烈なスピードで馬を走らせると鈴がチリンチリンと鳴る。指折りの戦士たちが彼のあとを、あたかも追い越さんばかりに競って追いかけてくる。彼こそがクアハディ部隊の先頭に立つ戦時族長クアナだった[15]。

しばらくするとクアナは、馬を不運な兵卒のセンダー・グレッグの方へ進めると、カーターや兵士たちが見ている前でグレッグの脳天をぶち抜いた。

2　死のパラダイス

クアナ・パーカー——侵入する文明から誘拐された白人女の息子——はこのようにして、複雑に絡み合った自らの運命を生きはじめる。彼はやがて、アメリカ軍の歩兵や騎兵からなる四六の連隊（総勢三〇〇〇人）の主たる攻撃目標となった。この軍勢は、これまでインディアンの追跡と破壊のために派遣された部隊の中では最大級のものだった。さらにクアナはまた、アメリカ史上もっとも優勢で、もっとも勢力のある部族（コマンチ族）の最後の族長となる運命にあった。以下に綴られる話は大づかみにいえば、クアナとその家族の物語ということになる。物語のルーツはコマンチ族の昔ながらの伝統と、運命に苦しめられ、しかも屈することのないパーカー一族——一九世紀に生きた多くのアメリカ人にとって、一族はフロンティアの恐怖と希望を象徴する存在だった——の双方にある。そして、先祖から続くこの二つの流れの合流点がクアナの母親シンシア・アンだった。彼女がコマンチ族と過ごした日々、白人文明への運命的な帰還が、オールドウェスト（旧西部）の偉大な物語の一つとなっている。そしてその背景にはコマンチ族の興亡の物語があった。北アメリカの歴史の中で国家の命運について語るとき、コマンチ族以上に多くの物語を持つ部族はいない。クアナは単純化していうと、コマンチ族が二五〇年にわたって信じ夢見てきたもの、そのために戦い続けてきたものすべての最終産物だったのである。青い目をした九歳のシンシア・アンが誘拐されたのが一八三六年だった。そして、この事件が白人とコマンチ族の四〇年にわたる戦争のはじまりとなり、クアナはこの戦いで指導的な役割を果たした。してみると、ある意味でパーカー一家は、アメリカ史におけるコマンチ族のはじまりでもあり終わりでもあったわけだ。

この物語は、他ならぬ一八三六年という騒々しい変革の年にテキサスの地ではじまる。それはオクラホマ州南西部のウィチトー山地の近く、エルククリークのほとりに広がるプレーリー・フラワーの畑で、シンシア・アンがクアナを産み落とす一二年前のことだった。(1)

その年、アントニオ・ロペス・デ・サンタ・アナ将軍（一七九四—一八七六。メキシコの軍人）は、テキサスの、ひいては北アメリカ大陸の運命を変える大失策を演じてしまった。三月六日、彼の率いるおよそ二〇〇〇のメキシコ軍は、「情け容赦のない攻撃」を表わす血のように赤い旗を掲げた。そして、サンアントニオ・デ・ベクサルにあったアラモという名の小さな伝道所を攻撃して、そこに立てこもる数百名のテキサス人を殲滅した。当初、それは大いなる勝利のように見えた。が、結果的には、取り返しのつかない重大なあやまちとなった。将軍は三週間後に、そのあやまちをさらに大きなものにする。近隣のゴリアドの町で、すでに降服していたおよそ三五〇人のテキサス兵を軍隊に命じて処刑させたからだ。捕虜たちは並んで行進させられ、銃で次々に撃ち殺された。そして死体は焼かれた。負傷した者たちも砦の通りへ引き出されると銃殺された。これら一連の行為が殉教者を生み、伝説を生じさせた。アラモに立てこもった兵士たちが見せた死にもの狂いの凶暴さは、そのあとに起こる出来事のほんのプレリュードに過ぎなかった。四月二一日、「サンジャシント川の戦い」で、サム・ヒューストン将軍（一七九三—一八六三。テキサス共和国初代及び第三代大統領）の指揮下にあったテキサス軍は、策略によってサンタ・アナ軍を打ち破った。敵をぬかるんだ湿地帯へ追い込むと、激しい憎しみをもって壊滅させた。テキサス軍の勝利はメキシコによるリオ・グランデ以北の支配を終焉させ、テキサス共和国と呼ばれた独立国家の誕生を促すことになった[2]。

このニュースは入植者たちの間に歓喜をもたらした。そして一八三六年の春、新生の共和国市民の中で、誰よりもこの知らせを喜び祝う理由があったのが、隣人たちの間でパーカー一族として知られた東部人の大家族で、西部へ入植地を求めてやってきた信心深い、進取の気に富む人々だった。自由な大地を譲渡するという約束に引かれ、一八三三年、彼らは三〇台の牛車を連ねて、イリノイ州からテキサスへと旅してきた。提示された契約の取り決めはあまりに好条件で、とても本当とは思えなかった。それはメキシコ政府への忠誠という、彼らにとってはほとんど意味をなさない約束と交換で、パーカー一族の各家長にそれぞれ、テキサス中央部（現在のメキシア市の近く）の土地を四六〇〇エーカー与えるというものだった。それも永久に、向こう一〇年間は無税、関税免除という条件で。一族は自分たちの資産を共同で出資し合って、さらに隣接の土地を買い求め、その広さは合計で一万六一〇〇エーカー（二五・二平方マイル）に達した。生まれ故郷のヴァージニアとくらべてみても、これはまさしく一つの王国のようだった（家長たちはそれぞれがさらに二〇〇〇ドルを出して、下付された土地に二三〇〇エーカーの土地を加えた[3]）。手に入れた土地はすばらしかった。それは桁外れに肥沃な黒土が広がるテキサス平原のはずれに位置していた。そこにはコナラ属の木やトネリコ、クルミノキ、それにモジミバフウなどの生い茂る森があり、広々とうねる牧草地が交差していた。泡を立てる泉（「湧き出る泉」[4]と書いたものもある）、クリークがいくつもあり、近くにはナヴァソタ川が流れている。たくさんの魚が泳ぎ、猟鳥猟獣のたぐいもふんだんにいた。一八三五年、パーカー家の六家族とその親族から二〇数人が出て、一エー

パーカー砦 1836年にインディアンの襲撃事件が起きた場所。シンシア・アン・パーカー他、パーカー家の者たちが誘拐された。砦はオリジナルのレプリカ。1930年代に再建され、現在はテキサス州グロースベックにある。

カーほどの砦を築いた。その中には小砦が四つ、丸太小屋が六つ、それに銃弾を防ぐ表門があり、砦全体は一五フィートもある先の尖ったヒマラヤスギの柵で取り囲まれていた。そこには至るところに銃眼が施されていて、張り出した砦の二階の床や、射撃手がその上に立つテラスにも取りつけられていた。この「パーカー砦」は小さな――並外れて補強が施された――田舎のユートピア（理想郷）といった風で、それはまさしく、アメリカの開拓者の大半が夢見るような場所だった。

砦にはもう一つ特徴があった。テキサスが独立した年、この砦はインディアンのフロンティアのもっとも外側に位置していた。砦から西に白人の入植地は一切なく、町もなければ家もない。ウィチタ族の草葺き小屋、それにコマンチェロ（メキシコ商人）やインディアンの業者たちが使う、間に合わせの丸太小屋を除けば、何一つ住居とおぼしいものはなかった（パーカー砦とメキシコのカリフォルニアとの間にはサンタフェと、ニューメキシコに散在する小さな入植地がいくつかあるだけだ）。それに砦はまた、一般の白人たちが住む入植地からも遠く隔たっていた。そのために砦の「背後」にも、やはり人の姿はほとんど見られなかった。一八三五年の時点で、テキサスの人口は四万人になお満たない(5)。ナコグドーチェスやサンアントニオなど、二、三の町にはそれなりの歴史もあり、活気にあふれた文化もあったが、それでも、住人たちのほとんどが住んでいたのは、農場や農園、あるいは川沿いの低地に沿った小さな入植地だ。大半は自給自足の自作農で、彼らに対する政府の保護は一切なかった。メキシコ軍はたしかにちっぽけで頼りのないものだったが、そのメキシコ軍も今はすでに去ってしまった。それに脆弱な新生のテキサス共和国には、文明の前哨基地を越えたところで、なお頑迷に住み続ける愚かな農夫たちを、ことさら保護する余裕などまったくなかった。遠くに散らばるようにしてわずかに存在するひと握りの隣人たちといっしょにパーカー一族は、インディアンの支配下にあった無政府状態の土地で、「思い通りに生きたければ勝手に生きればよい」といわんばかりに放り出されていたのである。

しかしフロンティアで味わった一族の孤独は、ここで述べられたものをはるかに上回っていた。彼らの砦が今日のダラス近郊にあったということは、当時、北アメリカにおけるインディアンの領域が、経線に沿うようにしてカナダへ向かって、北へ伸びていたことを示していたのかもしれない。が、一八三六年の時点では、敵対する平原インディアンと白人の文明が遭遇する場所は、わずかに一つこのテキサスだけだった。オクラホマ州はすでに純粋にインディアンの土地となっていた。そこへは、南部諸州や中部大西洋地域の諸州で打ち負かされたインディアン諸族が強制的に移住させられていた。彼らはそこで、好戦的な平原諸族と隣り合わせになることもしばしばだった。それより北に広がり、インディアンが支配する平原——のちのカンザス州、ネブラスカ州、ダコタ州の一部——には、文明もまだそのかけらさえ到達していなかった。アメリカ軍と北方の平原に住むラコタ族（スー族の三つの氏族の一つ）がはじめて戦ったのは、やっと一八五四年になってからだった。[6]オレゴン街道《トレイル》はまだなかった。したがって、インディアンのフロンティアに接した町は、そのすべてがテキサスにしかなかったのである。パーカー一族の土地は、抵抗を続けるアメリカ・インディアンの最後の拠点に向かって突き出た、西欧文明のいわば丸い指先の先端と考えればよい。赤ちゃんや小さな子供のいる家族はもちろんのこと、そこへ入植したいと思う者がいること自体、文明化された東部の人たちにはとても考えられないことだった。パーカー一族がいた土地は、一八三六年の時点ではきわめて危険な場所だったのである。

　それだけに五月一九日の暖かくかぐわしい春の朝に、パーカー一族が取っていた行動には納得しがたいものがあった。サンジャシント川の戦いが終わって、政府軍の大半がこの土地を引き上げてからまだ一カ月も経っていなかった。それなのにパーカー一族は、フィラデルフィアの西にあって、あたかも、入植以来すでに一〇〇年も経過した農場で働いているかのような行動をしている。強壮な男たちは一六人いたが、その内の一〇人は砦を出て、トウモロコシ畑で作業をしていた。砦には八人の女性と九人の子供がいる。しかしどういうわけか、防備を固めた巨大な門は開け放たれたままになっていた。おまけに砦に残った男たちは丸腰で武装していない。テキサス・レンジャーズ[7]――これはとりわけ、コマンチ族の恐怖に対処するために組織された[8]――の創設メンバーを編成するについては、パーカー一族がその中心となっていた。が、地元の指揮官でもあったジェームズ・パーカーは、本人の言葉を借りると、危険をほとんど感じることがなかったために、最近「命令を出してテキサス・レンジャーズを解散させてしまった[9]」という。のちに彼は、そこにはまた別の理由があったことを認めている。彼の言葉によると「政府はもはや、部隊を維持する費用を負担できる状態ではなかった[10]」という――つまりこれではとても給料を払ってもらえないとジェームズは思ったからだ。だが、それでもなお不明なのは、ジェームズや弟でやはりレンジャーズ部隊の隊長だったサイラスが、当座だけとはいえ、なぜ彼らの入植地が安全だと結論づけたのかということだ。この周辺で最近コマンチ族の襲撃があったのを彼らは確実に知っていたはずなのに。四月の中旬、入植者たちの幌馬車隊が襲われ、女性が二人連れ去られた。五月一日には、ヒボンズ一家がグアダルーペ川で襲撃に遭った。男が二人殺され、ヒボンズ夫人と二人の子供が捕虜にされた。夫人は何とか逃げ出して、傷だらけになり、血を流しながらさまよい歩いた。裸同然の姿で真夜中にキャンプへたどりつき、なみいるレンジャーズ部隊の隊員たちを驚かせた。[11] そののちレンジャーズ部隊は、やっとのことでコマンチ族のキャンプから子供たちを救い出した。つまり本来通常の状態であれば、パーカー砦に少数の守り手さえいたら、[12] インディアンが大勢で押し寄せてきても、これを近づけずに防戦することは可能だったということだ。ところが実際にはやすやすと、彼らはインディアンの餌食になってしまった。

朝の一〇時、コマンチ族のインディアンたちは馬で大挙して押しかけてきた。そして砦の正門前で止まった。戦士の数はおよそ一〇〇から六〇〇ほど。より正確なのはおそらく少ない方の数だろう。女もいて、男と同じように馬に乗っている。騎手たちの掲げた白い旗が、世なれない入植者たちを安心させた。パーカー一族は西部のフロンティアにきたばかりだったので、戦時の装いをしたインディアンのグループがいったいどこのどの部族なのか、その正体を正確に把握することができなかった――現に一七歳のレイチェル・パーカー・プラマーはあやまった推測をしている。おそらく彼女は自分の願望にもとづいて、彼らが「タワコニ、カドー、キーチ、ウェーコーなどの部族」か、あるいは他のテキサス中央部に定住するインディアンだろうと思った[13]――が、パーカー一族は以前、インディアンそのものに遭遇した経験があったので、すぐに無防備でいることは大きなあやまちだと気づいた。彼らがもし、今、自分たちの前にいるのが誰なのか、それを正確に把握していたら――ほとんどはコマンチ族だが、そこにはカイオワ族や、ときにそれに同伴する仲間もいた――これから自分たちに降り掛かろうとしていた恐怖を予測できたかもしれない。が、現実には、とりあえずインディアンたちと会って交渉をしてみるより他に、彼らにできる手だては何一つなかった。砦にいた六人の男性の一人、四八歳になるベンジャミン・パーカーが砦から歩み出て戦士たちに会った。

それに続いて起こった出来事は、アメリカのフロンティア史上もっとも有名な事件の一つとなった。それは一つに、歴史家たちによってこの事件が、アメリカ人と単一のインディアン部族との間で起きたあらゆる戦争の中で、もっとも凄惨で、もっとも長期に及んだ戦いのはじまりと見なされるようになったからである。(14) 東部や南部、それに中西部で起きたネイティヴ・アメリカンとの戦争は、そのほとんどがほんの二、三年でけりが着いた。敵対する部族はしばらくの間騒ぎを起こすが、やがて彼らの集落へ追跡の手が伸びると、住処や穀物が焼かれ、インディアンたちは皆殺しに遭うか降服を余儀なくされた。たとえばショーニー族相手の長期にわたる「戦争」といわれるものも、実際には、単なるインディアン側の敗北が、何年もの間一列に繋がっていたにすぎない(それに、イギリスとフランスの同盟[一七一六―三二]によって、さらにそれは複雑化した)。スー族のような北部の平原インディアンに対する戦争は、ずっとあとになってはじまったのだが、それですらさほど長くは続かなかった。

ベンジャミン・パーカーがただ一人で、武器も持たずに、結集したインディアンたちのもとへ出向いていくと、インディアンたちは彼にいった。屠殺する牛がほしい、それに水飲み場へ行く道順も知りたいと。ベンジャミンは牛を調達することはできないが、食べ物なら提供できるといった。そして、開け放たれたままの門をくぐって砦へ帰ってくると、三二歳の弟サイラスにインディアンの申し出を伝えた。その際、彼らの馬が十分に濡れているのに、水のありかを教えろというのは少しおかしいとつけ加えた。ベンジャミンは食料をいくらかかき集めると、サイラスに行くのはやめた方がいいと警告されたにもかかわらず、勇敢にもインディアンのもとへ戻っていった。その間にも、七八歳になる一族の長老ジョン・パーカー、年老いた妻のサリー、そしてレイチェル・プラマーの姉サラ・パーカー・ニクソンたちはうしろの出口から逃げ出していた。低い戸口は泉へと通じていたが、あまりにそれが低いために馬を通すことはできなかった。[15] 他にパーカー家と姻戚関係にあったG・E・ドワイトもまた、家族とともに逃げ出そうとした。が、これを見たサイラスはさも軽蔑するかのように「おい、ドワイト、お前も逃げるつもりじゃないだろうな。ここに留まって男らしく戦ったらどうなんだ。死ななきゃならないのなら、俺たちは自分の命をできるだけ高い値で売ろうぜ」といった。これはよくない忠告だった。ドワイトは無視した。サイラスは威勢のいい空威張りはしたものの、拳銃入れを小屋に置き忘れていた。その上彼は、さらに重ねてもう一つあやまちを犯してしまう。姪のレイチェルに、生後一四カ月の息子ジェームズ・プラット・プラマーを抱いて、他の者たちといっしょに逃げるように助言すべきだったのだが、それをいい損じた。代わりにレイチェルに「お前はここにいて、俺が拳銃入れを取ってくるまで、インディアンの動きを見張っていてくれ」といった。

しかし事態はサイラス・パーカーが予期したよりはるかに迅速に動いた。レイチェルが恐怖に怯えながら見張っていると、インディアンたちは彼女の叔父のベンジャミンを取り囲み、槍で刺した。ベンジャミンはさらにこん棒で殴られ、至近距離から矢を射込まれた。そしておそらくはまだ生きていたのだろうが、頭皮を剝ぎ取られてしまった。この一連の行為はすべて恐ろしくすばやい速度で行なわれた。

インディアンたちはベンジャミンをそこに放り出すと、こんどは砦に向かって攻撃を開始しはじめた。レイチェルはすでに息子を腕に抱えると、裏の扉に向かって逃げ出していた。が、彼女はすぐに捕まってしまう。彼女自身の詳細な報告によると、「大きな体をした陰鬱な表情のインディアンが鍬を取り上げて、それで私を殴り倒した」[16]という。彼女は気を失った。気がついたときには、長い赤毛をつかんで引きずられて、頭からはおびただしい血が流れていた。「何度か立ち上がろうとした末に、やっと立つことができた」と彼女は書いている。インディアンの本隊に連れてこられた彼女はそこで、叔父の激しく損傷した顔や身体を間近で見た。息子は馬に乗ったインディアンに抱かれていた。コマンチ族の女が二人、彼女をムチで激しく打ちはじめた。「たぶんそれは、私が泣くのをやめさせるためだったろう」[17]とレイチェルは回想している。

その間にもインディアンたちは、砦に残った男たちを襲っていた。サイラス、彼の親戚のサミュエル・フロストとロバート・フロストが殺された。三人はともに頭皮を剥ぎ取られた。次に戦士たちが取った行動は、とりわけ馬に乗って奇襲を得意とする平原インディアンにふさわしいものだった。それは悲鳴を上げて逃げ惑う犠牲者たちを追いかけることだ。長老のジョン・パーカー、妻のサリー、それに彼らの娘（息子の妻）で若いやもめのエリザベス・ケロッグは、やっと四分の三マイルほど逃げたところだった。が、インディアンたちに追いつかれた。長老らは取り囲まれ、全員、身ぐるみ剥がされて裸にされた。草原のまっただ中でインディアンたちに囲まれ、裸の状態でうずくまった彼らの恐怖は容易に想像ができる。インディアンたちは仕事に取りかかった。長老をトマホーク（斧）で襲った。顔を背ける老婆（妻のサリー）を無理強いして、自分たちの行為をしっかりと見届けさせた[18]。そして、長老の頭皮を剝ぐと生殖器を切り取り、彼を殺した。これがどんな順序で行なわれたのか、それは誰にもわからない。インディアンたちはこんどは老婆の方へ向かうと、彼女を槍で地面に押さえつけ、身動きができないようにして強姦した。そしてナイフを片方の乳房に深々と突き刺し、すでに死んだものと見なして放置した。[19] 娘のエリザベス・ケロッグを馬上に放り上げると、インディアンたちはそのまま彼女を連れ去った。

この混乱の中、サイラス・パーカーの妻ルーシーも四人の子供たちを連れて砦の裏門から出ると、トウモロコシ畑に向かって逃げた。インディアンたちは彼女を捕まえると、四人の内二人の子供をよこすようにとルーシーに命じ、彼女とあとに残った二人の子供、それに男たちの一人（サラ・パーカーの夫L・D・ニクソン）を砦へ引きずり戻した。が、砦にはトウモロコシ畑からライフル銃を手にした男たちが三人戻っていて、何とかルーシーたちを救い出した。捕われの身となった二人の子供の名は、やがて西部のフロンティアで知らぬ者がいないほど有名になった。それは、サイラス・パーカーとルーシー・パーカーの娘で、青い目をした九歳のシンシア・アンと七歳の弟ジョン・リチャードである。

こうしてインディアンの来襲はひとまず終わりを告げた。襲撃はわずか三〇分ほどだったが、五人の死者を残した。ベンジャミン・パーカー、サイラス・パーカー、サミュエル・フロスト、ロバート・フロスト、それに長老のジョン・パーカー。女性が二人負傷した。シンシア・アンの母親ルーシーと、奇跡的に命びろいをした長老の老妻サリー・パーカー。侵略者たちは二人の女と三人の子供を捕虜にした。レイチェル・パーカー・プラマーとよちよち歩きの息子（パーカー砦ではじめて生まれた子供だった）[20]、エリザベス・ケロッグ、それにまだ幼いパーカーの二人の子供（シンシア・アンとジョン・リチャード）だ。インディアンたちは立ち去る前に、たくさんの畜牛を殺し、ところ構わずあたりを略奪していくつかの小屋に火を放った。ビンを叩き割り、マットレスを切り裂いて羽毛を空中に飛ばした。そして、レイチェルの記述によると「父の所有していた、おびただしい数の本や薬品」を運び出したという。ある略奪者たちの身に起きたことについて彼女は次のように書いている。

（父の薬品）の中に、粉末状のヒ素を入れたビンがあった。インディアンたちはそれを白い顔料と勘違いして、顔や体の至るところに塗り付けた。汗が出るとヒ素は溶ける。彼らはビンを私のところへ持ってくると、これはいったい何だと訊いた。ビンにはラベルが貼ってあるので、中身はわかっていたが、私は知らないと答えた。(21)

四人のインディアンは顔にヒ素を塗った。レイチェルによると四人はともに死んだという。おそらくひどい苦しみの中で死んだのだろう。

襲撃の直後に二つのグループが生き延びた。しかし、そのどちらのグループも、もう一方のグループの存在には気がつかなかった。レイチェルの父親ジェームズ・パーカーが一方のグループ一八人――六人の大人と一二人の子供――を率いていた。インディアンに見つけられることをたえず恐れながら、彼らがたどったのはナヴァソタ川に沿った原野で、そこには、高木や灌木、イバラやブルーベリーのつるなどが鬱蒼と生い茂っていた。パーカーは次のように書いている。「足を一歩踏み出す毎に、イバラが小さな子供たちの足を傷つけた。血が滴り落ち、それはインディアンたちに追跡の手がかりを与えることになる」(22)。川底の砂地に差しかかるたびにパーカーは、追跡者たちの混乱を誘うために、子供たちにあと戻りをさせた。が、運の悪いことに、この策略がもう一方の生き残りのグループを欺くことになった。双方のグループが同じ目的地のフォートヒューストンを目指していながら、一方のグループはけっしてパーカーのグループを見つけることができなかった。フォートヒューストンは現在のテキサス州パレスティーンの近くにあり、砦からおよそ六五マイルほど離れている。(23) ジェームズのグループはあるとき、何一つ口に入れずに三六時間も歩いたことがあった。スカンクを捕まえて水で溺れさせ、やっと食べ物にありつけたくらいだ。彼らは五日間旅をしたあとでついに断念をした。あまりに疲労が激しく、もはや旅を続けることができなくなったからだ。ジェームズは自分が一人で助けを求めて先を急ぐことにした。フォートヒューストンまで残りは三六マイル。この距離を驚くべきことに、彼はわずか一日で踏破した。それから四日後に第二の脱出グループも到着した。パーカー砦に残した者たちの死体を埋葬するために、生き残った者たちが砦に戻ったのは七月一九日だった。インディアンの来襲を受けてから一カ月あまりが経っていた。

右に述べた襲撃の様子は、細部にわたり不必要なまでに血なまぐさい感じがするかもしれない。が、このような攻撃が頻繁に起きていた時代では、先の出来事こそコマンチ族の襲撃を典型的に示すものだった。まさしくこれが真実の、ときにはあまりに気味の悪いフロンティアの現実だったのである。これを糊塗して、ことさらよく見せることはとうてい不可能だ。が、当時、インディアンの「略奪行為」(新聞の好んで使った婉曲的な表現)を伝える大半の記事は、女性が虐待の犠牲となった事実を認めることさえしばしば拒否した。しかし実際には、それを知らない者など一人もいなかったのである。パーカー一族に起こった出来事は、フロンティアに入植した者なら誰でも予期していたし、恐れてもいた。彼らは経験によってそれを知っていたからだ。コマンチ族の急襲は微細な点からいっても、まさしくスペイン人やその後継者のメキシコ人が、テキサス南部やニューメキシコそれにメキシコ北部で、一六〇〇年の後半以来つねに耐え忍んできたことだった。そしてそれはまたアパッチ、オセージ、トンカワ、その他の諸部族が数世紀にわたって迫害されてきたことでもあった。テキサスでは当初、ほとんどの襲撃が馬に対する欲望や、どんなものでもよし、略奪品を手に入れたいとする思いから仕掛けられたものだった。が、それがのちになると、とくにインディアン戦争の末期では、復讐が主要な動機となった（一八七一年に起きた「ソルトクリークの虐殺」がその一例）。このような急襲の凶暴性にくらべると、パーカー砦で行なわれた暴力は、いかにも刺激性に乏しい、散文的なものに思えてしまう。

コマンチ族が行なう襲撃の原則は非常に単純で明快なものだった。男はことごとく殺された。生きて捕まった者は誰もが、当然のようにして拷問の末に殺害される。他の者にくらべてゆっくりと殺される者もいた。捕虜になった女は輪姦された。殺される者もいれば拷問を受ける者もいる。女性でもとくに若い女は、ほんのわずかだが命を助けられた者もいた（が、復讐はつねに人質を殺す動機になりえた）。赤ちゃんは必ず殺された。しかし、青年期以前（九歳から一二歳くらい）の子供はしばしば、コマンチ族や他の部族に養子や養女として引き取られた。これは白人やメキシコ人に限って行なわれた措置ではない。ライバルのインディアン諸族に対しても同じことが精力的に実行された。パーカー砦の襲撃は、馬こそほとんど略奪できなかったものの、ひとまず成功と見なされたにちがいない。インディアンの側に負傷者はなく、捕虜も五人確保したのだから。捕虜は馬や武器や食料と交換で白人側に引き渡すこともできた。

襲撃の残虐性はまた、それ自体がパーカー一族の勇敢さを強調するものでもあった。一族は堅固な砦を建てたが、砦の柵内で畑を耕すことをしなかった。狩猟は外で行ない、水も砦の中で調達しない。これはまぎれもない事実だった。したがって必然的に彼らはしばしば砦の外にいることになり、たえず攻撃の危険に身を曝していた。そしてそれは、好戦的なインディアンの存在や彼らが捕虜に行なった行為について、パーカー一族が思い違いをしていた結果ではけっしてなかった。彼らの行ないに自己欺瞞の要素は皆無だった。危険を十分に承知しつつ、彼らは頑固に家畜を増やし、子供たちを育て、田畑を耕し、神に祈りを捧げた。それも目が覚めているときは四六時中、死を招きかねない危険な場所にいながらである。

パーカー一族は、ヨーロッパ人の平原インディアン体験とはまったく縁の遠い人々だった。一七世紀から一八世紀にかけてスペイン帝国は、メキシコシティから北へ移動する道すがら、冷酷ともいえるやり方で先住民を支配し、殺し、服従させた。スペイン帝国はその際征服をきわめて組織的に中央統制化された形で実行した。はじめに軍事用の要塞が作られ、カトリックの伝道所が設けられる。次に兵士たちがやってくる。そしてそのあとに入植者たちがきて、それらの庇護の下で居座った。それに対してアメリカ人の西方への進出は、これとは根本的に異なったコースを取った。西方進出の先兵となったのは連邦政府の軍隊や砦ではなく、単なる農夫にすぎない。彼らの身に染み込んでいたのは、厳しいカルヴァン主義の労働倫理と頑固な楽観主義、それに冷静沈着な積極性だ。これらのものがきわめて危険な状況に直面したときでさえ、それに屈することを彼らに拒否させた。開拓者たちはひたすら神を恐れた。あまりに恐れたために、他の誰も、あるいは他の何ものをも恐れることがなかったという。(24) 政府がネイティヴ・アメリカンと交わした条約の履行を彼らはつねに拒絶した。心密かに、土地はすべて自分たちのものだと信じて疑わなかった。開拓者たちはインディアンを激しく憎悪し、人間性に劣る者と考えていた。そのため彼らを、どのような者であれ、権利と名のつくものをまったく持たない者と見なした。このようなフロンティアの人々のうしろを、政府はあらゆる形態を取りつつ、のろのろと歩いていた。

ときにひどく遅れて姿を見せたり、しばしばいやいやついてきたりして。これがパーカー一族の正体だったのである。長老のジョンや息子たちは東部の緑滴る森を出て、国の中央に位置する樹木のない焼けつくような大草原を目指し、西へ西へとしゃにむに進んでいった。彼らは予定説を信奉する戦闘的なパプテスト派の信徒で、信仰に関してはとびきり厳しく、自分たちと同じ信仰を持たない人々に対してはまったく不寛容だった。ダニエル・パーカー——彼こそ一族の指導理念そのものだった——は同世代の指導的なパプテスト派説教師の一人で、たえず仲間の牧師たちに、教義上の議論を吹っかけながら生きていた。テキサスに最初のプロテスタント教会を設立したのもダニエルだった。パーカー一族は政治においても一致団結している。ジェームズとダニエルはともに、一八三五年に召集された政治的な集まりの代表者である。この集まりは「協議会」として知られたもので、召集の目的はテキサスの暫定政府を組織することだった。

コマンチ族の来襲のあと、一時的に彼らの土地は遺棄された。が、さらに人数を増やしたパーカー一族の一部はやがてまた、休むことなく西へ西へと進みつつあった。彼らは埃だらけの兵士の縦隊にもまして、インディアンの征服に血道を上げる人々だった。したがってこの意味では、クアナの遺伝子の中に、彼の部族が最終的な破滅へと向かう因子が、すでに刷り込まれていたということがいえる。クアナの母親の家族は、鼻っ柱が強く、正義感に燃える内陸の人々のほとんど典型的な一例といってよい。床は埃にまみれ、壁の割れ目に泥を詰め込んだ小屋に住みつつ、彼らは昔の曲をバイオリンで弾き、畑に出るときにはケンタッキー銃を携え、アメリカ文明の残余を引きずりながら西部へと向かって行った。

襲撃されたパーカー砦で生き残った者たちは、ナヴァソタ川に沿った低地を、薮で傷つきながら、つまずき這うようにして歩いていたのだが、ちょうどその頃、彼らが恐れていたインディアンたちは、五人の捕虜を連れて猛スピードで北へと馬を走らせていた。彼らは小型馬を懸命に走らせ、真夜中を過ぎる頃まで馬を止めることはなかった。深更に及んでやっと荒野にキャンプを張った。このような逃避行は大草原では昔から行なわれてきたことで、コマンチ族がポーニー族、ユート族、オセージ族など、インディアンの集落を襲ったあとでもつねに行なわれた。追っ手の追跡を想定すると、安全のためにはまず何よりも、ひたすら遠くへ離れることが必要だった。砦の襲撃がはじまったのが午前一〇時。その後、ほとんど休むことなしに一二時間走り続けたとすると、インディアンたちは北へ六〇マイルほど行っていたかもしれない。だとすると、今のフォートワースの真南のあたりへ到達していたことになる。そこは、もっとも近い白人の入植地からでさえ、はるかに遠く隔たっていたにちがいない。

　通常の状況下では、人質がフロンティアの漆黒の闇に消えてしまったとき、われわれには彼らの運命をただ憶測するより他に手だてがない。が、今はそこで何が起こったのか、そしてそのあとに続く数日間で何が行なわれたのか、それを知ることができる。レイチェル・パーカー・プラマーが書き残しているからだ。大むねよく似た二つの報告の中で、彼女は捕われの身となった一三カ月間の様子を仔細に語っている。当時、二つの報告は広く読まれた。それは一つに、報告が驚くほど率直に書かれていたためで、恐ろしいほど細かな点にまで筆が及んでいたからでもあった。そしてもう一つは、はじめてコマンチ族に捕らえられた成人の女性が、はたしてどんな仕打ちを受けたのか、それを知ることに残りのアメリカ人たちが興味をかき立てられたからでもある。報告はパーカー家の規範《カノン》の中核を作り上げたもので、この報告こそが一八三六年の襲撃を名高いものにした最大の原因だった。

　レイチェルはここで、興味深い、そして人を動かさずにはおかない話を述べている。襲撃当時、彼女は一七歳だった。レイチェルには一歳二カ月になる息子がいた。このことは彼女が一五歳のときに、すでに夫のL・T・M・プラマーと結婚していたことを示している。これはフロンティアではそれほど珍しいことではなかった。報告が明かしているのは、彼女が利口で洞察力に富み、パーカー一族の多くの人々と同じように読み書きが十分にできたことだ。彼女は冷静で分別があり、被った仕打ちから考えても、驚くほど立ち直りの早い女性だった。自分が受けた性的な虐待について彼女は詳述していない。が、虐待の行為があったことだけは苦しげに明言している(「彼らの野蛮な行為を語ろうとすることは」と彼女は書いた。「今の私の苦しみをただ増大させるばかりだ。というのも、そのことを考えるたびに、この上なく深い屈辱感に襲われるからだ。ましてやそれについて語ったり、書いたりすることなどとてもできない……」[25])。

夜になって馬を止めると、インディアンたちは杭に馬を繋いで火を起こした。そして、この日の出来事を再現する勝利のダンスを踊りはじめた。さらに彼らは、五人の犠牲者たちの血がしたたる頭皮を掲げて見せた。ダンスの途中で、彼らは捕虜を弓で打ち足蹴にした。エリザベスとともに裸にされたレイチェルは、このときのことを記している。「彼らは今、編んだ紐で私の両腕を縛り、うしろ手にして、手首を紐でしっかりとくくった。あまりにきつく縛られたために、今でも手首に傷跡が残っている。さらに彼らは同じような紐で私の足首を縛り、手首と足首をいっしょにして結んだ。そして私をうつぶせに転がした。……彼らが私を弓で打ちはじめると、私は自分の血で息が詰まらないようにするのでせいいっぱいだった。……」[26]。大人たちと同じように、シンシア・アンとジョンもまた蹴られ、踏みつけられて棒で殴られた。暴行は一歳二カ月のジェームズ・プラマーにも及んだ。「子供たちはときどき泣き出した」とレイチェルは書いている。「が、すぐに殴られて静かになった。彼らが生き延びることができたかどうか私にはわからなかった」[27]。二人の女性は、縛られた子供たちの目の前で繰り返しレイプされた。九歳のシンシア・アンがこの行為を、はたして理解できたかどうかはわからない——彼女は、馬に乗って長い逃避行の途中でひどく体をぶつけられ、傷つき、擦りむいた上に、今は従姉たちが犯されているのをむりやり目撃させられている。レイチェルはここで憶測することはしていない。彼女はただ子供たちの感じた苦痛とみじめさを引き受け、肩代わりをしているだけだった。

次の日、インディアンと捕虜たちはふたたび北へと向かった。そして同じように猛スピードで走り続けた。

3 衝突する世界

パーカー砦の襲撃は歴史に一つの重要な節目を刻印することになる。それは誕生して間もないアメリカ帝国の最西端に伸びた巻きひげが、コマンチ族のインディアンたちが支配する、広大で原初的、死をも招きかねない内陸の帝国、その最東端に触れた瞬間だった。しかし、当時は誰一人それを理解する者などいなかった。もちろんパーカー一族も、自分たちが何をしつつあるのかまったくわかっていない。彼らが未開のフロンティアで遭遇したアメリカ人やインディアン（コマンチ族）たちにしたところで、たがいの地理的な大きさや軍事力について、知っているのはごくわずかなことだけだった。しかし今となって明らかなのは、双方が過去二世紀の間、ネイティヴ・アメリカンの諸族を血に染めて征服し、半ば皆殺しすることに専念してきたことだ。彼らはともに、次々と土地を自分たちの支配下に繰り込み、それを大いに拡張することに成功した。両者の差異はといえば、コマンチ族が自らの勝ち得たものに満足していたのに対して、「自明の運命説」（アメリカ合衆国は、北アメリカ全土を支配すべき運命を担うとする領土拡張説）の子であるアングロサクソン系アメリカ人たちは、それに満足していなかった。アメリカ人の容赦のない西進が、今、ナヴァソタ川の寂しい場所で、ついに両者を引き合わせることになった。この遭遇、そしてこの瞬間の意味はあと知恵によってのみはじめて明らかとなる。

当時、テキサスの入植者たちが次の事実を知っていたら、おそらく彼らは驚いていただろう。一八三六年五月の朝、パーカー砦の正門に馬で乗りつけたコマンチ族の乗り手たちは、実は、二四万平方マイルほどの土地（実質は大平原《グレート・プレーンズ》の南部）を領した軍事・商業帝国の者たちだった。[1] 彼らの領土は、テキサス、ニューメキシコ、コロラド、カンザス、それにオクラホマなど、現在の五つの州の大半を含んでいた。さらにこの領土を北から南へ順に、九つの大河が、六〇〇マイルに及ぶ平坦な草原を横切って流れている——アーカンソー川、シマロン川、カナディアン川、ウォシタ川、レッド川、ピース川、ブラゾス川、コロラド川、ペーコス川。コマンチ族の奇襲部隊が行動する範囲は最大で、南はメキシコの奥地から北は遠くネブラスカ州にまで至るが、これを考慮に入れると、彼らの領土はそれよりはるかに大きい。コマンチ族の支配する土地はむろん従来の意味の帝国ではない。それにヨーロッパの帝国を一つに縫い合わせた政治機構について、彼らの知るところは何一つなかった。しかし、にもかかわらず彼らは、自分たちの領土を完全に統治し、相異なる二〇ほどの部族を支配していた。そこには征服された部族や追い払われた部族、配下に格下げされた部族などがあった。統治した領土の広さでコマンチ族と対等の位置に立っていたのは、北アメリカでは唯一、大草原の北を統治する西のスー族だけだった。

しかしこのような帝国の支配は、単に地理上の幸運がもたらしたものではない。それはまた一五〇年以上にわたって繰り広げられた、用意周到で息の長い戦闘の結果でもあった。戦いは国内最大のバッファローの群れをめぐるもので、群れのいた土地を支配する一連の敵に対して行なわれた。敵対した者の中には植民地化を進めるスペイン人がいた。彼らは北進し、一五九八年にはニューメキシコへと分け入り、のちにテキサスの領土へと突入した。そこには他にも、スペイン人の後継者であるメキシコ人がいたし、さらに多数の敵対する先住民族がいた。コマンチ族はバッファローの生息地域の支配をめぐって、多くの部族——アパッチ、ユート、オセージ、ポーニー、トンカワ、ナヴァホ、シャイアン、アラパホ――とも戦った。しかし、帝国としての地位は軍事的な優位にのみもとづくものではない。コマンチ族は外交面でも聡明だった。必要とあれば便宜上の条約を結び、取引をつねに自分の有利に導くよう、目配り万端にぬかりがなかった。大草原の産物でもっとも交易に適うものといえば、それは馬肉であり、馬肉を誰よりも多く所有していたのがコマンチ族だった。したがって彼らの目はつねに馬肉の有利な取引に向けられていた。コマンチ族の支配を如実に示すものとして、彼らの言語のショショニ方言が大草原南部の共通語になっていたことが挙げられる。それはローマ帝国で商業語となっていたラテン語に比肩することができた。

このような点をすべて考慮に入れると、アングロサクソン系のアメリカ人が一八三六年の時点で、コマンチ族についてほとんど知るところがなかったのは、それほど驚くべきことではない。が、一世紀以上の間、コマンチ族と戦い続けたスペイン人たち(2)はもちろん、彼らについて多くのことを知っていた。しかし、そのスペイン人にしてなお、自分たちの理解しえたコマンチ帝国の全容を信じて疑わなかった。一七八六年になっても、ニューメキシコのスペイン総督は、コマンチ族の本拠地がコロラドにあると信じていた。が、実際は、当時南へ五〇〇マイルも離れたテキサスのサンサバ郡に至るまで、コマンチ族の支配は伸びていた(3)。これは一つに、ヨーロッパ人たちがコマンチ族の走行距離を理解できなかったためでもあった。コマンチ族の一隊が遊牧し移動する距離はおよそ八〇〇マイル。したがって攻撃可能な範囲は――これがコマンチ族に反乱を試みる者たちを何よりも困惑させた――「四〇〇マイル(4)」と見てよい。これが意味しているのは次のことだ。つまり、サンアントニオにいるスペインの入植者や兵士たちは、現在のオクラホマシティの地点でたき火を前に座っているコマンチ族の戦士から、やすやすと攻撃を仕掛けられる可能性があり、彼らはまさしくそうした深刻で、差し迫った危険の中にいたということだ。また、メキシコのドゥランゴ平原で襲撃していた同じコマンチ族が、こんどは、今のカンザス州を流れるアーカンソー川の上流で攻撃を仕掛けることも十分に可能だった。が、これを理解するには、誰もが何年もの歳月を要した。もちろん一八三六年の時点では、スペイン人もすでに去っていてテキサスにはいない。代わりにメキシコ人がいたのだが、彼らはコマンチ族にいっそう手を焼き、うまくこれに対処することができない。コマンチ族を自分たちの「家畜飼育係」[5]と呼んで蔑み、ばかにするだけだった。歴史の大きな皮肉というべきだが、一八二〇年代から一八三〇年代にかけて、メキシコ政府はアメリカ人にテキサスへ入植することを奨励した。しかしこれは、彼らにコマンチ族への緩衝材になってほしかったためで、国境地方に対する一種の保険証書の役割を彼らに担ってほしかったからだ。この意味からも、アラモ、ゴリアド、サンジャシント川の各戦い、それにテキサス共和国の誕生は、コマンチ族にストップを掛けるためにメキシコが巡らした、見当違いの策略の産物だったということができる。もちろんこのことについても、誰一人知る者などいなかった。現にコマンチ族の侵略者たちに、供犠の肉として捧げられたパーカー一族のような入植者にしてなお、このような事実は何一つ知らなかったのである。

しかしこの時点でもまだ、白人とコマンチ族が直接相対することはきわめてまれだった。メリーウェザー・ルイス(一七七四—一八〇九)とルイス・クラーク(一七七〇—一八三八)(ともにアメリカの探検家)もコマンチ族については、ただ噂によって知るだけだったという。ルイスは「大いなるパドゥーカ国家」(パドゥーカはコマンチ族の別名と信じられていた)について書いている。「それはプラット川(現在のネブラスカ州を流れる)の上流域とカンザス川の間を領していた」。さらに彼は続けて「しかし、パドゥーカについては、今では名前さえ存在しない」[6]という。パドゥーカはまったくの噂にすぎなかった。

そして、その噂さえ当時はすでにおそらく消えてしまっていたのだろう。一七二四年に、フランスの交易商人エティエンヌ・ヴェニャール・ドゥ・ブルグモン（一六七九―一七三四）がパドゥーカを訪れた。そして、「彼らはすべてがすべて遊牧の民ではない――（その）一部は定住民だ。大きな家々のある集落を持ち、中には作付けをしている者もいるからだ」[7]。定住して集落を作り、そこに住んでいたコマンチ族などはまったく存在しなかったから、おそらくパドゥーカは別の集団だったかもしれない（可能性が高いのは草原に住んでいたアパッチ族だろう。しかし、これも立証することはできない）。

一八二〇年代に、スティーヴン・F・オースティン（一七九三―一八三六。テキサスの植民地建設者）と、彼の率いるアングロサクソン系テキサス人の入植者グループがコマンチ族に遭遇した。オースティンは短い間だったが、彼らによって捕らわれの身となった。しかし予想と違い、コマンチ族は非常に友好的で、そこでは何一つ面倒なことが起きなかった。一八二一年にはサンタフェ街道をはじめて荷馬車が通った。サンタフェ街道はカンザス、コロラド、オクラホマの各州を横切るルートで、ミズーリ州をニューメキシコ州へと繋いでいたが、街道の交通量は平均でも、一年に荷馬車がほんの八〇台ほど通るだけだった。インディアンに襲われた荷馬車もあったが、当時は街道を行く白人たちが、土地を所有したいと願う入植者たちに見間違えられることはなかった。街道は狩猟場や従来の土地を危うくすることのけっしてない、単なる交易の細いリボンに過ぎなかったし、コマンチ族の攻撃の報告もおそらくは誇張されたものだったろう[8]。接触は最小限だった。いずれにしても交易人たちには、インディアンの部族を見分けることさえ難しかっただろう。

一八三二年には、当時チェロキー族との交易に従事していたサム・ヒューストンが、コマンチ族やオセージ族、それにポーニー族などと和睦をするためにテキサスへ旅に出たのだが、これは成功しなかった。[9] 一八三四年、リチャード・ドッジ大佐（一八二七—九五）が率いる二五〇人の竜騎兵の一隊が、レッド川の上流でコマンチ族と接触した。ドッジに同行した著名な画家で、西部の年代記編者でもあるジョージ・カトリン（一七九六—一八七二）によると、アメリカ人たちはコマンチ族の馬術の巧みさや、馬に乗りながら弓矢を使うみごとな腕前にびっくりしてしまったという。しかし、にもかかわらずカトリンは——今にして思えば陽気な調子でいったのだろうか——「二、三日もあれば、われわれは彼らを打ち負かすことができるだろう[10]」と推測した。が、彼は自分が何について語っているのか、まったくわかっていなかった。戦闘になればコマンチ族は、重装備で馬に乗りマスケット銃を撃ち放つ竜騎兵たちをおそらくは敗北させていただろう（W・S・ナイは次のように書いている。兵士たちの出で立ちは「オクラホマで夏の戦地勤務をするより、むしろ喜歌劇にふさわしいものだった[11]」）。しかし、このような遭遇もコマンチ族の生態に関する情報をほとんど、あるいはまったく提供してくれなかった。「彼らの歴史、人数、領土の境界はなお曖昧模糊としている」と当時カトリンは書いていた。「彼らに関して明確な情報は何一つ知られていない[12]」。一八五二年になってもなお、コマンチ族の正体がいかにはっきりしていなかったか、それはランドルフ・マーシー大尉によって行なわれたレッド川上流域の探検報告（一八五三年刊行）を見れば明らかだ。マーシーはこの地域——当時、コマンチ帝国の中心だった。パーカー砦が襲撃されてからすでに丸一六年が過ぎている——を、「白人の誰一人として入ったことのない[13]」完全に未開拓の地で、アメリカ人にとっては、アフリカの未踏の地と同じくらい知られていない場所だと書いている。

注目していいのは、パーカー砦を急襲したコマンチ族やカイオワ族のインディアンたちが「馬に乗っていた」ことだ。今日のわれわれにとって、馬に乗るインディアンはまったく当たり前のように思えるかもしれない。が、一九世紀はじめのアメリカ人にとってこの現象はまったく目新しいものだった。羽毛で飾り立て、馬に乗りながら叫び声を上げる未開人のイメージはわれわれの記憶に焼き付いている。しかし、南北のアメリカ大陸にいたインディアンのほとんどは、もともと馬には乗らず徒歩で移動していた。スペイン人がー六世紀に馬を導入するまで、大陸のどこを探してもこの動物は存在しなかった。スペイン人のもたらした馬が野生化して群れをなしたことは、まったく西部地域に特有の出来事だった。それも大草原の南西部に限られた事件だったのである。そしてそれはひとえに、この地域に住む先住民たちにとって有利な条件となった。これが意味しているのは、ミシシッピ川以東の兵士や入植者たちは、最初の入植者までさかのぼっても、なお誰一人として「馬に乗ったインディアンの戦士に遭遇した者はいなかった」ということだ。ただしこれは、単に馬がそこにいなかったためで、時間が経つにつれて、東部のインディアンたちもむろん乗馬の技術を習得した。しかしそれは、彼らが政府軍に降服してしばらく経ってからの話だ。東部や中西部、それに南部のネイティヴ・アメリカンの中で、戦闘時に馬に乗って戦う部族はいなかったのである。

入植者たちの間で、馬に乗るインディアンの姿を最初に見たのはテキサス人だった。それは、大草原のはずれにはじめて作られた入植地がテキサスに存在していたからである。テキサスの入植者たちが遭遇したインディアンは、原初の姿をした遊牧民ですぐれた馬の乗り手だった。そしてそれは、比較的文明化され、おもに農業に従事しながら集落を作っていた東部の部族とはまったく異なっていた。東部のインディアンたちは徒歩で旅をし、徒歩で戦った。そのために彼らは市民軍や政府軍の比較的攻撃しやすいターゲットとなった。しかし、馬を駆るインディアンたちが住んでいたのは、森の彼方の、どこまでも続く、ほとんど水のない、ゆるやかに起伏した人跡未踏の草原地帯で、この草原の広がりが白人に恐怖を与えた。彼らはアルゴンキン族やチョクトー族よりも、むしろ歴史上、卓越した馬上の射手として伝説的なモンゴル人、パルタイ人、マジャール人などに似ていた。

騎馬《ホース》インディアン（コマンチ族）はアーカンソー川の上流域、われわれが現在ワイオミング州と呼んでいる土地の高地からやってきた。彼らは自分たちのことを「ヌムヌー」と称していた。これは彼らの言語ショショニ語で単純に「人々」を意味する。もともと彼らは山岳地帯の出身で、背が低く、皮膚は黒ずんでいて、がっしりとした胸の持ち主だった。彼らの祖先は原始的な狩猟民族で、紀元前一万一〇〇〇年から紀元前五〇〇〇年の間に、アジアからアラスカの陸橋を渡って継続的にアメリカへ移住してきた。が、次の一〇〇〇年の間、彼らの暮らしぶりはほとんど変わらなかった。生活のために石で作った武器や道具を使って、地面を掘ったり狩りをして暮らしていた。また、槍で齧歯動物や他の小さな獲物を突いた。大草原に火を放ってはバッファローを殺し、動物たちを崖や穴に追いつめた。彼らは旅をするのに犬ぞり——二本の棒の間に枠を載せて結びつけ、それを犬に引かせる——を使った。毛皮でできた重いティピ（テント）も犬ぞりで運んだ。人数はおよそ五〇〇〇人ほどで、ある程度の数が集団をなし、ばらばらに散らばって住んでいた。そして、火のまわりにしゃがんでは、真っ黒に焦がした血だらけの肉をむさぼり食った。そして彼らは戦い、子供を作り、病気になって死んでいった。

あらゆる点から見て、コマンチ族は典型的な狩猟採集民族だった。が、このような民族の中でも彼らはきわだって単純な文化を持っていた。農業に従事しなかったし、木を伐採することもしない。かごを編むわけでもないし、陶器も作らず、家も建てない。集団で狩りをする以外は、社会的な組織をほとんど、あるいはまったく持っていなかった。[14] 彼らの文化には戦士社会もなければ、世襲の祭司階級もなかった。夏至の「太陽の踊り《サン・ダンス》」もしない。社会の発展から見ても、目がくらむほど都会的なアステカ族、あるいは階層化し、高度に組織化された氏族社会を持つイロコイ族にくらべて、文化的にもはるかに遅れていた。あらゆる点で彼らは、アメリカ南東部の部族とはまったく異なっていた。南東部のインディアンは七〇〇年から一七〇〇年の間に、トウモロコシ農業を基盤にして洗練された文化を築き上げていた。それは大都市、祭司長、氏族、母系家系を特徴としている。(15) コマンチ族のすぐ東隣りにいたのは、陶器作りやかご細工、繊維を紡いで織る織物作りにすぐれた技量を持つ部族たち——ミズーリ、オハマ、ポーニー、ウィチタ——だった。彼らは粗放農業をし、草や樹皮、土などを使って半永久的な家を建てた。(16) われわれが手にする証拠の乏しさから判断しても、コマンチ族はほとんど、あるいはまったく取るに足りない存在だったにちがいない。(17) そのために彼らは、他の諸族によって、ロッキー山脈東斜面の苛酷で厳しい土地に追いやられていた——これが意味しているのは不得意だったもののすべてに加えて、コマンチ族は戦争もまたきわめて不得手だったということだ。

一六二五年から一七五〇年にかけてコマンチ族に起こった出来事は、歴史上重大な社会的、軍事的変化だった。社会ののけ者のように扱われ、こそこそと忍び歩いていた立場から強大な勢力へと、これほどまでに驚異的なスピードで進歩した国家はこれまでほとんど例を見ない。変化は生活全域にわたっていて、とても元に戻すことなどできないものだった。そしてこれと同時に起きたのが、アメリカ大平原における力の均衡《バランス・オブ・パワー》の完全な再編成だった。かつてコマンチ族をワイオミングの山中に追いやった部族（カンザス、オマハ、ミズーリ）は、やがておぼろげな記憶の中で忘れ去られるか、あるいはアパッチ、ユート、オセージの各部族のように、皆殺しを恐れて後方へ撤退してしまうか、そのどちらかだった。ヌムヌー（コマンチ族）はちょうど、中学時代にいじめに会った少年のようだ。やがて成長して逞しくなると、彼は復讐心に燃えた高校生となる。もっぱら彼が得意としたのはむろん復讐だ。身に受けた悪事を長い間忘れなかった。そして注目すべきは、今までぼんやりとしていた少年が突如非常に利口な少年になったことだ。一番賢くなかった少年から、もっとも賢い少年へと変身した。

この目覚ましい変化の要因となったのが馬である。さらに正確にいうと、それは石器時代の狩猟民族の中でも発達の遅れていたこの部族が、馬とともに行なった行為（馬術）だった。これこそ驚くべき変革の技術で、蒸気や電気が文明の残余に及ぼしたと同じくらい大きな影響を大平原にもたらした。[18]

コマンチ族の勢力台頭の物語は、一六世紀初頭にコンキスタドール（征服者）たちが、はじめてメキシコへ到着したときからはじまる。侵入者たちがスペインから馬を連れてきた。馬は先住民たちを恐れさせ、あきらかに軍事的優位をコンキスタドールにもたらした。そして、新世界の住人たちがこれまで目にしたことのなかった機動性をスペイン人に与えた。それにまったくの偶然だが、スペインの馬はメキシコやアメリカ西部の乾燥しきった、あるいは半ば乾燥した平原やメサ（周囲が崖で上が平らな岩石丘）にみごとなまでに適応した。イベリア半島の原ムスタング（ムスタングは、スペイン軍が北アメリカに連れてきた小型のアラビア馬が野生化したもの）は、ヨーロッパのさらに北方で、穀物により飼育された大型馬とはかなり異なっていた。原ムスタングはもともとが砂漠の馬だった。遠い原種は中央アジアの平坦な乾燥したステップ（大草原地帯）で繁殖した。時代が下るにつれて、この品種は中東を経由して北アフリカへ移動した。そして道すがら、砂漠にいた他の雑種と混血を重ねた。ムーア人の侵入によって、原ムスタングはスペインにもたらされる。[19] その頃になるとこの馬は、最終的にアメリカへたどりつく品種にほぼ近いものとなっていた。軽量で小さく、頑丈で、体高はかろうじて一四ハンド（五六インチ）あるかなしだ。顔面はアラビア馬のようにくぼんでいて、先細の鼻面をしている。一見大した能力がないように見えるが、馬は利口で足が速く、訓練が可能な上に、暑いスペインの草原で草を食べ、水飲み場から次の水飲み場まで、長い距離を歩けるように飼育されていた。すぐれた持久力を持つこの馬は、冬場でも食べ物をあさって生き抜くことができた[20]。

このようにして原ムスタングはメキシコでたちまち繁殖した。それは、メキシコシティ周辺のアシエンダ（大農場）で、スペイン人を大規模な馬の畜産家に成り上がらせた。エルナン・コルテス（一四八五―一五四七）の上陸後わずか二〇年ほどで、フランシスコ・バスケス・デ・コロナード（一五一〇頃―一五五四。スペインの探検家）は、北方へ向かう大探検隊のために一五〇〇頭の馬を集めることができた[21]。スペイン人の征服がスピードを増すにつれて、彼らの所有する馬の数も増え続けた。土着のインディアンがもし、馬の乗り方を知ったらどんなことが起きるのか、スペイン人たちはこれを十二分に知っていた。そのために、彼らが可決した非常に早い時期の条例の一つは、いかなる馬といえども、先住民がそれに乗ることを禁止するというものだった。が、もちろんこの法令を実行に移すことは不可能だった。最終的には、インディアンやメスティーソ（スペイン人と北アメリカ先住民との混血）に大農場の仕事をさせなくてはならなかったからだ。このようにして、馬の体をきれいにし、鞍や馬勒をつけ、馬を調教する知識は、徐々にスペイン人の手から先住民の手へと移っていった。メキシコで、スペイン人の持つ馬の文化が先住民の手に移行しはじめたのは一六世紀である。そして一七世紀に、スペイン人が北のニューメキシコへと突き進むにつれて、知識の移動は着実に継続されていった。

これが馬の革命の第一段階だった。次の第二段階は馬そのものの拡散である。当初これは非常にゆっくりと起こった。北アメリカに馬の群れがはじめて持ち込まれたのは、ドン・フアン・デ・オニャーテ

（一五五〇頃―一六三〇。スペインの探検家・征服者）が行なった一五九八年のニューメキシコ遠征のときだった。オニャーテは七〇〇頭の馬をもたらした。スペイン人は地元のプエブロ・インディアン（ニューメキシコ・アリゾナ両州に住む先住民の総称）を打ち負かし、彼らを改宗させて奴隷にした。プエブロ・インディアンはスペイン人のために砦や伝道所を建てた。彼らはまた馬の面倒を見たのだが、けっして馬を食用以外に使うことに興味を示さなかった。

しかし、ニューメキシコにいたインディアンはプエブロだけではない。プエブロ・インディアンたちをかばい、彼らを助けたことで、スペイン人は現地にいたアサパスカ語族の部族（アパッチ族）の怒りを招くことになる。アパッチ族は先住民の集落に、ほとんど当初からつねに攻撃を仕掛けてきた。が、ここで、アメリカにおけるスペイン史上、まったく興味深い、そして今まで例を見なかったことが起きた。アパッチ族が馬に順応しはじめたのである。それがどのようにして起きたのか、また、馬に関してスペイン人が持っていた複雑な知識を、アパッチ族がどのようにして所有できたのかについては、誰も確かなことはわからない。しかし、それは驚くほど迅速な技術の移行だった。まずはじめに、インディアン（アパッチ族）は馬を盗み乗り方を覚えた。そして、馬の文化はスペイン人から完全に写し取られた。インディアンは右側から馬に乗る。これはスペイン人がムーア人から学び取ったものだった。さらにインディアンはスペイン人の轡、馬勒、鞍などをおおまかにだが学び取って使用した。(22)

馬は狩猟民のアパッチ族にびっくりするような利点をもたらした。そしてそれはまた、襲撃者のアパッチ族に対しても攻撃の効果を倍加させることで役立った。おもな理由は馬が、迅速で、すぐに利用できる逃亡手段をもたらしたからだ。スペイン側の記録によると、すでに一六五〇年代には、馬に乗ったアパッチ族がニューメキシコの居住地に攻撃を仕掛けていたという。しかし、この幸運なスタートにもかかわらず、アパッチ族は馬を自在に乗りこなす大部族にはけっしてならなかった。馬上で戦うことをしなかったからだ。それに彼らは馬の繁殖技術をけっして身につけることがなかった。進んで習得しようと思わなかった。彼らがスペインの原ムスタングを使用したのはおもに旅をするときくらいだった。アパッチ族は調理した馬肉がことのほか好きで、所有していた馬の大半を食べ尽くした。そして、選りすぐりの馬だけを襲撃用に残した。(23) 彼らはまた半農耕部族であったために、馬の利用はつねに限られていた――それがのちに、最大の敵となるコマンチ族に利益を丸ごと持ち去られる原因となった。しかし、さしあたって今はアパッチ族だけが、アメリカ大陸で他のどの部族も手にしていないものを保持していたのである。

そしてアパッチ族は首尾よく、途方もないほど厄介なことを引き起こしてしまう。彼らがはじめたのは、平和なプエブロ・インディアンに行なった容赦のない一連の襲撃だ。プエブロ・インディアンはタオスからサンタフェにかけて、そして南のリオ・グランデ沿いに集落をなして散在していた。アパッチ族は攻撃を仕掛けては、そのあとですばやく西へと姿を消す。スペイン人には彼らの攻撃を止めることができなかったし、あとを追って捕まえることもできなかった。またアパッチ族は、襲撃のたびに馬を盗んでは豊かになっていった。一六五九年の襲撃では一度に三〇〇頭の馬を略奪している。(24) プエブロにとって結局明らかになったのは、スペイン人が彼らを守ってくれなかったことだ。これがおそらく、一六八〇年にプエブロ・インディアンが大反乱を起こしたおもな理由だったろう。そこにはまた別の理由もあった。強制労働、カトリック教の強要、それにプエブロの文化や伝統の抑圧などだ。が、理由はともあれ、ともかくプエブロ・インディアンは立ち上がった。そして身の毛もよだつ血みどろの抵抗の末、スペイン人をニューメキシコから後退させた。一〇年もの間、今や植民地支配を続けた悪の元凶は去った。インディアンたちはふたたび従来のやり方に戻った。それは陶器作りや農業などだが、そこにもはや馬はいなかった。彼らに馬は不要だったのである。スペイン人に捨てられた何千頭もの原ムスタングは、先祖たちのいたイベリアの大地と非常によく似た、アメリカの大草原の中で野生化した。新しい土地に完全に適応した馬は繁殖して数を増やした。これが大陸南西部に発生したムスタングの大群の原種となった馬たちである。この現象は「馬の大拡散」として知られるようになった。三〇ほどの平原インディアンのグループに、これほど多くの馬が普及し拡散されたことは、北アメリカの中部地域における権力構造を根本的に変えることになった。狩猟者や襲撃者が馬を使ってできることに、北アメリカではじめて気づいたインディアンがアパッチ族だった。そしてやがて、他の部族のインディアンたちもこれを学ぶようになった。

馬とそれを扱う方法は驚くほどのスピードで内陸部に広まった。一六三〇年の時点では馬に乗る部族などどこにもいなかった。[25] それが一七〇〇年頃には、テキサスの平原部族はことごとく馬の知識を身につけていた。そして一七五〇年頃になると、カナダの草原の部族までもが馬に乗ってバッファロー狩りをしていた。馬は平原インディアンたちに、驚くほど新しい機動力を与えたのだが、それは彼ら自身にとっても驚くべきものと思われたにちがいない。馬のおかげで彼らははじめて、バッファローを完全に意のままに扱うことができたからだ。今ではバッファローの群れといっしょに移動することができる。全速力で走るバッファローより、さらに速く馬を走らせることもできた。そして彼らはたちまち、草原で馬を走らせてバッファローに追いつき、長さ一四フィートの槍を巨大な動物の肋骨と肋骨の間に突き刺したり、あるいは、走りながら矢を射込むことさえできるようになった。狩猟の技術はそのまま戦争の技術に応用される。馬に乗りながら狩りすることを覚えた部族は、ほとんどそれと同時に、馬に乗らない部族に対する軍事上の優位を獲得した。そして、異議を唱える者には誰に対しても、当面、同じように優位を保つことができた。馬はまた彼らをかなり手広く活躍する交易人にした。そして交易の品物自体とともに、いち早く新しい市場に到着できる機動性を彼らに提供した。

しかし馬によってもなお変わらなかったのがインディアンの基本的な性格だ。馬がやってくるまで、彼らの生活はまったくといっていいほどバッファローに依存していた。馬はこれを変えることができなかった。インディアンたちはこれまで常日頃していたことを、馬を使うことで、さらに上手にできるようになっただけだった。馬がくるまでの平原部族たちは、魚を獲っていたわけではないし、農業に従事していたわけでもない。そして、馬がやってきたあともこれは変わらなかった。木の実や根菜をわずかだが採っていた暮らしに変化はなかった。(26) 相変わらず彼らは比較的原始的で好戦的な狩猟者たちだったのである。それは、文明化した農耕社会へ進歩しないことを馬が保証してくれた、とさえいっていいほどだ。しかし、従来の暮らしが目に見えて高度化したことは驚くべきことだった。戦争も今では広大な距離を横断して行なわれた。馬——平原では富の主要な形だ——は少数ではなく、多くの数が集められて保持された。そしてそこには、この動物が持つシンプルで基本的かつ神聖な力があった。それがこの哀れな歩兵インディアンをすばらしい騎兵に変貌させた。文化的にも社会組織の上でも、仲間のうしろをのろのろと遅れて歩いていた部族を、新しいテクノロジーが新たな支配勢力に変身させた。やがて全土にわたって名を馳せることになるこれら平原インディアンは、スー、シャイアン、カイオワ、アラパホ、ブラックフット、クロー、コマンチの各部族である。

ワイオミング州の東部にいたコマンチ族が、どのようにして、またいつの時点ではじめて馬に遭遇したのか、それを正確に知る者は誰もいない。が、この出会いはおそらく一七世紀の中頃にどこかで起こったのだろう。ネブラスカ州と今では呼ばれる土地にいたポーニー族は、一六八〇年頃に馬に乗っていたことが知られている。したがって、同じ時期にコマンチ族も馬を持っていたことはほぼ確実だ。石器時代そのままの狩猟者が馬と一体となった、この大いなる出会いの場に立ち会った者は誰もいない。双方が出会ったときに何が起きたのか、あるいは他の誰よりも、はるかに馬をよく知ることになるコマンチ族の心の中に、いったいどんなことが去来したのか、それを記録したものも何一つ残っていない。しかし、たとえそれがどんなものであろうと、またそれがどんな思いがけない才気であろうと、そして、戦士と馬を繋ぐ紐帯がどれほど特殊で意識下のものであろうと、それは必ずやウィンドリバー地方出身の、浅黒い肌をして仲間からのけ者にされた者たちの心を、ぞくぞくと身震いさせたにちがいない。コマンチ族は馬に対して、他のどの平原インディアンよりも早く、しかもより完璧に順応した。彼らは文句なく、北アメリカの典型的な馬の部族と見なされている。彼らよりうまく馬に乗れる者はいないし、彼らより巧みに、馬の背から矢を射ることのできる者もいない。馬に乗る部族の中ではカイオワ族だけが、コマンチ族のように馬に乗って戦った。ポーニー族、クロー族、そしてダコタ族でさえ、馬を使うのはおもに輸送用だった。彼らは戦場まで馬に乗って出かけるが、戦うときには馬から下りる（アパッチ族はスクリーンの上でだけ馬に乗って攻撃した）[27]。コマンチ族以外のどの部族もこれまで、馬を繁殖させる技術を習得しなかった――ひどく手間のかかる、知識の蓄積をベースにした技術だが、それは部族にとって莫大な富を作り出す助けとなった。コマンチ族はつねに馬の群れの去勢に気を配っていた。というのも、乗馬用の馬はそのほとんどが去勢馬だったからだ。去勢に気を使う部族は他にはほとんどいなかった。コマンチ族の戦士が一〇〇頭から二〇〇頭、族長になると一五〇〇頭の乗用馬を持っているのは、それほど珍しいことではない（ちなみに、スー族の族長が所有していた馬は四〇頭ほどだったろう）[28]。

単に馬肉という点からいえば、コマンチ族は全部族中もっとも豊かだった。が、それだけではない。彼らの生み出す馬はまた、残りの部族が馬に乗れるようになる、その主要な媒介手段の役割を果たしていたのである。(29)

ヨーロッパ人やアメリカ人がはじめてコマンチ族の馬術を目の当たりにすると、必ずその腕前について言及する。フランス出身でスペインのインディアン管理官だったアタナーゼ・ドゥ・メジエール（一七一九—七九）はコマンチ族について次のように述べている。

人数を訊かれると、躊躇することなくそれを星の数にたとえる彼ら（コマンチ族）は、それくらい人数が多く、性格も傲慢だ。他の追随を許さないほど馬術の技量はすぐれている。彼らはまた大胆不敵で、けっして休戦を求めないし、それを許容しない。彼らの領土は、馬に食べさせる牧草が豊かだし、そこには信じがたいほどたくさんのバッファローがいて、彼らに衣服や食料、それに住まいを提供してくれる。そんな領土を持ちながら、彼らはなお、この世の便利なもののすべてを所有するまでにはいたっていない。(30)

他の観察者たちも同じものを見ていた。リチャード・ドッジ大佐は遠征した際、早い時期のコマンチ族に接触している。ドッジは彼らが、ヨーロッパやアメリカのどの騎兵よりもすぐれていて、世界でもっともすばらしい軽騎兵だと思った。カトリンもまた、彼らを比類のない馬の乗り手として見ていた。カトリンはそれを次のように説明している。アメリカの兵士たちは自分たちが目にしたものにびっくりして、唖然としていた。「単に、そこにたたずんでいる彼らを見ているかぎり、私にはこれまで見たインディアンの中でも、もっとも魅力に乏しい、だらしのない部族に思えた。が、ひとたび馬に乗ると、彼らはたちまち変貌したように見えた」とカトリンは書いた。「旅行中に目にした中で、もっとも傑出した馬の乗り手がコマンチ族だと公言するのに、何ら私に躊躇する気持ちはない」。彼は続けてさらに次のように書いている。

彼らが見せた乗馬の離れ技の中で、これまで私が見てきた、あるいは見たいと思っていたどんなものより私を驚かせたものがある——それは一種の戦術のようなもので、この部族の若者はみんなこれを習得し実践していた。馬に乗って通り過ぎるときにこの技を使うと、馬の側面に自分の体を落とすことができる。馬の背中にかかとでぶら下がりながら、……みごとな状態で、馬の横腹に体を水平にして横たわり、敵の武器による攻撃からうまく身を隠すのである。馬が全速力で疾走しても若者はしっかりとぶら下がっている。しかも弓や盾、それに長さが一四フィートもある長い槍を手に持ちながら。(31)

このような体勢から、コマンチ族の戦士は、敵の兵士がマスケット銃に弾丸を一つ込めて発砲する間に、二〇本の矢を放つことできた。二〇本の矢はそれぞれが三〇ヤード離れた兵士を一人ずつ殺した。別の観察者はコマンチ族が馬を飼いならす技術を見て、これに驚嘆していた。彼らはまずはじめに野生の馬を投げ縄によって捕獲する。そして綱の輪を締め、馬を窒息させて地面に倒す。馬がほとんど死にそうになったら、息を詰まらせていた輪縄をゆるめてやる。馬は震えながら、泡の汗だらけになり、ようやく息を吹き返す。捕獲者はやさしく馬の鼻面や耳、それに額をなでてやり、鼻孔に口をつける。そして思い切り息を鼻に吹き込んだ。インディアンはさらに、今ではおとなしくなった馬の下顎に革ひもを巻きつけ、馬に乗ると走り去っていった[32]。これを見ても明らかなように、馬の扱い――繁殖させ、飼いならし、売りに出し、乗り回す――に関するかぎりコマンチ族は天才だった。さらに彼らは、馬を盗む技術においても卓越していた。この点についてドッジ大佐は次のように書いている。「コマンチ族は「野営地に入り込んだ。たくさんの男たちが眠っている。手首には馬を繋いだ輪縄が巻かれていた。コマンチ族はそのロープを、眠っている者から六フィートほど離れたところで切り、誰一人目を覚まさせることなく馬に乗って逃げてしまった[33]」

おそらくカイオワ族を除くと、コマンチ族ほど完璧に馬に乗って生活していた部族はいなかっただろう。子供たちは四、五歳になると自分の馬を与えられた。やがて少年たちは当然のようにして早技を身につける。その中には馬を全速力で走らせながら、地面に置かれたものを取り上げる技がある。若い騎手はまず重量の軽いものからはじめる。そして徐々に重いものへと移り、しまいには全速力で走りながら、自力で人間一人をひろい上げることができるようになる。敵に倒された仲間を救い出すことは、コマンチ族戦士のもっとも基本的な義務の一つだった。彼らはまた若いときに、革ひもを使った技術をすべて習得した。女性もまた男性と同じように馬に乗り走らせることができた。ある観察者が目にしたのは、二人のコマンチ族の女性が、輪縄を手にフルスピードで駆け出し、それを投げて一度目で、それぞれのロープがアンテロープ（レイヨウ）をみごとに仕留めた姿だ[34]。女性も運搬用のラバやおとなしい馬の他に、自分用の馬を持っていた。

コマンチ族のインディアンたちは馬を盗んだり、馬を飼育していないときには、荒野でそれを捕獲した。トマス・ジェームズ将軍（一七五七―一八三六）は、一八二三年、馬の買い手としてコマンチ族の集落を訪れ、彼らが馬を捕獲するのを目撃した。そのときの様子を語っている。たくさんの騎手が野生の馬の群れを深い渓谷へ追いつめた。渓谷では一〇〇人ほどの男が馬に乗り、輪縄を手に待機している。「恐怖に襲われた野生馬が待ち伏せの場所にやってくると」、騎手たちはいっせいに輪縄を馬の首や前脚に投げ掛け、おびただしい埃と混乱状態が生じる。しかし、馬の乗り手たちはそれぞれが一頭ずつしっかりと捕獲した。一頭だけ逃げ出したので、インディアンたちがその馬を追った。そして二時間ほどすると、逃げた馬は「手なずけられ、おとなしくなって」戻ってきた。「荒々しい興奮の中で」、二四時間の間に一〇〇頭かそれ以上の野生馬が捕獲された。そして見たところ、馬はすべて「主人に従順な農耕馬のように」[35]おとなしくなっていた。インディアンたちは馬が疲れ切ってしまうまで、数日間ムスタングの群れを追い続ける。馬が捕まえやすくなるからだ。彼らはまた水飲み場の近くで、喉が渇いた馬がやってきてたらふく水を飲むのを待った。腹一杯飲んだ馬はほとんど走ることができない。それを彼らは捕まえるのである。コマンチ族が持つ語彙は限られている。その数少ない言葉でほとんどのことを表現する――これは原初の人々にありがちな現象だ――が、馬に関する語彙となると、その数は多く、微細な点まで記述が可能となる。馬の色だけでも、そこにはコマンチ族特有の言葉が見られる。茶色、明るい鹿毛色、赤茶色、黒、白、青、焦げ茶色、栗毛色、葦毛色、赤、黄色、たてがみと尾が黒い黄色の馬、赤と黄色と黒のまだら馬。さらに、赤や黄色や黒の耳を持つ馬を表現する言葉さえあった。[36]

コマンチ族の馬術はもう一つの気晴らし――賭博――でも主要な役割を果たした。馬を使ったコマンチ族のペテンを伝える物語は数知れない。有名なものの一つは出所がテキサスのフロンティアだ。コマンチ族の小隊がフォートチャドボーンに姿を現わした。そこにいた将校たちがインディアンにレースをしようと持ちかけた。族長はこの申し出に気が乗らない様子だったが、将校たちがしきりに誘うので、族長はひとまず彼らの提案に同意した。やがて、大きな恰幅のいいインディアンの戦士が、長毛の「羊ほどの大きさしかない、みすぼらしいポニー（小型馬）」に乗って登場した。彼はいかついこん棒を手にしている。それで馬を叩こうというのだ。将校たちは競争相手の馬を完全に見くびって、三番手の馬を引き出してきた。コマンチ族の戦士が、バッファローの皮で作った長衣を賭けたのに対して、将校たちは小麦粉、砂糖、それにコーヒーを賭けた。しかし「これ見よがしに」こん棒を振り回しながら勝利したのはインディアンの方だった。次のレースに兵士たちは二番手の馬を持ち出してきた。が、彼らはこのレースにも負けた。今や彼らは何としても三度目のレースがしたいという。そしてついにナンバー・ワンの馬を引いてきた。堂々としたケンタッキー産の牝馬だ。賭けの品物は二倍にされ、さらに三倍へと加増された。コマンチ族は結局、兵士たちが賭けたものをすべて巻き上げてしまった。スタートの合図とともに、コマンチ族の戦士はワーッと大声を上げてこん棒を投げ捨てると「風のように立ち去った」。「ゴールまで残り五〇ヤードに迫ったところで、コマンチ族の乗り手は鞍の上でやおらうしろを振り向くと、「ひどいしかめ面をして」あとからくる乗り手に、追いついてみろといわんばかりに手招きをした。勝負に負けた者たちはあとで知ったのだが、この毛むくじゃらの馬がついこの間、キカプー族から六〇〇頭の馬を奪取するのに使われたという。(37)

一六〇〇年代後半にコマンチ族が馬に精通したことが、彼らをウィンドリバーの苛酷で寒い土地から、気候の穏やかな南の地方へ移住させた。移住の意味は単純だ。大陸でもっとも豊富な唯一の狩猟目標――南方の平原にたむろするバッファローの群れ――の支配権を求めて、コマンチ族が他の部族に挑戦しようとしていたからだ。

一七〇六年、彼らははじめて歴史上の記録の中に馬で乗り入れた。この年の七月に、スペインの上級曹長フアン・デ・ウリバーリが、北のニューメキシコで改宗させるために、プエブロ・インディアンを集めていたとき、その過程で、コマンチ族がユート族とともに、タオスのプエブロ・インディアンを襲撃する準備を進めていると報告した。[38] のちに彼は、コマンチ族の襲撃が実際に行なわれたことを聞き知った。[39] これがスペイン人あるいは白人が、多くの名前を持つコマンチ族インディアンについてはじめて耳にした出来事だった。中でもユート族によってコマンチ族に与えられた名前は「コマッ」だった。ときにそれはまた「コマンツィア」と呼ばれたこともある。名前の意味は「四六時中、私に敵対している者」。[40] ニューメキシコの当局がこれをさまざまに翻訳した(クマンチ、コムマンチ)。が、結局は「コマンチ」に落ち着いた。この新たな侵略者の正体をスペイン人たちが正確に理解するためには、何年もの歳月がかかってしまったのである。

4

飲めや歌えの大騒ぎ

このような思いで、以下の文章を寛大なみなさんにお読みいただく次第です。これが公表される前に、文を書いた私の手は、きっと、死によって冷たくなっていることでしょう。(1)

これは二〇歳のレイチェル・パーカー・プラマーの言葉で、書かれたのはおそらく一八三九年のはじめ頃だろう。彼女がいっているのは、捕われの身となったときの体験記のことだ。ここでは彼女自身の死が予告されている。予告は正しかった。この年の三月一九日に彼女は死んだ。コマンチ族のみじめな奴隷となったレイチェルは、大草原の半ばを越えるほどの距離をむりやり引っ張って連れて行かれたときにはまったく、文字通り体を引きずられたこともあった。そして、さらに二〇〇〇マイルほど先へ進んだのだが、この連行はいかなる捕虜といえども、これまでどんな部族からも強要されたことのない、極限まで疲労を強いられた逃避行だった。彼女と同じ時代を生きた読者にとって、この体験記は驚くべきものに感じられたが、それは今でも変わらない。一九世紀にアメリカのフロンティアで体験された、血の気を帯び、冷や汗を誘うような純然たる冒険の記録として、これと肩を並べうるものはほとんどない。

悲惨な最初の夜が明けた翌朝、五人の捕虜たち――レイチェルと生後一四カ月になる息子のジェームズ、彼女の伯母エリザベス・ケロッグ（おそらく三〇代だろう）、九歳のシンシア・アン・パーカー、それに七歳の弟ジョン――はふたたび、コマンチ族の乗り手のうしろで、馬に革ひもで縛りつけられ、さらに北へと連れて行かれた。次に続く五日間、コマンチ族は懸命に先を急ぎ、クロスティンバーズを通り過ぎた。クロスティンバーズは、現在のダラスの西方に広がる大草原にあった広さ七〇マイルの森で、レイチェルが書いている通り「たくさんの泉のある美しい土地」だった。が、しかし、彼女が許されてその泉で水を飲んだわけではない。この間、インディアンたちは捕虜に食べ物を一切与えなかった。ほんのわずかの水を支給しただけだ。日が暮れると、毎晩、捕虜たちは革ひもできつく縛られる。そのために手首や足首から血が出た。以前と同じように、彼らは手と足を結びつけられ、うつぶせにされて地面に放り出された。

シンシア・アンに何が起こったのか、これについてはレイチェルも多くを語っていない――最初の夜に殴られ、血を流し、縛られたこと以外に。が、彼女に起こったことについて、根拠のある推測をすることは可能だった。コマンチ族は捕虜の処遇について概して気まぐれだったが、九歳の女の子に対する仕打ちは、大人の女性に対するそれとはつねに違っていた。はじめの数日間、シンシア・アンが体験した昼と夜はたしかに恐ろしいものだった。そこには悲鳴をもたらすインディアンの来襲という恐怖があった。また母親のルーシーによって、インディアン戦士の馬に乗せられた際に、シンシアの感じた理解不能の戦慄があり、父親のむごたらしい死もあった。さらには従妹や伯母がレイプされ、虐待された驚くべき光景もあった（シンシアはたしかに厳格なバプテスト派のしつけの下で育てられた。が、セックスや生殖については、おそらく彼女も、農家の女の子のようにある程度の知識は持っていたかもしれない。しかし、それが彼女の目撃したことを明らかにしてくれることはなかっただろう）。彼女が経験したのは、砦の襲撃ののち、テキサス北部の大草原の闇を走り抜け、キャンプへとたどり着くまでの厳しい騎馬行だった。キャンプでは縛られ、棒で激しく叩かれた。そのあとには何も食べずに過ごす五日間が続いた。

しかし、それからのちに彼女に起こったことを考えると、殴打や苛酷な扱いはひとまず中止されたかもしれない。子供がコマンチ族によって殺された記録や、少女がレイプされた記録は数多く残されている。が、概して、子供や少女は大人にくらべると、かなり良好な関係をインディアンと持てたようだ。その理由は一つに、子供や少女が、インディアン社会に十分同化できるほど若かったということがいえる。インディアンの社会は出生率が途轍もなく低かった（馬上の生活が原因の一つで、それは妊娠中の早い時期に流産を引き起こした）。したがって、部族の人口を増やすために彼らは捕虜を必要としたのである。(2) 子供や少女は身代金を引き出すためにも有益だった。ひどく凶暴な襲撃の例を他に二、三見ても、若い女性の捕虜が目立って命を助けられ、部族にすばやく受け入れられているのがわかる。ともかく少女たちには生き残れるチャンスがかなりあった。もちろんそれは、有無をいわさず殺されてしまうか、拷問死するかのいずれかしかない成人の男性捕虜にくらべての話だが。しかしそこには、シンシアが人間味のある扱いを受けたという、この上なく強力な根拠もあった。それはパーカー砦の襲撃の際、その現場にいた男の存在だ。男の名はペタ・ノコナ。のちにシンシアの夫となりコマンチ族の戦時族長となる人物である。おそらく襲撃を指揮したのはペタ・ノコナだったろう。そしてルーシー・パーカーが、泣き叫んで抵抗するシンシア・アンを乗せたのもこのペタ・ノコナの馬だったかもしれない。(3)

六日目にインディアンたちは捕虜を別々に分けた。エリザベス・ケロッグはキチャイ族内のある部隊《バンド》に売り渡されたか、あるいは譲渡された。キチャイ族はテキサス北部に定住する部族で、作物を作りながら、コマンチ族に隷属する地位に甘んじていた。シンシア・アンとジョンは中央コマンチ族の一部隊

——おそらくノコニ部隊——へ行き、レイチェルとジェームズは別のコマンチ族の部隊へ向かった。ジェームズは傷だらけになり、血だらけになっていたが、まだ何とか生きていた。レイチェルはインディアンたちが息子を自分のそばに置いてくれるものとばかり思い込んでいた。が、それは彼女の思い違いだった。「息子がすでに乳離れしていることがわかると、インディアンたちはすぐに嫌がる私を振り切って、抱いている腕から息子を引き離した。彼は血だらけの手を私の方へ伸ばして叫んだ。『お母さん、お母さん。ああ、お母さん』。連れ去られて行く息子を見送りながら、私は大声ですすり泣いた。これが最後だった。それ以来、かわいいプラットの噂を私は耳にしたことがない(4)」

レイチェルの部隊は北へ向かって、さらに気温の低い高地へと進んだ。おそらくそれは今のコロラド州東部のあたりだったろう。気がつくとレイチェルは高い不毛な平原にいた。「今はもう樹木は見えなかった」と彼女は書いている。「数週間もの間、私たちは馬を変えることなく旅を続けている。バッファローの糞が燃料のすべてだった。丸い穴に糞を集めて火を点けると、それで十分に料理をすることができた。火はおそらく数時間は燃え続けるだろう(5)」。部隊がいた場所はコマンチェリアの中心だった。当時の地図製作者たちには「アメリカ大砂漠」として知られた所で、一般の人々にはなじみのない場所だった。一八四〇年より以前のアメリカでは、誰もがみんな森林のある土地について語っているが、樹木の生えた土地になじんだ目には、平原は今までまったく見たこともないものに映った。それはあたかも、生涯を高い山の中で暮らしてきた人がはじめて大海を見たようなもので、基本的なレベルで理解が不可能だったのである。「ミシシッピ川の東では、文明は三本の脚——土地、水、森林——の上に立っていた」とウォルター・プレスコット・ウェッブ(一八八八—一九六三。アメリカの歴史家)が傑作『ザ・グレート・プレーンズ』の中で書いている。「ミシシッピ川の西では、二つの脚の内一本ではなく二本

──水と森林──がともに抜き取られていて、文明は残りの一本の脚──土地──の上にそっと置かれている。したがってそれが、一時的な機能不全を起こして、ひっくり返ってしまうのはそれほど不思議なことではない(6)」

スペインやフランス、それにアメリカの進出に対しては、それに執念深く敵対する人間(インディアン)の障壁が存在した。が、そこにはまた、現実に存在する自然の障壁もあった。二一世紀の世界に住む人々にはこれを想像することが難しい。今日の国土は一九世紀そのままではないからだ。アメリカの地表はそのほとんどが農地や大牧場になり、木々は伐採され、何らかの方法で開拓され尽くしてしまった。そして国土は多くの場所で、森林と草原のはっきりとした境界が失われている。しかし太古の北米大陸は、その大半つまり東海岸から西経九八度──北から南へ、大まかにいうと現在のサンアントニオ、オクラホマシティ、ウィチタを通って走っている経線──までは深い森に覆われていた。そして、東部の深い森林地と西部の「大空の」地方とは著しいコントラストを見せていた。西部へ旅する人は西経九八度線にぶつかるまで、草原と呼ばれるものを何ひとつ見なかったにちがいない。九八度に至ってはじめて旅人は、さまざまな場所で文字通り、暗いグリム兄弟の森から出て樹木のない草原を見たのだろう。草原は彼にとって巨大な空虚のように思えたかもしれない。その時点で、今まで森の住人だった開拓者が、生き残るために知っていたことのすべて──家の建て方、火の起こし方、水の引き入れ方など──は役立たずになってしまった。だからこそ草原は国中で一番最後の居住地とされたのである。

おもな原因は雨量だ。降雨量の不足。西経九八度線のすぐ西側では年間の雨量が二〇インチにも満たない。この降雨量では樹木はとても生き残れない。河川や小川の水は乏しくなる。草原の生態《エコロジー》に加えて、火──電光やインディアンたちがたえず引き起こす大火──の生態があった。この火は草原の草を一面焼き尽くし、河川や小川に沿った低地に生える木だけを残して、ほとんどの若木を殺してしまう。湿度が高く沼地もあり、雨が多い上に、松林や川が交差するルイジアナ州から出てきた旅人は、現在のダラスの南あたりではじめて草原に出くわす。そこはパーカー砦からもそれほど離れていない。実際、一八三六年にパーカー砦が、入植地の限界としてこの場所を示したのには理由があった。それは一つに、そこが大草原の縁に非常に近かったからだ。そこでは、うねるような起伏を見せてひだを作る草原に森林が点在していた。ナヴァソタ川に沿った低地にも深い森があった（パーカー一族にしてみれば、この土地選びはまったくの偶然ではなかった。彼らは結局ヒマラヤスギを使って、柵で囲んだ砦を作ったのだから）。しかし、それより一〇〇マイル西へ行けば、そこにはもはや森林はまったくない。そして今のラボックやアマリロへ到着するまで、ひたすら平坦で無限に後退するグラマーグラスやヤギュウシバ（バッファローグラス）の広がりを除くと、何一つ旅人の目に入るものはない。この草原の広がりを縫うようにして、石膏の混じった川がわずかに二筋、三筋流れているだけである。そこに陸上の目印となるものがたとえあったとしても、それはとても識別できるものではなかった。当時の旅人たちはこの風景を「大洋のように広大だ」と描写している。が、これはけっして美しさの表現ではない。彼らはそれを空っぽで非常に恐ろしいものだと思った。またこの草原を「人跡未踏」とも書いているが、これは文字通りの真実である。草原の草をかき分けて進む幌馬車隊のわだちも、数日後にはすっかり消え失せてしまう。

ハイ・プレーンズ（グレート・プレーンズの、とくにネブラスカ州から南の部分）は一般に樹木と水がないだけではなく、そこでは往々にして、気候が北アメリカでもっとも不快なものとなる。夏は厳しい暑さが到来し、溶接用のトーチランプから出るような風が吹きつける。そのためにしばしば気温は摂氏三八度かそれ以上になり、二、三日後には穀物がすべて損なわれてしまう。風は目を真っ赤に充血させ、唇をかさかさに乾からびさせる。そして体を驚くべきスピードで脱水状態にした。秋や冬にはときどき「ノーザー」（北風）がやってくる――これは北から突然吹きつける強い風で、しばしば恐ろしい勢いで吹く。風に伴って空は一面すきまのない黒い雲や、褐色の砂でできた巨大な波状の雲で覆われる。ノーザーは一時間で摂氏一〇度という気温の急降下をもたらすことさえある。「ブルー」・ノーザー（寒冷な北風）にはさらに、凍えるほど冷たい雨を吹きつけるという特徴があった。が、これが草原ではありふれたいつもの天気なのである。

　中でももっともやっかいなのは「ブリザード」（猛吹雪）だ。アメリカの東海岸や西海岸の人々は、自分たちもブリザードを見たことがあると思うかもしれない。が、それはおそらく違う。ブリザードはほとんど平原に限られた現象で、その名前も平原でつけられたからだ。ブリザードが伴うのは風に吹き寄せられる深い雪と冷たい気温だ。雪があまりに深く、気温があまりに低いために、避難場所のない平原で道に迷うと、もはやそれは死んだも同然となる。ブリザードがいったん収まったあとでも何年かは、人々が小屋から自分の住まいへ歩いて帰る途中で道に迷い、死んでしまうこともそれほど珍しくなかった。うなり声を上げる風が数日間吹き続ける。雪の吹きだまりが四〇フィートから五〇フィートになることはごく普通だった。それはまさしく「ホワイトアウト」（視界がきかない）の状態となり、大地と空を識別することすらもはや不可能となる。平原のブリザードは軍の部隊や入植地、それにインディアンの集落などすべてを飲み込む。これがまたコマンチェリアの真の姿だった。平原インディアンたちが選んだ美しく、しかもたえず敵対する土地。そして、最南端に位置する、もっとも豊かなアメリカン・バッファローの生息地。この地こそ大陸で一番最後にアメリカ合衆国軍によって征服され支配された土地であり、誰もが最後にほしがった所で、一番最後に文明化された場所でもある。この土地にいるだけで殺される可能性は十分にあった。しかし、コマンチ族や他の騎馬インディアンたちがここに住んでいたという事実が、その確実性を若干ではあるが減殺していた。

これが今レイチェルのいる場所で、おそらくもっとも近い白人の入植地からでも五〇〇マイルは離れていただろう。これまで白人はこの場所に、ほんの数人しか入ったことがなかった。入植者の目から見れば、ここはただの空っぽの地域にすぎなかった。「ルイジアナ購入」（一八〇三年にアメリカがフランスから、ミシシッピ川とロッキー山脈の間の広大な地域を一五〇〇万ドルで購入した）によって合衆国の一部となった土地だが、そこには砦もなければ、兵士もいない。人間も、風変わりな罠猟の猟師か開拓者を除けば誰一人やってこない。たまにラバの引く荷車が近くのサンタフェ街道を通るくらいだった。はじめてやってきたキャラバン（隊商）は四年の間、オレゴン街道を横切ることをしなかった。ここはインディアンの土地だったし、レイチェルの記述によると、インディアンたちが住み、彼らが狩りをして、たがいに相争う土地だったからだ。レイチェルの記述によると、彼女は一三カ月もの間、捕虜としてハイ・プレーンズで過ごしたが、その間、ロッキー山脈へ旅をしたとも書いている。山脈で「私は、これまで感じたことのないほどのひどい寒さを経験した。履くものはほとんどなかったが、身にまとうものも何一つなかった」[7]

レイチェルは奴隷だったし、実際、奴隷のように扱われた。仕事は夜間に馬の世話をして、昼間はバッファローの皮を「仕上げる」ことだった。これには満月毎に果たさなければならないノルマがあった。仕事のプロセスには、尖った骨を使って慎重に、皮から肉をすべて削ぎ落とす作業がある。獣脂を吸収させるのには石灰が使われた。さらにはバッファローの脳髄で皮をこすり、やわらかくなるまでそれを続けた。[8] 割り当てられた仕事分を果たして体罰を避けるために、レイチェルはよく、馬の面倒を見る場所にまでバッファローの皮を持ってきたことがあった。彼女が譲渡された先は年取った男の家で、彼女はその男の妻と娘の召使いになった。が、妻と娘は彼女を虐待した。

レイチェルの誘拐は、一見、インディアンたちが行き当たりばったりにテキサスの入植地へ攻撃を仕掛け、そのなりゆきでしたように見えるかもしれない。が、実のところ、彼女の身に起こったことには重大なわけがあった。すべては高度に分化した平原のバッファロー経済に関わっている。バッファローの皮やそれから作った長衣はつねに有益な交易品だった（コマンチ族の取引はもっぱら馬とバッファローの皮と捕虜にもとづいていた）。バッファローの皮は価値が上昇しつつあった。ますますそれが増大するために、コマンチ族一人が一年間に食べるバッファローの数は、これまでほんの六頭ほどだったが、今では年間平均で四四頭のバッファローを殺している。そして、その数は毎年増えるばかりだった。女性の仕事はもちろん付加価値のあるものに限られる。それはバッファローの皮の下処理をしたり、長衣を作ったりすることだった。平原インディアンの男たちはやがて次のことに気づいた。それは、たくさんの妻を持てば持つほど皮をたくさん作ることができる、そうすれば、ますます手広くその品を使って商いができるということだ(9)。この単純な商売上の原理は二つの重要な結果をもたらした。一つはインディアンの男たちの間で一夫多妻が増加したこと。二つは、一人でも多くの女性捕虜を捕まえて所有したいという欲望が芽ばえたこと。インディアンの間で起こったこの変化は意図的というより、おそらくは本能的なものだったろう。が、それはレイチェルの日々がつねに長くてつらく、四六時中ノルマに追われることを意味していた。

あいにくなことに当時彼女は妊娠していた。パーカー砦が襲撃されたとき、すでに妊娠四カ月の身重だった。そしてちょうど妊娠が進行する時期に、こうした一連の苦難をすべて耐え忍ぶことになった。一八三六年一〇月、彼女は二人目の息子を産んだ。子供の命が危ないことは彼女にもすぐにわかった。

レイチェルは——彼女の言葉を引用すると——「女主人にいさめ諭すようにして、子供の命を助けるためには何をすればよいか、私に助言をしてほしい[10]」とコマンチ族の言葉で話した。が、それはむだだった。赤ん坊などまったく厄介なだけだと女主人は思っている。赤ん坊を養うことになれば、レイチェルは目一杯働くことができなくなるからだ。赤ん坊が生まれて七週間が過ぎたある朝、男が六人やってきた。その内の何人かにレイチェルは押さえつけられ、その間に彼らの一人が赤ん坊を絞め殺した。そしてそれをレイチェルに手渡した。赤ん坊がなお生きている徴候を示すと、男たちはふたたびそれをレイチェルの手から取り上げた。そして首にロープを巻きつけて縛ると、引きずってウチワサボテンの間を通した。しまいには馬のうしろに付けて、一〇〇ヤードほど円を描いて引きずった。「頑是ない私の愛らしい子はただ死んだだけではなく、文字通り粉々に引き裂かれてしまった」とレイチェルは書いている[11]。

コマンチ族はさらに先へと移動した。レイチェルはつらい経験を重ねたにもかかわらず、とにもかくにも決められた日課をこなした。彼女は自分が目にした動物や植物、それに地理について、つとめて詳細な記録を残している。平原に生息する小型の灰色キツネについて、また目の前に魔法のように現われる、青色をした冷たい湖の蜃気楼や、平原で見つけた貝の化石のことも書いた。コマンチ族について書かれたはじめての民族誌ともいえる報告の中で、彼女はコマンチ族の社会について詳細に記している。グループは三日か四日毎に移動した。男たちは毎夜ダンスを踊る。中にはワタリガラスや鹿の皮を拝む者もいた。戦いに行く前に、男たちは毎朝水を飲む。それも吐くほど大量に。人の影を料理用の食べ物にけっして近づけてはいけないというタブーがあった。レイチェルは暇ができると、山々の頂上を目指して登った。洞窟を探検したこともある。新たにコマンチ族の言葉を習得したために、アーカンソー川の源流近くで開かれるインディアンの大集会で、彼女は立ち聞きすることができた。女性は部族の集会に入ることが許されなかったので、「私は何度か殴られて追い立てられた」と彼女は書いている。「しかし、虐待を陽気に甘受すると、あきらめることなく私はまた彼らの議事に耳を傾けた」[12]。彼女が盗み聞きしたのは、多くの部族が一丸となってテキサスへ侵略するという大規模な計画だった。テキサスを奪取して住民たちを追い出したあと、彼らはメキシコを襲撃することになっていた。攻撃は一八三八年か一八三九年に実行される予定だった。

レイチェルの立ち直りの力は驚くべきものだったが、彼女は希望を失いはじめていた。息子のジェームズはおそらく死んでしまっただろうし、夫や父母もおそらくは、パーカー砦の襲撃を生き延びることができなかっただろう。ここから逃げ出すこともほとんどむりだし、部族内で自分の地位を変えることもまず不可能だ。意気消沈し、自殺したい衝動に駆られたがそれもできない。そこで決心したのは、彼女を捕らえた者たちを挑発して、自分のためにひと仕事してもらおうということだった。主人の娘（「私の若い女主人」）が彼女に、テントから根茎を掘る道具を持ってきてくれといったとき、彼女はそれを拒否していやだといった。すると若い女はレイチェルに向かって金切り声を上げ、彼女の方へ走ってきた。レイチェルは女を地面に投げ飛ばし、「キャーキャーと叫びながら格闘しては」彼女を押さえつけた。そして、「誰でもいい、インディアンたちの一人が私の心臓を槍でひと突きしてくれることを期待しながら」[13]、女の頭をバッファローの骨で叩きはじめた。もし彼らが私を殺そうとしたら、少なくとも彼女の主人だけは不具にしてやろうと決めていた。殴り合いが激しくなるにつれて彼女が気づいたのは、コマンチ族の男たちが大勢二人のまわりに集まってきたことだ。男たちはみんな怒鳴ってわめいているが、誰一人としてレイチェルに触れる者はいない。この喧嘩にレイチェルは勝利した。「彼女（若い女主人）

はもはや私を傷つけることができなくなっていたし、実際、ほとんど息ができないほどだった。とうとう助けてくれと叫んで慈悲を請うた」とレイチェルは書いている。彼女は敵の女を放免した。女は大量の血を流している。レイチェルは女を抱き起こすと、キャンプに連れて帰り顔を洗ってやった。若い女が友好的に見えたのはこれがはじめてだった。

しかし養母の方はそうはいかない。養母はレイチェルに向かって火で焼き殺してやるといった（実際、以前彼女は、火や燃えさしでレイチェルにやけどを負わせたことがある）。さてこんどはレイチェルと年寄りの女が、燃え盛る火の中や火のまわりで喧嘩をはじめた。双方ともにひどいやけどをしている。レイチェルは老女を強打して火の中に二度ほど倒した。そして彼女をそこに押さえ込んだ。喧嘩の最中、二人はまたティピの片隅をぶち破ってしまった。するとふたたび男たちが二人を見物するために集まってきた。ここでもまた男たちは、誰一人喧嘩に割って入ろうとしない。再度レイチェルは勝利した。翌朝、一二人の族長が「集会の家」に集まり、この事件の審理をした。三人の女もそろって証言した。評決は以下の通り。レイチェルは彼女が壊したテントの柱を元に戻すようにといい渡された。彼女は若い女（女主人の娘）が手伝ってくれることを条件に承知した。そのあとは「すべてがふたたび平和になった」とレイチェルはいう。

レイチェル・プラマーの体験記を、コマンチ族に対して道徳的な判断を下さずに読むのは不可能だ。生後七週間にしかならない無防備な乳児を、実際、みんなの合意によって拷問死させることは、現代のどの基準から見ても、ほとんど悪魔的で不道徳な行為といってよい。手順通りに行なわれた女性捕虜に対する輪姦も、もしそれが何か非常に進行した悪の形式でないとしたら、倒錯に近い犯罪的行為のように思われる。アメリカの西部にいたアングロサクソン系ヨーロッパ人の入植者たちは、おそらく大半がこの評価に同意しただろう。彼らにとってコマンチ族は、通常の良識や共感や慈悲のまったく欠けた凶悪犯や殺人者に他ならなかったからだ。コマンチ族たちはただ恐ろしい苦痛を与えただけではなく、すべての証拠が示しているように、彼らはそれを楽しんでいた。これがおそらくは最悪の部分であり、たしかにもっとも恐ろしい要素だったろう。人々を拷問に掛け、痛みで悲鳴を上げさせることは、彼らにとって愉快で得るところの大きな行為だった。それはちょうど現代のアメリカに生きる少年たちにとって、カエルに拷問を加え、バッタの足を引き抜くのが、愉快で価値があるのとまったく同じだった。少年たちはおそらく成長してその状態から抜け出るだろう。が、インディアンたちにとってはそれが、大人の文化の重要な要素であり、何一つとがめ立てすることなく受け入れられる要素だったのである。

一八七〇年代はじめ頃のある物語がこれについて、さらに大きな要点を説明してくれる。ここにいるのは子供の頃にコマンチ族の捕虜となった男だ。名前はハーマン・レーマン。その後、一人前の立派なコマンチ族戦士となった。あるときコマンチ族の一隊が、トンカワ族インディアンたちのキャンプを急襲したことがあった。数人のトンカワ族を殺したが、残りは逃げ去った。打ち捨てられたキャンプで、コマンチ族のインディアンが見つけたものは、火の中で焼かれていた肉片のようなものだ。それはコマンチ族戦士の脚だった。トンカワ族は食人の風習を持つ部族として知られており、彼らはちょうど宴の準備をしていた。これがコマンチ族を復讐の怒りに駆り立てた。コマンチ族はトンカワ族のあとを追い、激しい戦闘が起きた。この戦闘でコマンチ族の戦士は八人殺され、四〇人が傷ついた。が、彼らは戦いに勝った。戦いが終わった今、彼らは敵の負傷者や瀕死の者たちの処理に取りかかった。「多くの者たちが水をほしがった」と、その場にいたレーマンは書いている。

しかしわれわれは彼らの懇願を無視した。捕虜たちの頭皮を剝いで腕を切断し、脚を切り離して舌を切り取った。そして、切りさいなんだ体や手足をキャンプの火に投げ入れた。さらに粗朶《そだ》をくべ入れると、トンカワ族のまだ生きている者、死にかけている者、死んだ者など、すべてを火の上に積み上げた。中には毛虫のように体を縮めたり、動かしたりする者もいた。声を上げ、慈悲を請うことのできる者もいた。われわれはさらに彼らを積み上げて、薪も新たに入れた。そして、脂や血が彼らの体から流れ出るのを見ながら、歓喜にむせんで踊り狂った。また、体が膨れ上がるのを見たり、それが火の中ではじけるときに、皮膚がポンと音を立てるのを聞いてわれわれはよろこんだ。(14)

この種の残虐な行為は、アメリカ・インディアンについて書かれた物語では扱いにくい主題だ。それはアメリカ人が自分たちの土着の原住民について、いろいろな点で彼らを、英雄にふさわしい高貴な者と考えたがる傾向があるからだ。たしかにインディアンは多くの点で英雄にふさわしく、しかも高貴だ。とりわけ彼らが自分の家族を守る点についてては。しかし、西洋の道徳基準に照らしてみると——もちろんわれわれの歴史にも、反宗教革命のヨーロッパやロシアのピョートル大帝の君主政体制下では、公に認可された拷問の豊かな伝統があった。が、それにもかかわらず——他人を拷問に掛け、レイプしたり、他人の子供を盗み、それを売りに出すという人物を、おそらくわれわれは英雄や高貴な者と見なすことはできないだろう。クレージー・ホース（一八四三—七七。オグラ・スー族の族長）は戦いにおいて疑いもなく英雄だったし、生前は驚くほど寛大だった。しかし、オグラ・スー族の一戦士としては、彼もまた襲撃者であり、その襲撃とは捕虜の虐待を含む、いくつかの非常に特殊なことを意味した。彼の高い人気——今、大きな彼の石像がサウスダコタ州の山で彫られつつある——は、彼の若年期についてほとんど知られていないという事実に深い関わりがあるかもしれない。(15) 今や彼は勝手気ままに、自分がなりたいと思う英雄になっているのだから。

このようにして年代記編者の中にも、インディアンの生活の荒々しく残酷な側面をまったく無視する者がいる。他の者たち、とりわけ歴史家たちは、白人が大陸に到着する前に、インディアン同士で戦った戦争では比較的流血が少なかったし、ほとんど血の流れなかった戦争もあったとほのめかしている。彼らもインディアンの持つ残酷な面をまったく否定していた。(16) しかし、いくつかの事実は免れがたい。まず、アメリカ・インディアンは生来が好戦的であること。そして、コロンブスが偶然彼らに出くわす前に、すでに数世紀の間、彼らは相変わらず好戦的な民族だったこと。たしかに、彼らが戦ったのは狩猟の場を確保するためだった。が、彼らはまったく必要のない、残忍で血にまみれた戦争を繰り返し行なっている。トンカワ族に対するコマンチ族の容赦のない、けっして終わることのない追撃はその好例だ。同じようにコマンチ族は、アパッチ族がバッファローの土地から追放されたあとでもなお、長い間、彼らに対する嫌がらせを続けていた。

しかし、アメリカ大陸のインディアンにとってこのような行為は当たり前のことだった。それに実際には、いっそう文明化された東部に住み、農業に従事していた部族の方が、(17) コマンチ族や他の平原部族にくらべて、はるかに長くて苦しい拷問を工夫することに長けていた。違いは女性の捕虜や犠牲者に対する平原インディアンの扱いにある。手足を切って不具にすることを含めて、東部の部族でレイプあるいは虐待が行なわれたのは、一七世紀と一八世紀に、彼らが捕虜を奴隷として売ったときに限られていた。しかし、この慣習はだいぶ前に遺棄されている。巨大なイロコイ同盟などいくつかの部族は、けっして女性の捕虜をこのようにして扱うことはなかった。[18] 女性は殺され、頭皮を剥がされたが、輪姦されることはなかった。パーカー家の捕虜たちに起こったことは、ミシシッピ川以西に限って生起した出来事だった。コマンチ族が残忍と暴力とでよく知られていたとしたら、それは歴史上大いなる交戦好きの民族として、彼らは自分たちが受けた苦痛を数倍にして、敵にそれを負わせることのできる立場にあったためである。

もっとも重要な点は、インディアン自身がこのような行為をまったく悪行と思っていなかったことだ。が、西に向かう入植者たちの大半は、絶対的な善と悪という考えや、道徳的行為の普遍的基準を信じていた。そうした彼らにとって、インディアンの考え方はほとんど理解不能のものに思えた。原因の一つは、宇宙の本質に対するコマンチ族の考え方に関わっている。それは文明化した西側のそれとは大きく異なっていた。コマンチ族には支配的で統一された宗教、つまり唯一神というものがない。敗北したあとのインタビューを読むと、コマンチ族たちが、しばしば「部族神《グレート・スピリッツ》」という考えに従っているように見える。が、コマンチ族の民族誌学者であるアーネスト・ウォレス（一九〇六―八五）とE・アダムソン・ホーベル（一九〇一―九三）は、それがどんなものであれ、単一の霊または「悪魔」を含む創造神話の存在についてはきわめて懐疑的だった。[19]「われわれはけっして創造に多くの配慮をしなかった」と一九三〇年代のインタビューで、ポストオーク・ジムというコマンチ族の老インディアンが語っている。「われわれはただ、自分たちがここにいることを知っていただけだ。われわれの考えはそのほとんどが霊を理解することに向けられていた」[20]

コマンチ族が生きた世界は、呪術やタブーであふれていた。霊は至るところに存在した。岩や木々、それに動物の中にも。彼らの宗教の本旨は、このような霊の力を役立てる方法を見つけることにあった。こうして霊の力は「プーハ」すなわち「魔力」となった。そこには何一つ教義と呼べるものはないし、体系づけられた宗教を押しつける祭司階級もない。しかも世界を、切り離されて何一つ深い意味を持たない、一連のエピソード以外の何かとして見ようとする傾向もなかった。が、そこにはたしかに行動の規範《コード》はあった――たとえば、ペナルティーを支払うことなしに、他の男の妻を盗むことはできない。しかし、最終的な善や悪はそこにはない。あるのはただ行為と結果、被害とその償いだけだった。

一方で、敵はどこまで行っても敵に変わりはない。敵を相手にするときのルールは一〇〇〇年にわたって代々伝えられてきた。ユート族を生け捕りにしたコマンチ族の戦士は、一も二もなく彼を拷問に掛けて殺すだろう。それはスー族がアシニボイン族に対して、そしてクロー族がブラックフット族に対して、誰もがつねに行なってきたことだった。ユート族に捕まったコマンチ族は、同じ仕打ちをされることを当然のように予期していた（こうして彼は自分を妙なぐあいに「黄金律《ゴールデン・ルール》」に一致させた）。ヨーロッパ人やアメリカ人にはとても信じられないことだが、それこそが戦場でインディアンたちが、つねに死ぬまで戦い続けた理由でもあった。そこには例外など一つもなかった。もちろんそのインディアンが、まったく同じようにして深々と血塗られた復讐を信じていた。拷問で殺された戦士の命は、もしそれが可能なら、もう一つの拷問死で償われるだろう。それもなるべく、最初の死よりもいちだんと恐ろしい死によって。これもまた、アメリカのインディアンたちのすべてが、公明正大な行為と見なしていたものだった。

コマンチ族の道徳体系と、彼らが対決した白人たちのそれとの間にあった、こうした根本的な差異をどのように説明すればよいのか。それは一つに、他の世界の文明とくらべたときに、アメリカ文明に見られる相対的な進展のぐあいと関わりがあるだろう。紀元前六五〇〇年頃、アジアと中東でほぼ同時に起きた農業の発見が、遊牧の狩猟採集民の社会を促して、それに続くより高度な次の文明へと導き移行させた。しかしアメリカでは、それからなお四〇〇〇年後の、紀元前二五〇〇年に至るまで農業は行なわれなかった。が、すでにその頃になると、エジプトやメソポタミアでは発展した文明が誕生していた。これは途方もなく大きなギャップである。インディアンたちが種の蒔き方や作物の育て方をひとたび覚えると、南北アメリカの文明は旧世界がたどったのとほぼ同じペースで進展していった。都市が建設され、高度に組織化された社会構造が発達し、ピラミッドも設計された。そして帝国が構築され、その最後のものがアステカであり、インカだった(が、旧世界と同じように、遊牧生活や狩猟採集文化は高度な文明のかたわらでなお生き残っていた)。しかし孤立して、しかも馬や牛の恩恵にあずかることのなかったアメリカは、時間のギャップを埋めることができなかった。ヨーロッパやアジアの人々をアメリカ人は、三〇〇〇年から四〇〇〇年の遅れで追いかけていた。そして一四九二年にコロンブスがやってきたが、彼の到着が証明してみせたのは、アメリカ人がけっしてこの遅れを取り戻すのは不可能だということだった。もちろん、農耕に携わらない平原インディアンはそれよりいっそう遅れていたわけだが。

このようにして、双方——アリストテレス、聖パウロ、ダ・ヴィンチ、ルター、ニュートンの文化からやってきた入植者たちと、バッファローの平原から出てきた先住民の騎手たち——の運命的な衝突は、あたかもタイムワープのなかで起きたかのようだった。前者はまるで何千年の昔を振り返って、道徳以前、キリスト教以前の野蛮な状態にいた自分の姿を見ているようだったにちがいない。ケルト人といえば、一九世紀のアメリカへやってきた多くの移民の祖先だったが、彼らはおおむねインディアンに似ている。紀元前五世紀のケルト人は歴史家ヘロドトスによって、「うわべは自分の命をかえりみることなく戦う獰猛な戦士たち」[21]として描かれていた。コマンチ族のように彼らは凶暴で、薄汚く、髪の毛を伸び放題にして、恐ろしく耳障りなときの声を上げた。ケルト人はきわめて巧みな馬の乗り手で、過度にアルコールを好む。そして敵や捕虜に対しては、首をはねるなど恐ろしい行為をした。首を切るこの習俗が文明化したギリシア人やローマ人を恐怖におののかせた。[22]年を取ったケルト人――アメリカの西部移民の先駆けとなった、スコットランド人やアイルランド人の先祖となるのだが――にとって、拷問というコマンチ族の慣習は、おそらく「道徳上からいっても」まったく異存のないものだったろう。

敵から見たコマンチ族は、情け容赦のない、バッファローの角を生やした殺人者であり、闇と荒廃の残酷な使者でもあった。しかし、レイチェル・パーカー・プラマーやシンシア・アン・パーカー、それに他の者たちのいるキャンプの中では、彼らはまったく違っていた。コマンチ族を間近で観察した最初のアメリカ人の一人リチャード・アーヴィング・ドッジ大佐は次のように書いている。ここではコマンチ族も「騒々しくて楽しげで、愉快でにぎやかな、いたずら好きの大の自慢家だ。あらゆる種類の悪ふざけと乱暴な冗談にあふれている。……歌や踊り、それに大声で叫んではわめきまくり、その音は真夜中に響き渡った」[23]。彼らが好きだったのはギャンブルだった。どんなものでも賭けてしまう――まったく何でも賭ける――が、とくに馬や猟の獲物、それに最後には、とっておきの鹿の皮まで陽気に賭けてしまう。彼らは歌も好きだ。とくに自分の歌を歌うのが大好きだった。歌はメディスン・マン（シャーマン）がときおり特別に、各人のために書いてくれる。目を覚ましてはその歌を歌い、寝に行く前にもその歌を歌う。コマンチ族のインディアンたちは、どんなものでも気晴らしが大好きだった。しかし、世の中の何にもまして好きだったのが馬のレースだ。インディアンはまた、自分の髪の毛を自慢の種にした。たまには妻のふさふさとした髪を切って、それを自分の髪に編み込み、現代の女性のようにエクステンションを作った。そして、そのエクステンションをビーバーやカワウソの皮で巻いた。彼はまた噂話が大好きで、これはもはや手の施しようがないほどだった。ドッジによると、「ともかく自分の身のまわりで起きていることは、何でも恐ろしく知りたがった(24)」という。

インディアンは何時間でも何日でも踊り続ける。彼は家族、それもとりわけ息子たちを溺愛した。冬場はティピの火のそばで、バッファローの長衣にくるまりながら、暖かく怠惰にして過ごした。ティピは作りが建築上すばらしくよくできていて、わずかな火さえあれば、風が激しく吹きつけて極寒となる草原の冬でも彼らを暖かく守ってくれた。コマンチ族のインディアンは話好きだった。「興奮すると夢中になってしゃべる」とドッジは書いている。「恋や戦争や狩りで、自分が手中にした手柄を自慢げに話した。そして話はいつしか四方八方へと途方もないところまで飛んでいった(25)」。部族の仲間たちはいろいろな名前を持っていた。たとえばそれは「つまずいて大落下」「年を取ったようなしわくちゃ顔」「コヨーテのワギナ」「中年男になる」「いつも悪所に腰を下ろしている」「何かを壊す」「彼女が親戚を招いている」などだ(26)。他人にとって彼らは死の権化だったが、彼ら自身にとっては単なる「人々」(ヌムヌー)にすぎなかった。

コマンチ族は多くの点から見て、典型的な平原インディアンといえる。平原インディアンの文化はバッファローを中心に築かれていた。バッファローは生活の必需品をもたらしてくれる――食べ物、住まい(ティピは皮で作られた)、燃料(乾かした糞)、道具(骨製の用具、胃袋から作られた水を入れる袋)、馬具一式(皮から作られた馬勒、ムチ、鞍)、ロープ(毛を縒って作る)、着物(バックスキン、モカシン、長衣)、武器(腱から作る弓の弦、こん棒)。一八七〇年代にバッファローの狩猟者《ハンター》たちがやってくるまでは、巨大で俊敏なこの動物は、文字通り数え切れないないほどたくさんいた。バッファローの群れの大半は大草原の南部――コマンチェリア――にたむろしていた。このバッファローこそ、新たに馬に乗りはじめた部族が、まず第一にその生息地をめぐって争いを起こす原因となったものだ。

バッファローは狩りをするには危険な動物だった。元気なバッファローは二マイルの距離を、普通の馬とほとんど同じくらいのスピードで走ることができる。馬に乗って背後からバッファローに近づき、矢を射かけたり、槍で突いたりするのがインディアンのやり方だった。そのために、傷ついたバッファローは馬の乗り手にとっては身近に迫った脅威となる。テキサス・レンジャーズのジョン・サモン・「リップ」・フォードが書いているように、危険なのは「馬も何もかもすべてが、巨大な獣の角に捕まって持ち上げられてしまうこと、そして、羽毛のように空中高く数フィートも放り投げられ、乗り手は連れの馬ともどもいっしょに落とされてしまうことだ(27)」。が、インディアンの乗っているポニーは、弓の弦をはじく音がしたら、とっさにバッファローから離れる訓練がなされていた。

バッファローの肉は、コマンチ族が何にもまして好きな食べ物だった。彼らは肉をたき火で焼いてステーキにしたり、銅製の鍋で煮て食べた。また細切りにしてそれを干し、冬に備えて保存食にしたり、長旅に携帯した。腎臓と胃袋も食べた。子供たちはバッファローが新たに殺されると、急いで駆け寄ってきて、肝臓や胆のうをねだって分けてもらう。胆のうから出る塩からい胆汁を腎臓に噴きかけて、その場で暖かい内に血をしたたらせながら食べた。殺されたバッファローが牝で乳を出していたら、コマンチ族は乳房にナイフを入れて、乳を暖かな血と混ぜて飲んだ。何にもまして美味なのは、乳離れしていない子供のバッファローの胃袋から取り出した暖かな凝乳だった(28)。バッファローを追跡中に水が不足したときには、戦士たちはバッファローの静脈から直接、暖かい血を飲んでいたのかもしれない。ときどきだが、内臓も二本の指で中身を絞り出すようにして食べた（追跡者から逃走しているときなど、コマンチ族は馬をへたばるまで走らせると解体して、内臓を取り出し自分の首に巻きつけた。そして新しい馬に乗って出かけ、そのあとで内臓の中身を食べた）[29]。バッファローがいないときには、彼らは手近なもので腹を満たした。乾燥地帯にいるテラピン（北アメリカ産の食用カメ）は生きたまま火の中に放り込み、角製のスプーンで亀甲からすくい取って食べた[30]。ありとあらゆる小さな獲物を食べたが、どうしようもないときには、馬でさえ食べた。が、コマンチ族はアパッチ族ほど馬肉が好きではなかった。飢えることがなければ魚や鳥はまず食べない。バッファローの心臓もけっして食べなかった。

コマンチ族はまた社会組織の点から見ても、真の平原インディアンといってよいだろう。ヌムヌー（コマンチ族）は部隊をなして組織されていたが、この部隊《バンド》という概念を白人たちは、まったくといっていいほど理解していなかった。彼らが主張しているのは、コマンチ族をいわゆる「部族《トライブ》」として見ることだった。この部族が意味するところは、一人の族長と、おそらくは彼の命令を実行する平時と軍事の副族長たち幹部からなる一つの政治的単位だろう。が、これはけっして真実ではない。それはシャイアンやアパッチ、それに平原にいた他のどの部族についてもいえることだ。コマンチ族は全員が同じ言葉を話した。そして、おおよそだが同じような服装をしている。さらに彼らは、同じ宗教上の信仰と習慣を分け持っていた。生活様式もありふれたものだが、他の部族とははっきりと違っているし、世界の他の民族とも違う。しかし、民族誌学者のウォレスとホーベルによると、彼らの生活には「部族単位で行動しうるような政治制度もなければ、社会的な機構もなかった[31]」という。そこには大族長はいなかったし、運営委員会といったものもない。特別な場所に建設され、それと交渉をし、それと戦って征服するような「国家」と名のつくものも一切なかった。もちろんこれは白人にとってはまったく意味をなさないことだろう。が、白人が認識していた統治機構と、コマンチ族のそれはまったく異なっていた。平原の全域で白人たちは部隊の隊長――しばしば色鮮やかな装いをして、意志は強固、それに力にあふれた戦士だ――と条約を結ぶことを求めた。それも隊長こそが部族全体の代表だとあやまった想定をしていたためだ。彼らはこのあやまちを何度も繰り返した。

部隊は外部の者にとってつねに理解しがたいものだった。部隊同士を識別するのが難しかったし、全部でどれくらいの人数がいるのか、それを知ることさえ困難だった。部隊はそれぞれがコマンチェリアの異なった地域、境界のはっきりしない地域を領有していた。そして、経験の乏しい目にはとても理解できない小さな文化上の差異によって区別されていた。ある部隊は特別なダンスを好み、別の部隊はある服装の品を好んだ。また、ある部隊はペミカン（干し肉と脂肪を混ぜ、ペースト状に固めた保存食）をよろこんで食べ、他の部隊は同じ言葉を他の部隊よりゆっくりと発音した。コマンチ族の領域のはるか西の端から世界を眺めていたスペイン人は、コマンチ族には三つの部隊があると考えた。が、これはまちがっている。しかし、スペイン人がおそらく、わずかに三つの部隊としか接触しなかったというのは正しいだろう。コマンチ族を熱心に観察していた者の一人、テキサスのインディアン管理官だったロバート・ネイバーズは一八六〇年に、コマンチ族には八つの部隊があるといった。他にも、部隊は一三ほどあったが、最終的にその内のいくつかは消え去ったり、吸収されたり、殲滅されてしまったと見なす観察者たちもいた。(32)

今では、一九世紀への変わり目に、大きな部隊が五つほどあったという考えに、歴史家たちの意見は大むね一致している。この本で議論されるのは大半がこの五つの部隊についてである。それぞれの部隊には一〇〇〇人以上のインディアンがいた。おそらく五〇〇〇人の人数を抱えた部隊もあっただろう

（コマンチ族の絶頂時には、総勢二万人の人数を擁していたと見積もられている）。五つの部隊は以下の通り。ヤムパリカ（根を食べる人々）――アーカンソー川の南の土地に住んだ最北端の部隊。コツォティカ（バッファローを食べる人々）――この部隊のおもな地盤は、現在のオクラホマ州にあるカナディアン川の渓谷やテキサス州のパンハンドル地方だ。ペナテカ（蜂蜜を食べる人々）――最南端で活動するコマンチ族の中で最大の部隊。領土はテキサス州に深く伸びて入り込んでいる。ノコニ（放浪者たち）――「中央の」コマンチ族。彼らはペナテカ部隊と北部の部隊のちょうど中間、テキサス州北部と現在のオクラホマ州に土地を占有していた。クアハディ（アンテロープ）――テキサス州のはるか北西部にいたクアナ・パーカーの部隊。コロラド、ブラゾス、レッド川の源流域にしばしば出没した。各部隊は歴史の上で、それぞれが異なった役割を演じた。リパン・アパッチ族をメキシコの国境地方へと追いやったのはペナテカ部隊の功績だったし、テキサス人との戦闘は、その初期の戦いの大半が彼らによるものだった。コツォテカ部隊は、ニューメキシコのスペイン入植地へおもに襲撃を仕掛けた。ヤムパリカ部隊はコマンチェリアの北部国境地方で、シャイアン族やアラパホ族と戦った。ノコニ部隊はパーカー砦を襲った一団。クアハディ部隊はアメリカ連邦政府軍に最後の戦いを挑んだ。コマンチ族の部隊同士は、もっとも友好的な条件の下でたがいに協力し合った。ほとんどつねに全部隊は心の中で同じ関心を抱いていた。彼らは狩りをするにも、襲撃を仕掛けるのにも共同でしたのだが、それも形式張らずに、その場その場で決めて行なうやり方を取った。たがいの戦士の交換もしばしば行なわれた。そして、彼らはけっしておたがい同士で戦い合うことはなかった[33]。つねに彼らは共通の関心、共通の敵を持ち、ふだんは分散していたが、外交や取引の話となると、驚くほど一致団結して行動した（他の部族の部隊構造はいっそう複雑で白人にはさらに理解しがたい。たとえばシッティング・ブルはスー族のメンバーだったが、彼の所属はスー族の西部の氏族ラコタにあり、この氏族はテトンという名でも知られている。そして彼の率いる固有の部隊はフンクパパといった)。

部族としてのコマンチ族はこのように、まったく中心を持たない集団だったが、部隊の中でも、その政治的構造は驚くほど非階層的なものだった。指導者たちの行使できる力も限られていた。通常、各部隊にはふたりの中心となる族長がいた。平時と戦時の族長である。たいてい前者の方が後者より地位は上だが、彼が部隊のメンバー個人個人に絶対的な支配力を振るうことはない。そして彼の権力についても制度的なものは何一つなかった。中にはメンバーに大きな忠誠を強いた非常に強大な族長もいたことはいたが、彼らが権力を保ち続けたのは、メンバーが彼らに同調し、行動をともにしているときに限られた。平時の族長のおもな仕事は、軍隊で兵士たちに宿舎を割り当てる将校——部隊がいつ移動し、どこへ向かうかを命令する役割——と同じだった。[34] 彼はまた、窃盗や姦通や殺人など、メンバー間で起こるさまざまな犯罪の個人的裁判で裁決を下す委員会に同席した。しかし、そこには伝統的な法のように一貫したものは何一つなかった。警察もなければ裁判官もいない。実質的にそれは私法のシステムだった。不正が行なわれた場合、それに対して訴訟を起こすか否かは、もっぱら不正行為を受けた当事者次第だった。それを除けば、そこには何ひとつ強制的な執行はなかった。損害は通常馬によって償われた。[35]

一方、戦時の族長は威厳と栄誉のある戦士だったが、実際には、多くの戦争や出陣する襲撃部隊をすべて任されていたわけではない。また、部隊に参加するメンバーや部隊の行き先について、彼が決定を下すことはできなかった。攻撃先についても、個々の戦士がそれぞれに意見を持っていて、部隊もその戦士たちによって召集された。コマンチ族の社会では、誰もが戦時の族長になることができた。それはたとえば、あなたがコアウィラにあるメキシコ人のランチョ(牧場労働者の小屋)を急襲しようと思えば、襲撃に必要な数の戦士を集めることができたということだ。戦時の族長たちは、部隊の戦士を集めることに長けていたのでこのやり方を採用した。当然彼らは率先して、きわめて重大な出撃や強力な敵に対する重要な遠征の先頭に立った。しかし彼らは個々の戦士の戦闘計画をことさら抑制はしなかったし、それをしたいとも思わなかった。

部族や部隊のレベルでは規律や権威のたぐいはなかった。それでは、家族や氏族の力がその埋め合わせをしているのではないかと当然予測するかもしれない。が、ここでもまたコマンチ族は、よくある社会的拘束から並外れて解き放たれていた。家族という単位はあきらかに部隊の基礎をなしている。しかし、部隊はけっして家族のグループをめぐって構成されたものではないし、家族は結婚を調整する主要な力でさえなかった。コマンチ族にはどのような形にしろ氏族の組織というものがない。娘や息子が部隊の外で結婚するのを家族が阻むことはできなかった。また家族はメンバーが部隊を離れるのを阻止することもできなかった。(36) 指導者の地位には世襲の原則もない。継承はもっぱら手柄や勲功によって行なわれた。

コマンチ族の男はこのようにしてみごとなまでに、また驚くほどに自由だった。教会、組織立った宗教、祭司階級、軍事的社会、州、警察、公法、支配的な氏族や強力な家族、個人的行動に対する厳格な規則など、こうした支配や拘束を彼は一切受けていない。部隊を離れて他の部隊へ参加するなと彼を諫める者もいないし、友だちの妻を連れて失踪してはいけないと告げる者もいなかった。だが、最終的には確実に、自らの放縦の代償として、彼は一頭から一〇頭ほどの馬を支払うはめになるだろう。男は自分の裁量で自由に軍事的な襲撃部隊を編成することができたし、好きなときに参加して、好きなときにそこから去ることができた。これは多くの人々によって、とりわけジェームズ・フェニモア・クーパー

（一七八九―一八五一）を嚆矢とする作家や詩人などにより、独特なアメリカ風の自由として受け取られた。そして、たくさんの絵空事が「アメリカの未開人」の送る自由で高貴な生活から作り出された。実際、多くの開拓者たちを西部の未開のフロンティアに引きつけたのも、とりわけ面倒で重荷となる社会制度から自由になりたいという、あのインディアンの自由の一変形だったのである。

これがレイチェル・プラマーが、その中に身を置いた文化だった。男たちの間にはたくさんのよろこびや笑いや歌や賭博があった。が、レイチェルにはほとんど何も残されていない。女性として彼女は一段劣った者と見なされた。つまり、厳しい仕事の大半をするよう定められた階級の一員だったのである。仕事には牛の番、牛の屠殺と皮剥ぎ、牛肉干し、衣類作り、ティピの梱包と修理などもあった。それにもちろん、子供たちの世話や家族全員の用事もした。が、「捕われの」女のために、彼女には権利というものがほとんどなかった。大人としては扱われたが、もともと持っていた以上のものを手に入れた形跡はまったくない。彼女は当初捕らえられたときや、そのあとで受けた虐待による傷跡を長い間残していた（のちに彼女を見た人が、はっきりとわかるほど彼女は傷を負っていたと証言している）。レイチェルはまた主人の性的な奴隷とされていた。そして、彼女を共有するために主人が選んだ者の、やはり性の奴隷となった。それが主人の家族の一員だったこともある。これまで、一人目の子供が受けた拷問や、次の子供が殺されたことなど、彼女が耐え忍んできたことを考えると、こうした性的な仕打ちは、それでも彼女の苦しみの最小のものに属していたのではないだろうか。われわれがすでに見たように彼女はまた、主人の妻や娘たちからも虐待を受けた召使いでもあった。

しかし、その他の面ではレイチェルも、すっかりコマンチ族の一員になっていた。これまで着ていた開拓者の服を脱ぎ、インディアンのバックスキン服を身にまとった。が、コマンチ族の他の者と同じように、彼女もまた汚いシラミだらけの風体をしていたのだろう(これについては語っていないが)。コマンチ族はインディアンの中でも、とくに目立って不潔なグループだった。レイチェルは長くて美しい赤毛をぷっつりと切った。もともとバッファローの肉は好きだったが、それに加えて、プレーリードッグ(「脂肪が多くて食べやすい」)やビーバー(「尾っぽだけ」)、クマ(「とても脂っこくておいしい食べ物」)などの肉も好きになった。コマンチ族なら誰もがしている癖だが、白人の観察者には嫌悪感を起こさせたシラミをつまんで歯でかみつぶす行為を、はたして彼女もしていたかどうかは疑わしい。男たちが楽しみ騒いでいる間は、彼女もおそらく他の女たちのように、踊っている男たちに水を運んでは給仕をしたのだろう。女や子供たちが好んで遊んだゲーム(シニーやダブルボール[いずれもホッケーに似た球技])を、彼女もしたかどうかについては何も述べていない。レイチェルは自分がもはや殺される危険のないことを知っていた。そして、もしこのまま部族にとどまっていたら、自分の生活はけっして変わらないことも知っていた。

インディアンたちを仕向けて、自分を殺させようとした彼女の計画は失敗に終わった。そのためにこんどは誰かを説得して、主人から自分を買い出してもらおうと決意した。荒野で彼女はメキシコ人のあるグループに出会った。「彼らの一人に私を買わせようと試みた」と彼女は書いている。「私は彼にいった。たとえ父や夫が死んでいたとしても、自分は十分彼に金を手渡せるほどの土地を持っていると。私の提案に彼は同意したが、結局、私を買おうとはしなかった」[37]。が、レイチェルは希望を捨てなかった。そののち、部隊の馬の世話をしていたときに、彼女のいう「メキシコの交易人たち」——まちがいなくそれは、ニューメキシコからやってきたコマンチェロたちだったろう——に出会った。彼らは彼女に、自分たちを主人のところへ連れて行くようにといった。彼女はその通りにした。すると彼女の目の前で、交易人たちは彼女を売ってくれないかと主人に訊いた。主人の衝撃的な答えは「結構です《シー・》、だんな《セニョール》」というものだった。

5

オオカミの遠吠え

一七〇六年、スペイン領のニューメキシコに、馬に乗ったコマンチ族の戦士たちが現われた。そしてこれがコマンチ族にとって、はじめて経験する白人との長い戦争のはじまりとなった。戦闘は完全にインディアンのやり方で進められた。コマンチ族はスペイン軍を打ち負かしたが、それは広い戦場で、たった一度だけ、しかも最後の戦いで破ったわけではない。また帝国の軍隊が浮き足立ってリオ・グランデを渡り、不名誉に後退するのを見届けたわけでもない。大兵団同士が儀式張った陣形を組んで広い原野で対峙する会戦は、アメリカ西部の戦闘法ではない。ここでは急襲や反撃、それに人々がのちにゲリラ戦と呼んだベドウィンの戦闘方式が、広大な地形の中で機動性のある小部隊によって展開された。広い大地の中では兵士たちもまた、すべてが存在しなかったかのように風景に飲み込まれてしまう。コマンチ族のせいでスペイン人たちの身に生じたものは、従来の軍事的な敗北ではなく、一世紀半にわたって繰り広げられた、残忍で苛酷なコマンチ族の武力による侵略だった。それがスペイン人の北方のフロンティアを血で浸し、最終的には、まったく意味を失った帝国を彼らのもとに残すことになった。スペイン人たちは新世界へコンキスタドール（征服者）としてやってきた。彼らは並外れた力を誇り、軍隊を伴ったカトリック教という彼ら独自のスタイルに揺るぎのない自信を持っていた。しかしそれが北部の植民地では、彼らもまた結局は自分たちの伝道所と要塞の中に閉じ込められ、事実上囚人のようになってしまった。新たに入植者を招き寄せることもできず、インディアンの改宗にも成功しない、そんな破綻したシステムの中で、彼らは抜き差しならない状態に陥った。が、いずれにしても、スペイン人は双方のグループ（入植者とインディアン）を平原の騎馬部族から守ることができなかった。コマンチ族はスペイン人を打ち負かしたというより、むしろ、ほとんど意味のない存在にしてしまった——彼らを、北アメリカ大陸中央部の支配を巡る、途方もない戦いの傍観者にしてしまったのである。この地域でスペイン人が決定的な役割を演じることはもはやなかった。

勢力の均衡の中で起きたこの交代劇は、アメリカ西部の歴史と北アメリカ大陸の運命を変えた。スペインによるアメリカの征服がはじまったのは一六世紀初頭である。強力なアステカ帝国（メキシコ）やインカ帝国（ペルー）を破竹の勢いで攻め、驚くほどたやすくそれに勝利した。それからというもの、ラテン・アメリカ先住民の人口はその多くが、戦争または疾病、あるいはその両方によってまたたく間に失われた。ネイティヴ・アメリカンの目からすると、その被害はぞっとするほど恐ろしいものだった。一五二〇年（エルナン・コルテスがガリオン船でメキシコに到着した年の翌年）、メキシコ中央部のインディアンの人口は一一〇〇万。それが一六五〇年にはわずか一〇〇万に激減した。生き残ったインディアンたちは、「エンコミエンダ制」という名で知られた経済システムの下に、奴隷として繰り込まれてしまった。この制度のおかげでコンキスタドールたちは、インディアンの土地の所有と住民への課税、それに強制労働の権限を授与された。それの見返りに「エンコメンデーロス」（エンコミエンダの所有者たち）はカトリック教の教義と職務、スペイン語の教育、食料、それに住民の擁護などを先住民に提供した。手短にいえば、このシステムはアメリカ大陸に持ち込まれた封建制度だった。そして、エンコミエンダ制の下で農奴の役割を演じたのが「インディオ」である。同じパターンは南アメリカの広大なスペイン保有地で引き継がれていった。植民地化、征服、それに強制的な同化政策の前提として、このシステムは非情ともいうべき正確さで機能を果たした。

しかし、スペインがメキシコシティから北へ、フロンティアを（北アメリカ全土を征服する道と彼らが信じていたものへ向かって）押し上げるにつれて、慎重に調整されていたこのシステムが狂いはじめた。彼らの植民地化のスタイルはアステカやインカのように、洗練され中央で統治された部族に対してはもっとも効率よく働いた。が、メキシコ北部に住む未開で文明化以前、農業にも従事していない部族にはまったく機能しなかった。一六世紀から一七世紀にかけて、チチメカ族やタラウマラ族を相手に、スペインが戦った長い血みどろの戦争は、次のようないくぶん不快な点を証明することになった。それはこのような先住民族を十分に同化するためには、事実上スペインは彼らを絶滅しなければならないということ。実際、一六世紀の終わりには、断続的に五〇年続いた戦争のあとで、チチメカ族は地上から消えてしまった。(1) チチメカ族にくらべて凶暴性の少ない部族も、茶色のローブを身につけた神父が約束することにまったく興味を示さなかったし、それにうまく順応することさえできなかった。神父が約束したことは、畑で働き、カトリック教の道徳を厳守しさえすれば、それと引き替えに食べ物と住まいを提供しようというものだった。

後者（カトリック教の道徳）には、インディアン自身が、自分たちの性的習癖にはない、奇妙で理解しがたい変化だと見なしたものがあった（一夫一婦婚は概してインディアンの概念にはなかったから）。貧しいインディアンたちはしばしば逃亡を企てた。スペイン人は彼らを捕まえると懲罰を科した。神父もときにはムチを振るった。そしてしばしばそれは反乱を招く結果となった。たやすく征服のできた日々は終わりを告げ、その先にはいっそう厳しい日々が横たわっていた。チチメカ族はたしかに屈強で獰猛だった。が、その彼らも、スペインがリオ・グランデの北で直面した者たちにくらべれば物の数ではなかった。そこにいたインディアンもまた、未開で文明化以前、ほとんどが農業に携わっていない者たちで、「至高のカトリック王」（スペイン国王）に向かっておとなしく頭を垂れることにまったく興味を抱いていなかった。が、これらの「インディオ」は破壊的とも呼べる技術を身につけていた。コンキスタドールはこれまで、馬に乗ったインディアンと一戦を交えたことなど一度もなかったのである。

一七〇六年七月、コマンチ族の小隊がタオスに現われたとき、ニューメキシコはスペイン帝国の北方における根拠地だった。そのニューメキシコ最大の町で、スペイン領土の首都だったのがサンタフェである。サンタフェの町が作られたのは一六一〇年だが、そのときスペイン人たちは、まだ征服してもいない土地を数千マイルも飛び越して、はるか北の地に彼らの旗を立てた（現実のフロンティアを、それに追いつかせるためには長い時間を要した）。残りの人々――二、三〇〇〇人の白人（スペイン人）とメスティーソ（インディアンとスペイン人の混血人）、それに彼らの支配下にあったプエブロ・インディアンたち――は、リオ・グランデのさまざまな支流や狭い渓谷沿いに、数珠玉を並べるようにして作られた入植地に住んでいた。スペイン人はメキシコ北部の不愉快な征服からいくつかの点を学んでいた。それは砦を高い柵で囲んで作ること。エンコミエンダ制は破棄することなどだ。帝国のシステムはここでは次のようなものから成り立っていた。十分に武装した兵士、異教徒のインディアンを改宗させることに熱心なカトリック神父たちが管理する伝道所、それに、北へやってくる入植者（大半はメスティーソ）のためのランチョ（仮小屋）など。このシステムの成功はひとえに、インディアンを改宗させることができるかどうか、それに開拓者を招き寄せることができるかどうかに掛かっていた。が、意気阻喪した兵士を配置し、人里離れたところに置かれた砦はまったく意味のない取るに足りないものだった。

この計画は紙上では、いかにも成功するかに見えたかもしれない。実際、口を開けたように何にもない大陸の中央部では、スペインに対抗できるライバルはいなかった。そのために計画はいっそううまく行くように見えた。しかし、それはアメリカ西部の草原やメサではみじめな形で失敗した。不都合なことが起こりはじめたのは一六五〇年頃だった。アパッチ族――新たにスペインの馬に騎乗して、敵意をみなぎらせていた――のさまざまな部隊が、ニューメキシコの入植地を急襲しはじめたときだ。スペイン人がメキシコでこれまでに目にし経験したことが、アパッチ族の攻撃に対しては何一つ役に立たなかった。彼らが無防備だったからではない。スペインの軍隊は重装備の装甲騎兵からなり、大口径の先込め式火縄銃やミケレットピストル、槍、きらりと光るサーベルなどを携えていた。われわれ現代人の目には少々コミカルに見える彼らだが、実は、同じように重装備をした兵士を相手にするヨーロッパの戦闘へ参加するのなら、それは完璧といってよい出で立ちだった。会戦に臨んだ彼らはまさに破壊的だったにちがいない。

が、しかし、インディアンはこんな戦い方はしなかった――ともかく彼らはそんなやり方を意図的に行なわなかった。連隊が隊列をなして原野を横切るような前進の仕方はしない。攻撃は直接仕掛けることをせず、散り散りに散発的に行なう、そして攻撃したあとにはすぐに消える。防備を固めた砦を攻撃することはない。彼らが好んでするのは奇襲で、戦術的な優位に立つことにこだわった。集落全体に攻撃を仕掛けてはそれを焼き、住人を強姦しては拷問を加えた上で殺した。若い女は内臓を切り裂き、男は生きながら焼き殺した。幼児は串刺しにし、少年や少女は捕虜にした。逃亡の際は、スペインのムスタングが持つスピードをもっぱら利用した。念入りに武装したスペインの騎兵たちがもたもたとあとを追いかけてくるのを尻目に、インディアンたちは走り去った。これがのちに、さらに乗馬の技術にすぐれ、よりいっそう攻撃的な部族（コマンチ族）によって、完璧なまでに仕上げられるインディアンの戦闘スタイルだった。攻撃は五〇年の間続いた。そして、スペイン人もたしかにそれなりの数のアパッチ族を殺したが、状況に何一つ変化はなかった。入植地は相変わらずインディアンの攻撃を受けやすい状態にあった。

そして、ここで注目すべきことが起きる。それは一七〇六年頃からだが、サンタフェのスペイン当局が、憎むべき敵方の行動に著しい変化が生じたのに気づきはじめた。(2) アパッチ族が徐々に南や西へと「姿を消しつつある」ように、あるいは少なくとも出発しつつあるように見えた。実際、彼らの攻撃がやんだ。あたかもそれは平和条約に調印でもしたかのようだったのだが、それに類することは何ひとつ起きていない。スペインの民間機関や軍事機関は、何か大惨事がアパッチ族に降りかかったのではないかと思いはじめた。が、その間の事情は、それから先の数年間もはっきりしなかった。一七一九年、サンタフェの北東へ出発した遠征軍が見つけたものは、以前は数が多くて危険きわまりなかったアパッチ族の部隊の内、そのいくつか――ヒカリア、カルラーネ、クアルテレーホ――が、あたかも故郷を捨てて総退却しているかのような姿だった。(3)

何が起こっていたのか。スペイン人は地政学上の現実をまったく知らなかった。彼らはコマンチ族とアパッチ族が交戦中だということは理解していたが、彼らには、片方のインディアンともう一方のインディアンを見分けることが困難だった。ましてや、部族間で行なわれている戦争の状況を解明することなどできなかった。だいたい、数百平方マイルもの広い土地で行なわれている、目に見えない戦いの行方などわかるわけがなかった。スペイン人たちが確信をもっていえたことは、自分たちの敵が今まさに消えつつあるということだけだ。

しかし結局、彼らが遠くから感じ取っていたのは、アパッチ族国家の大規模な崩壊だった。これはかなりの大ごとだ。アパッチ族国家といえば、この時代の人間にとっても、あるいは地理的な観点からしても、まぎれもない巨大な存在だった。おそらくアパッチ族には六つの大きな部隊があっただろう。そして、領土はニューメキシコの山々から伸びて、現在のカンザス州やオクラホマ州の草原へ達し、さらに下ってテキサス州南部のニュエセス川にまで及んでいた。(4) これはある大部族が南方へ大移住をした所産だったのである――一四〇〇年代にはじまったアサパスカ語諸族(アパッチ族もこの語族に含まれていた)による移住だ。彼らはカナダから、狩猟採集部族を破壊し同化させながら、ロッキー山脈の東側地域へ下りてきた。(5) 突然起きたアパッチ族の消失は、部族が丸ごと絶滅されるという試みではむろんない。それはアパッチ族を猟場から追い出すという単純な問題でもなかった。コマンチ族がアパッチ族に対して抱いていた憎悪は根深く、いつまでも消えないものだった。そしてコマンチ族がアパッチ族にしたことは血の報復と大いに関わりがあった。が、いずれにしろ現実は、コマンチ族が南へと絶え間なく移動する途中、その行く手にたまたまアパッチ族がいたということだ。

この過程で起こった暴力は、そのほとんどすべてが歴史の記録上で失われている。それは概して、アサパスカ族の集落にもたらされた襲撃という形を取っていただろう。アサパスカ族の農業に対する好み――皮肉なことにこれは、コマンチ族がかつて到達したよりはるかに高い文明の形態だ――が彼らの運命を決定した。穀物が意味していたのは定住と半永久的な集落だ。そしてそれはまた、半農のアパッチ部隊が追いつめられ、殺戮されることを意味した。完全に放浪の民だったコマンチ族にこのような弱みはない。コマンチ族の襲撃はその詳細を見れば、身の毛もよだつほど恐ろしいものだったにちがいない。徒歩で戦うアパッチ族は、腰布をつけ、黒い出陣化粧で馬に乗り、雷のような大声を上げて襲ってくるコマンチ族にとって、格好のターゲットとなった（黒で化粧をするのは、それが死の色だったからで、コマンチ族の最小主義には見合った薄化粧だった。彼らはのちに他の部族、とくに北方の平原部族から、羽飾りのついた冠りものや色とりどりの出陣化粧、タトゥーなどを取り入れるのだが、その当時は飾り気がなく簡素で、余分な装備を一切取り除いた「戦争機械」だった）(6)。戦いで捕虜が連行されることはめったになかった。決まり事のように集落は丸ごと焼かれ、子供たちは捕らえられた。生き残った者に科される拷問はいつもの通りで、すべては平原の至るところで行なわれていたことだった。

スペイン人が見たのは戦闘のほんの一部だけで、一七二三年に彼らは、アパッチ族の「ランチェリア」（インディアンの集落）がむごたらしい攻撃にあったことを記録している。一七二四年、コマンチ族は情け容赦のない効率的な急襲をアパッチ族の部隊ヒカリア族に仕向けた。そして女性の半分をさらって行き、部隊のメンバー六九人を残して、あとのすべてを殺した(7)。やがてヒカリア族はスペインの保護を乞い、それを受けた。メスカレロなど他のアパッチ族の部隊は、やはり同じようにコマンチ族の猛攻を避けて西の方へと後退した。テキサス総督のドミンゴ・カベリョによると、一七二四年にリパン・アパッチ族は、スペイン人がエル・グラン・シエロ・デ・ラ・フェロ（鉄の大いなる山々）と呼んでいた場所で起きた九日間に及ぶ血みどろの戦いの結果、南の草原から完全に姿を消してしまったという。「鉄の大いなる山々」は現在のオクラホマ州南西部を流れるウィチタ川のあたりを指すと考えられている(8)。一七二〇年代の終わり頃、アパッチ族に対するコマンチ族の攻撃の残虐さが明白となり、広く伝えられたために、アパッチ族の中には、サンタフェからさほど遠くないスペイン人の集落に保護を求める部隊が出てきた。それに対するコマンチ族の反応はただちにその集落を攻撃することだった。

スペイン人は実際、残されたアパッチ族を救う試みをしていた――それはむろん、完全に自分の利益を度外視した政策ではなかったが。現に一七二六年に彼らは、アパッチ族にタオス近辺の土地を与えている。それもひとえにこれが、コマンチ族に対する障壁となってくれることを期待したからだった。一七三三年には、リオ・トランパスにヒカリア・アパッチ族のための伝道所が設けられた。が、これらの戦略はそのどれもが実際には機能しなかった。すべては延命工作にすぎなかった。一七四八年までに、コマンチ族によるアパッチ族の一掃は完了していた。ヒカリア族は故郷から追放されてしまった。が、その境遇はテキサス西部や現在のカンザス州西部、オクラホマ州西部、それにコロラド州東部などで、バッファローの生息地を占拠していた他の部隊と同じだった。ヒカリア族はタオスの伝道所の庇護からも逃げ出していた。その頃までには、アパッチ族の部隊はそのほとんどが南部の草原から一掃されていた。そしてスペインが記録に残していた部隊のすべても、彼らの新しい故郷となる土地を目指してさらに南西へ、アリゾナやニューメキシコ、そしてメキシコの国境地方に広がる砂漠やメサへと移動した（その中にはチリカワ部隊や、ジェロニモ、コチーズなどがいた部隊も含まれる。この二人の族長は一九世紀の終わり頃に、辺境の土地で戦ったことで有名になった）。リパン・アパッチ族など西方へ追われなかった部隊は、結局、テキサス州トランスペコスの乾燥した低木地へと行き着いた。このようにして、アパッチ族の多くの部隊は簡単に歴史から姿を消してしまった。その中には平原を住処としていたファラオンやカルラン、パロマなどの部隊もいた。(9) 一七六〇年代には、コマンチ族が目の前にいたアパッチ族を、リオ・グランデを渡らせてメキシコへと追いやりつつあった。

が、しかし、アパッチ族だけがコマンチ族の唯一の犠牲者だったわけではない。馬に関しては、驚くほどすぐれた熟達の技を身につけ、急速に進化した騎馬の戦闘知識をあふれんばかりに手にしたコマンチ族だったが、その彼らがアーカンソー川を渡って南へ勢いよく進んでいたとき、自分たちの能力についてある発見をする。それは彼らの戦闘部隊が、自然の目印だけを手がかりに、自分たちの位置を確かめつつ、広大な距離を走破する進路決定ができたことだ。それは「夜間」でも可能だった。しかも他の部族にくらべて彼らは、この作業をいちだんと得意にしていた。戦闘部隊は出発に先立ち一堂に会すると、長老たちから進路の決定方法について指図を受ける。そこには砂の上に地図を描き、丘や渓谷、泉や川の位置を示す方法があった。旅を続けている間は日々、出発前にその日の計画が立てられる。そして、未熟な者たちはこれを記憶にとどめた。ドッジの報告によると、ある襲撃者グループはその中に、年齢が一九歳を越える者がいなかったし、メキシコへ行った経験を持つ者もいないのに、テキサス州のブレーディーズクリークや現在のサンアンジェロの近くから、メキシコのモンテレーまで――三五〇マイル以上の距離がある――曲がる場所一つまちがえることなく、しかも受け取った指示以外は何一つ手にせずに旅を続けることができたという(10)。

このようにしてさまざまなコマンチ族の部隊は、どの方向へいつ何時でも、そして草原やその後背地のどこにでも攻撃を仕掛けることができた。カンザス州でポーニー族、コロラド州東部とニューメキシコ州東部でユート族、オクラホマ州でオセージ族、ワイオミング州でブラックフット族、カンザス州とコロラド州でカイオワ族とカイオワ・アパッチ族、そしてテキサス州でトンカワ族をそれぞれ彼らは襲った。一七五〇年頃にはコマンチ族の許しを得ることなしに、南部の草原にあえて足を踏み入れる部族はほとんどいなかった。シャイアンなど強力な北部の部族はアーカンソー川の北にそのまま留まっていた(この境界線をめぐっては、一八三〇年代の終わりにふたたび激しい戦いが行なわれる)。コマンチ族にとってはいつものことだが、戦争はつねに外交を伴っていた。一七九〇年に、カイオワ族との間で取り交わされた重要な平和条約は、猟場をたがいに共有する強力な同盟部族をコマンチ族に与えることになった。ウィチタ族と結んだ条約は、ルイジアナ州のフランスとつながる大きな交易の機会をコマンチ族に開いた。テキサス州中央部のウェーコー族やタワコニ族のように、単純にコマンチ族と仲良くして、ともかく彼らと争うのだけはやめようという部族もあった。もちろんそれから、トンカワ族やアパッチ族、ユート族のように今なお敵対する部族も、けっして死に絶える様子はなかった。コマンチ族がしたような強引な移住は、以前にも北アメリカで起こったことがあった——一七世紀に勢力を保持していたイロコイ族同盟が、西へ向かって容赦のない移動をしたのがそれだ。そのときイロコイ族同盟はヒューロン族やエリー族を滅ぼし、オハイオ川の渓谷を占領した際、目の前にいたアルゴンキン族を追い立てた。(11)

一九世紀の中頃やその終わりになっても、軍事力でこのように重要な交代劇が生じていたことに誰一人気づく者はいなかった(一世紀のちになってもなお完全に理解した者はいない)。スペイン人は一九世紀以前のコマンチ族を記録した唯一の年代記編者だが、その彼らが見ていたのはつねに交代劇の結果だけだった。(12)そしていずれにしても彼らは、さまざまな情報を繋ぎ合わせて、北部地方のわかりやすい軍事地図を一枚作り上げることさえできなかった。しかし一七五〇年頃にはすでに、コマンチ族は驚くほど正確に境界を画して、軍事的にも外交的にも統一された国家を作り上げていた。そして、境界地域は彼らによってつねに巡回され、容赦のない厳しさで警戒されていた。国家の建設をコマンチ族は過激な暴力でなし遂げたのだが、その暴力によって、彼らの文化は永久に変貌することになる。次の数十年間というもの、コマンチ族はただバッファローを狩猟するだけの生活に二度と満足することはなかった。彼らは古代のスパルタ人のように急激に進化して、完全に戦争のためだけに組織された社会となった。そのような軍国社会では、部族内のステータスはもっぱら戦闘で見せた武勇によって付与される。そしてそれはまた相変わらず剝ぎ取った頭皮や捕虜、それに捕捉した馬などの数で評価された。スペイン人たちによって感じ取られたコマンチ族の性格は、次のような准将ペドロ・デ・リヴェラ・イ・ヴィリャロンの言葉に要約されている。これは一七二六年に、彼がニュー・スペイン（メキシコ）の北部地方へ視察旅行に出かけたときの報告だ。

毎年ある時期がくると、ここには非常に粗野で戦争好きなインディアンの部族がやってくる。彼らの名前はコマンチだ。数はけっして一五〇〇人を下回ることがない。先祖はわからない。というのは、つねに彼らは戦闘態勢を組みながら放浪しているためだ。あらゆる部族と戦うために彼らはこの態勢を取っていた。……ここにやってくるのは交易のためで、取引の品は、鞣《なめ》し革やバッファローの皮、それに若い捕虜のインディアンなど（年寄りのインディアンは殺されてしまう）。取引が済むと彼らは立ち去り、次の機会がくるまでふたたび流浪の生活を続けた。(13)

このようにしてコマンチェリア——スペイン人にはアパチェリアとして長い間知られていた土地——は名乗りを上げた。そして二、三〇年の間にコマンチ族は、ニューメキシコやテキサスで、スペイン政府の新しい最大の敵となった（アパッチ族はなお国境地方でうるさい存在であり続けたが、もはやふたたび大きな脅威となることはなかった）。そしてスペインとコマンチ族の関係は、スペインとアパッチ族の関係にくらべると、いっそう複雑なものになっていった。それは一つに、スペイン当局が当初から、「障壁としてのコマンチ族」の存在と、彼らにとってそれが持つ有用性を十分に認識していたことが挙げられる。スペイン人はなお大きな領土的野心を持っていたし、イギリスの入植者たちが絶え間なく西へと流れてくることへの恐怖と、同様に、ルイジアナ州から西へと向かっているフランスの拡張に大きな恐れを抱いていた。

この意味で、すでにアメリカ草原の広大な地域を領していたコマンチ族は、スペインにとって、リオ・グランデの北方に配置した自国の全軍より、いっそう重要な存在だったのである。[14] コマンチ族がスペインの拡張に対して、見た目にも難攻不落の障壁となっていれば、それはとりもなおさず、フランスやイギリスにもまた、通り抜けることのできない大きな保証となっていたからだ。フランスは他の国々とはまったく違う植民地政策を進めていた。あからさまな征服は避け、利益を先行させて同盟関係を作った。そして、フランス政府が資金を援助した業者によって、一種の商業外交を展開し――もっとも重要な商いの品は武器だったが、その他の商品もむろん扱った――ときには大きな成果を上げた。一七二〇年に起きたポーニー族によるスペイン遠征軍の虐殺のときには、じかに銃を発砲しなかったとはいえ、その背後にいたのはフランス人だった。[15] 一七一八年にはすでに、貿易会社や貿易業者たちがレッド川沿いに西へと押し進めていた市場を、フランス人はルイジアナ州まで開放したくてうずうずしていた。が、残念なことに彼らは、コマンチ族やアパッチ族、それにフマノ族など、敵方となるインディアンに武器を与えるというあやまちを犯していた。つまりは負け馬に賭けるといった見込み違いをしていたのである。[16] フランス人はやがてコマンチ族の土地で歓迎されなくなった。これはテキサスで企んでいたフランスの陰謀が事実上中断されたことを意味する。イギリスの入植者たちがテキサスに到着したのはやっと一八二〇年頃になってからである。しかし、このときですら、イギリスがコマンチ族の障壁を打ち破るのに、半世紀もの年月がかかっていた。コマンチ族が求めた新しい関係で、もう一つの要素となったのが交易だった。コマンチ族は戦時の勇猛果敢さに加えて、大いなる商人であり交易業者でもあった。彼らは馬やバッファローの皮、肉、それに捕虜という点から見ると、他のどの平原部族よりはるかに豊かだった。物々交換や販売は非公式にだったが何年もの間続いた。この傾向があまりに強かったために、一七四八年にタオスで開かれた見本市で、コマンチ族は正式に入場を許可されたほどだ。

しかし交易上の関係が続いたからといって、戦闘がやんだわけではない。一七二〇年代は、スペインのコマンチ族に対する戦争がまだはじまったばかりだ。戦争のパターンはいつも同じだった。たえず仕掛けられるコマンチ族の襲撃がスペイン人に懲罰隊の遠征を誘い出す。が、遠征に出た兵士たちは道に迷うことがしばしばだった。とくにあまりに東部へ入り込みすぎたときには。つまり、コマンチェリアの奥深く、人跡未踏で木の生えていないハイ・プレーンズに踏み迷ったときには。ふたたび戻れた者は一人もいなかった。多くの場合、コマンチ族はただ馬に乗って走り去るだけだった。取り残された兵士たちは喉の渇きと飢えのために死んだ。さらにしばしば起こったことは、スペイン兵士たちが要塞の外に出て、はじめに見つけたインディアンを殺すと、すぐに要塞に帰ってしまうことだ。兵士の多くはインディアンがどの部族に属するのか判断できない。それにしばしば彼らはそれをしたがらなかった。スペイン人たちはたくさんの攻撃を記録している。その中には、コマンチ族が一五〇〇頭の馬を盗んだ一七二〇年の襲撃の記録もある。一七四六年、タオスの集落をコマンチ族が大挙して襲った。一七四七年にはアビキューの集落が襲われた。比較的大きなペコスの集落では、一七四八年に一五〇人の人々がコマンチ族の攻撃で殺された。(17) スペイン軍の大きな反撃は一七一六、(18) 一七一七、一七一九、一七二三、一七二六、一七四二年に仕掛けられている。(19)

これらの反撃がことごとく失敗したというわけではない。一七五一年には、コマンチ族の戦士三〇〇人が馬に乗って、カリステオにあったニューメキシコの集落を攻撃した。そのあとで、植民地総督のヴェレス・カチュピンは兵士たちを派遣して、インディアンをアーカンソー川の川下へ追跡し、おそらくは今のカンザス州まで入らせたのだろう。兵士たちは森の中でインディアンに追いつくと、森に火を放って一〇一人のインディアンを殺し、残りを捕虜として捕らえた。テキサスにあったスペインの植民地は、一七五〇年代からコマンチ族の襲撃に曝されてきたが、そのつど同じパターンの反撃を繰り返した。しかし反撃はめったに成果を上げることはなかった。そののちもインディアンの襲撃は続き、それに対して遠征隊が派遣された。そしてコマンチ族は前にもまして強力になっていった。彼らがどれほど力を持ってきたかは、一九世紀にスペインの遠征隊が、サンタフェからサンアントニオへ向かったルートを見てみるとよくわかる。遠征隊はテキサスの国境を越えて、いったんメキシコへ深く潜り、それからふたたび北へと向かっている。要点はスペイン人が兵士を伴いながら、なお、あえてコマンチェリアを横切っていないことだ。旅をするということはコマンチ族の土地を迂回することだったのである。あたかもコマンチ族が最高の権力を手にしているかのように。事情は以後も変わることがなかった。一八二一年、スペインが所有していた新大陸の土地を最終的にメキシコへ譲り渡した頃には、コマンチ族はしっかりと草原をわが手に握っていた。彼らの帝国は成長を遂げ、敵対するインディアンたちもスペインの領土深くに追い立てられてしまった。テキサスの伝道所はそのほとんどが、そしてニューメキシコではその多くが閉鎖された。かつては大げさに称揚されたスペインの軍人も、今はサーベルをかたかたと鳴らして、砦からあまり遠くへ離れないようにしていた。[20]

スペイン人は北部の植民地でたくさんのあやまちを犯している。そしてそのあやまちを、一貫して変わることなく、二世紀に及ぶ植民地時代を通して行なってきた。しかし、彼らがつねに悲惨で無能だったわけではない。が、それが彼ら自身に大きな問題をもたらしたことからすると、やはり彼らは悲惨で無能だったというべきだろう。スペイン人はヨーロッパ式の軍事及び民間の官僚機構によって、たえず無力にされてきた。その官僚機構はつねに不毛のメサやはてしなく地平線が続く未開の地で作戦の決行を試みた。スペインの北方への拡張——本質的にそれは、文化が未発達で、矯正しがたいほど敵対的な騎馬インディアンの支配する土地へ、向こう見ずに、しかも盲目的といえるほど楽観的に行なわれた突進だった——は、その前提自体に致命的な欠陥があった。しかし、重大な判断ミスが続いた時代に、中でもとりわけ大きな見込み違いが一七五八年に生じた。それが起こったのはテキサスの高い丘陵地帯にあり、野花が咲く野原を流れるライムストーンリバーの美しい湾曲部だった。サンアントニオの北西およそ一二〇マイルの地点だ。あやまった判断は結果的に、「サンサバの虐殺」という名で知られることになる、身の毛もよだつほど恐ろしい、そして時代を特徴づけた事件となった。虐殺は同様に、スペインを新世界における最大の軍事的敗北へと引きずり込んだ。この二つの不幸をもたらしたのがコマンチ族だったのである。そこで起こったことについてはたくさんの理由があり、多くのスペイン将校たちがさまざまな役割を演じた。しかし、歴史が事件の責任を振り当てた人物は、ドン・ディエゴ・オルティス・デ・パリージャという名の将校だった。彼は運が悪く、事件の責を負うに値しないという意見もあるが、それは彼を何一つ楽にしてくれなかった。パリージャの物語は一八世紀の中頃、コマンチ族に追いつめられ、苦しめられたヌエバ・エスパーニャ（ニュー・スペイン）が、いったいどのような状態にあったのか、それをのぞき見るもっとも鮮明な歴史の窓をわれわれに提供してくれる。

事件は一七四九年にはじまる。その年、多人数のリパンなどアパッチ族の部隊がいくつか、サンアントニオに馬でやってきて平和条約にサインをした。神父たちを少々啞然とさせたのだが、インディアンたちは伝道所生活に入り、質素で義務をまっとうするスペイン国王の臣民になることを、自分たちは切に望んでいると宣言した。(21) これは思いがけない驚くべきニュースだった。彼らはこれまで、一七一八年にサンアントニオの町が作られて以来、たえず、怒りに任せてテキサスの入植地に襲撃を仕掛けていた無慈悲な殺人者たちだったからだ。とりわけアパッチ族は以前にもまして想像力に富んだ方法で、スペイン臣民を拷問に掛け、重傷を負わせ、内臓をえぐり出してきた。その彼らが、このときばかりはいかにも誠実そうに見えた。それからのちも変わることなく数年間、彼らは人の心をつかむ深い思いを抱いて「茶色のローブ」(神父)に接近し続けた。アパッチ族のインディアンたちは平和を願っていて、自分たち自身の伝道所と要塞がほしいという。そしてそれを彼らの故郷に建ててもらいたいといった。故郷は現在のテキサス州メナドの町の近く、サンサバ川の近辺だという。

彼らの提案は徐々にスペイン人たちの心中に根づいていった。この地域の兵士や入植者たちが、アパッチ族の動機にたとえ不審の念を抱いたとしても、神父たちだけはインディアンの幸運に幸せな気持ちを抱きながら彼らの味方をした。そして断固たる行動を起こした。アパッチ族との和平は大いに望ましいという点では誰もが同意した。が、インディアンたちがカトリック教へ改宗するというのはやはり、やや理解しがたい夢のような話だった。伝道所にしても、これまでアパッチ族の土地に作られたことは一度もない。もちろん伝道所が成功すれば、帝国は併殺《ダブルプレー》を達成したようなことになる。宗教的に見ても成功の難しいみごとな成果だったし、おまけにそこには非宗教的な業績も伴っている。つまりそれはとりもなおさず、メキシコ北部における、スペインの植民地政策が正常に実施されていることの動かぬ証しとなるからである。たしかに伝道所の建設は少なからぬ議論のテーマとなった。が、この提案はゆっくりとではあったが徐々に、一九世紀におけるニュー・スペインの政治的、宗教的な地雷原へ向かって前進しつつあった。一七五三年と一七五五年に、伝道所の場所を探すために遠征隊が送り出された[22]。さまざまな駆け引きもあった。むっつりとして非協力的なアパッチ族については懐疑的な意見も述べられた。彼らはほんのときたま顔を見せるのだが、それはきまって贈り物を要求するときだけだという。しかし、疑い深い民間当局も徐々に納得させられ、アパッチ族の味方に取り込まれていった。それは一つに、金鉱を探す者たちから、信じられないほど大きな金と銀の鉱脈が、ヒル・カントリーにあるという話を聞いたからでもあった[23]。それも敵対するインディアンの存在が邪魔をして、開発されないままにされているという。神父たちもまた、伝道所を建てないでいれば、狡猾で悪賢いフランスが、彼らの持つテキサスの利権をさらに押し進めてくるにちがいないという意見を繰り返し力説した。一七五六年になってこの提案はついに熱心な擁護者を見つけた――それはメキシコからやってきた、桁外れに金持ちの博愛慈善家ドン・ペドロ・ロメロ・デ・テレロスという名の男である。彼が三年の間、二つのアパッチ族伝道所の費用を肩代わりしようと申し出た。条件は以下の通り。伝道所はアパッチ族の領地に建設されること。そしてその運営は彼の従兄弟に一任することの二点だった。従兄弟は愛想ばかりがよく、際限なく楽天的なアロンソ・ヒラルド・デ・テレロス師だった[24]。テレロスの約束が手元にあり、金鉱と従順なアパッチ族たちの姿が頭の中に飛来したスペインの副王政庁は、このプロジェクトにゴーサインを出した。

プロジェクトの監督役に任命されたのがパリージャ大佐である。誰もが語りうるかぎり、彼はこの仕事の最適任者だった。インディアンを追跡するために、長年にわたってスペインから派遣されてきた新参者や、いい香りを漂わせる貴族たちの大半とくらべても、はるかに彼は経験が豊かで、フロンティアに関する知恵にも長けていた。パリージャはかなり能力のある人物だったのである。彼はこれまでソノーラやコアウィラの総督を務めていた。そしてニューメキシコ西部のヒラ地方では、アパッチ族に対する一連の軍事行動を行なって戦果を上げていた。パリージャはフロンティアの状況をよく理解していたし、インディアンとの戦い方についても何一つ幻想を抱いていなかった。したがって、パリージャのような人物がこの任務についたということ自体、伝道所の重要性を示すものだった。さらにその大きな証拠として上げられるのは、パリージャがテキサスやニューメキシコの総督へ報告するのではなく、メキシコシティの副王にじかに報告していることだ。(25) 彼は任命されるとただちに自分の力量を発揮した。伝道所や要塞の建設を監督するとともに、一四〇〇頭の畜牛と七〇〇頭の羊を送る手はずを整え、作物の種まきの用意をした。また、改宗を期待されているアパッチ族を手伝うために、メキシコ北部からトラスカラ族のインディアンを大挙送り込む準備もした。

こんな準備をしていながらパリージャは、計画全体をなお疑い深い目で見ていた。そして時間が過ぎて行くにしたがって、ますますその不審感はひどくなっていった。サンサバへ出発する直前になってもなお、副王に手紙で、自分はアパッチ族が相変わらず当てにならない気がする、そして、いまだに彼らは約束を遂行する兆しをほとんど示していないと書いていた。折りを見ては数人のリパン・アパッチ族がサンアントニオに姿を見せ、国王の忠臣にぜひなりたいと重ねて断言したときにも、パリージャはけっして安心しなかった。インディアンたちはそのあとできまって、畜牛や馬、豆、塩、砂糖、タバコ、帽子、毛布、ナイフ、鞍、やかん、リボン、数珠玉など、気前のいい贈り物をくれるようにと要求するからだ。(26) 砦にはたいていインディアンは一人もいなかった。伝道所へ移動する前の夜になっても誰一人いない。この夜は、イエスを受け入れるのと、スペイン国王へ忠誠を誓うことを同時に期待して、当然彼らはうっとりとした気持ちになってよいはずだったのだが。パリージャはできるかぎり移動を遅らせた。が、とうとう熱意あふれるテレロス師の催促に屈してしまった。が、そのあとも伝道所の建設をはじめることになお彼は尻込みをしていた。しかしその彼も、ふたたび政治的な圧力に負けてしまう。一七五七年四月一八日、四人の神父たちがサンサバ川の南岸に建てられた伝道所へ、礼拝式の務めをするために出かけて行った。川を渡って向こう岸の何マイルか先には、一〇〇人ほどの兵士たちが矢来塀の要塞の中に駐留していた。

用意はすべて整った。が、一つだけ問題が残っていた。アパッチ族が誰もまだきていない。神父の一人が荒野へ、インディアンたちを集めるために派遣された。しかし、そこにも彼らは誰一人いなかった。六月、希望に満ちた神父たちにとって、やっと奇跡的とも思える瞬間が訪れた。その月に神父たちは、三〇〇〇人ほどのインディアンが伝道所の近くで野営しているのを発見した。これこそは彼らが望んだ以上のよろこびだった。しかし伝道師たちが、この新たな教区民を歓迎して迎え入れようとしたとき、彼らはインディアンたちが集合した本当の理由を知った。それはバッファローの狩りを行なうためだった。北へ行き、他のインディアンと戦う話も少しはあった。が、伝道所へくるという話はまったくなかった。やがてインディアンたちは消えていった。

今となってはパリージャも自分がだまされていたことを確信して、副王に手紙を書いた。「閣下におかれましては、異教徒のアパッチ族国家のために、伝道所を作る試みがどれほど困難なことか、ご推察願えたと思います。それにこの問題について、総司令官へ提出されるいかにも見込みありげな報告は、テキサス植民地の神父や住人が、彼らに関わる事件が生じるたびにつねに見せた、彼らの特徴である信頼性の欠如の結果なのであります[27]」。その一方で、四人いた神父の内三人が、今なお計画を支持するテレロス師を一人残したままで、この計画に対する自信を失っていた。異議を唱える三人の神父は次のようにいう。「この計画を押し進める理由がわからない。自分たちは当初から、準備が不十分で根拠に欠けていると考えていた。……インディアンたちの希望を十分に知った今となっては、(友好の)動機として彼らが抱いているのが、贈り物を受け取りたいという願望以外の何ものでもないのは明らかなのだから」[28]。パリージャは伝道所のプロジェクト自体を完全にやめてしまおうと思った。そして鉱山を守るために要塞だけを北へ移動させてはどうかと提案した。しかし、この案は受け入れられなかった。彼はひどい挫折感を味わい、フロンティアのはるか先の前哨基地に人員を配置することを少なからず気にしていた。が、彼は副王の命令に従った。

しかしいずれにしても、遅きに失したことはまちがいない。この年の秋、アパッチ族の部隊が数隊、通り際に神父に語ったところによると、「ノルテニョス」(北部地方の人々)の軍が大挙侵入して、アパッチ族と戦闘状態になりつつあり、その軍勢があまりに巨大なので、アパッチ族としてはスペインの保護を頼りにすることさえできないという(「北部地方の人々」はアパッチ族がコマンチ族を呼ぶときの呼び名。彼らはつねに北からやってくるためにこの名がついた)。この情報はアパッチ族が前に約束したことと同じように、パリージャにはとてもありそうにないことのように思えた。が、彼らはこんどは真実を語っていた。それはアパッチ族の奇妙な行動の真の理由を、やがて明らかにしてくれる真実だったのである。

アパッチ族によるサンサバ伝道所の提案は、パリージャが不審に思った通りごまかしのでっち上げだった。リパン部隊や他の部隊はキリスト教へ改宗する気などまったくなかった。が、パリージャはもちろんのこと、どのスペインの将校も理解していなかったのは、そのごまかしの「理由」だった。こんなぐあいでスペイン人たちは、自分たちに対して行なわれた裏切り行為の広がりについて、何一つ知るところがなかった。神父たちが正餐式用の器を磨いている間に実際に起きたことは、コマンチ帝国——

当時どのスペイン人が思っていたよりも、はるかに広い領域を領していた――が伝習所のまさしく戸口の前に到着していたことだ。(29) スペイン人はアパッチ族によって、自分たちの土地の境界をはるかに越えた場所にうまくおびき出されていた。サンサバ地方はアパッチ族の故地などではない。それはコマンチェリアに属する土地だった。そしてそこに作られたスペインの要塞は、結局、コマンチ族に対する宣戦布告を意味するものとなった。これこそまさしくアパッチ族が望んだことだった。彼らは自分たちの恐ろしい敵がスペイン軍によって打ち滅ぼされることを願った。あるいは少なくとも、容赦なく、あたりを一掃しながら南下するコマンチ族の軍勢を、スペイン軍に食い止めてもらいたいと思ったのである。

あらゆる点から見てそれはすぐれた計画だった。しかし、うまくはいかなかった。一七五八年の春は、冷たい雨とあふれんばかりの野草をサンサバ地方にもたらした。アパッチ族が予期した通り、それはまたコマンチ族をも招来した。コマンチ族は満月の下、馬に乗ってやってきた(月明かりで襲撃することがあまりに多かったために、テキサスでは、春や夏の明るい満月は「コマンチの月」という名で今でも呼ばれている)。三月二日の朝、伝習所の神父たちはアパッチ族の姿がまったく見えなくなったことに気がついた。伝習所の壁の向こうで大きな叫び声がした。馬に乗ったインディアンのグループが神父たちの馬を六二頭すべて盗んで行った。パリージャは単なる馬泥棒だと思ったので、泥棒を追跡するために一五人の兵士を出した。が、兵士たちは、思ったよりはるかに厄介なことが起きていることに気づいた。そしておびえた顔で砦に戻ってきた。彼らの報告によると、丘は至るところ敵のインディアンでいっぱいだという。

パリージャは馬で伝道所へ駆けつけた。伝道所では三人の神父とひと握りのインディアン、それに召使いたちが五人の兵士に守られていた。パリージャはテレロス師に伝道所を離れて、そこよりはるかに安全な砦へ向かうようにと懇願したが、テレロス師はこれを拒否した。インディアンが自分を傷つけることなどけっしてないという。が、彼はまちがっていた。一七五八年三月一六日、ミサがインディアンの叫び声で中断された。神父たちが欄干に走り寄ってみると、驚くべき光景が目に映った。伝道所の周囲にはおよそ二〇〇〇人ほどの戦士たちが集まっていた。その多くは黒や深紅の顔料を塗りたくっている。戦時の正装をした平原インディアンたちだった。ほとんどはコマンチ族だが、コマンチ族の襲撃の多くで見られる通り、そこにはまた騎馬従者たちがいた。今の場合は、最近コマンチ族と和睦したウィチタ族がそばについていた（後年、騎馬従者はたいていカイオワ族が務めるようになる。どちらの場合も、つねに従者はコマンチ族の指揮の下で行動した）。コマンチ族は弓、槍、マスケット銃で武装していた。しばらくの間、彼らは友好的なふりをした。そして、自分たちはスペイン人に対して忠誠を尽くすためにやってきたといった。背が高く、何一つ感情を表に表わさないコマンチ族の族長は贈り物を受け取りさえした。贈り手などに一顧の価値もないかのように、彼はそれをひどくぞんざいに受け取った。そして、略奪と殺戮がはじまった。

最初に殺されたのはテレロス師で、マスケット銃で撃たれた。彼を守っていた兵士が続いて殺された。他の者たちも撃たれたり、叩き切られたりして死んだ。インディアンたちは伝道所の建物に火をつけた。死んだ神父たちは裸にされ、手足を切られた。その一人サンティエステバン師は首を切られた。一方、襲撃者たちは忙しげに、物の詰まっている貯納室で略奪したり、畜牛を殺したり、死体に損傷を加えたりしていた。二マイル離れた砦で攻撃の一報を受け取ったパリージャは、ただちに伝道所の守りを強化するため、九人の兵士からなる分隊を派遣した。要塞には三〇〇人以上の人々——ほとんどは女性と子供たち（兵士の家族）——がいたが、パリージャはあえてそれ以上の兵士は送らなかった。が、彼が送り込んだ兵士たちが伝道所へ行き着くことはなかった。砦を離れるとすぐに攻撃を受け、全員が銃で撃たれ槍で突かれた。二人が即死し、残りは傷つきおびえて、ほうほうの体で砦に逃げ帰ってきた。それがパリージャの行なった最後の救出作戦となった。パリージャの命令を聞かずに伝道所に留まることを選んだ神父たちは、すべて彼ら自身の責任ということになった。伝道所の住人の中ではほんのひと握りの人々が、焼かれることを免れた建物に避難して生き延びた。一方、インディアンたちは三日間、伝道所の食料を使って飲めや歌えの大騒ぎをした。その間、パリージャや兵士たちは、インディアンがけっして襲ってこない、高い柵を巡らした砦の中でなすすべもなくこわごわと過ごしていた。四日目、パリージャはついに被害を調査しても危険がないと判断した。伝習所の光景は荒廃そのもので、ほとんど伝習所全体が破壊されていた。三人の神父を含めて一〇人が殺された。

次に大規模な一種のパニック状態が起こった。そしてそれはニュー・スペインの北部フロンティア一円に蔓延した。このパニック状態を引き起こしたのは、スペインの要塞や伝道所がすべて脆弱で、コマンチ族の攻撃を受けやすいという、以前ではとても問題にならなかった考えだ。とりわけサンアントニオの人々がこのケースに当てはまる。彼らはインディアンが首都であるサンアントニオを目指して、今にもやってきつつあると信じて、手元にほんの一週間ほどの食料しかないにもかかわらず急いで立てこもった。それほど彼らは怯えていた。そのために、住人が所有していた畜牛はすべて捨てられた——全部で二〇〇〇頭ほどになる。それも彼らが、十分に自分たちを守ってくれる兵士を一人も見つけることができなかったからだ。事態は他の入植地でも同じだったし、さらに状況が悪い所もあった。虐殺のあとでパリージャはただちに他の入植地に救援を求めた。が、誰一人やってこない。彼は副王に抗議をした。副王はメキシコにあるスペインの砦に、サンサバへ救援軍を送るようにと命令を下した。が、何事も起こらない。三度にわたって指示を出したが、ほとんどあるいはまったく効果がなかった。パリージャのもとにやってきたのはほんの二、三人の兵士だけだった。この頃にはすでに侵略者たちははるか遠くへ立ち去っていた。

サンサバ伝道所の襲撃と神父たちの殺戮や手足の切断を伝えるニュースは、またたく間にスペインの入植地全体に広まった。最初の反応は大むねやみくもの恐怖だった。が、それは急速に激しい怒りと、血なまぐさい報復への願望にとって代わった。とりわけメキシコシティの副王の政庁ではそうだった。サンサバへの救援軍派遣を拒否したテキサスの守備隊は、立ちどころに懲罰遠征隊のための人員と武器を供出するよう命じられた。そして、この遠征隊の指揮をしたのがやはりパリージャだったのである。やがて六〇〇人の人員が集められた。構成はスペインの正規兵と大勢のインディアン補助部隊だ。この補助部隊はコアウィルテカ語族と一三四人のアパッチ族インディアンからなり、スペインが金と力で調達できた最大限の——これはまったく意図的だ——遠征部隊だった。インディアンの懲罰目的で、これほどまでに大勢の兵士が派遣されたことはかつてなかった。一七五九年八月、部隊はコマンチ族を探して進軍をはじめた。パリージャは先任のスペイン将校たち——とくに自分の行為を十分に自覚していた者たち——と同じように、グレート・プレーンズにあったコマンチ族領地の中央部へ、危険を犯して踏み込むことには反対した。インディアンの斥候たちがコマンチ族はまちがいなくそこにいると請け合ってくれたが、そこへ行くことをパリージャは拒否した。その代わりに東側の草原の縁辺、木立ちの並ぶ地方でぐずぐずと時を過ごしていた。何日間も進軍を続けて、ついに部隊はインディアンの野営地を見つけた。

キャンプをしていたのはトンカワ族だった。パリージャはたとえそれが、トンカワ族であることを確実に知っていた——インディアンの斥候たちの情報により——としても、やはり多くの先人たちが行なったのと同じことを彼はしただろう。ともかく彼はキャンプに攻撃を仕掛けた。復讐はどんな形でも復讐だったし、インディアンは多少の差こそあれ、インディアンであることに変わりはなかった。トンカワ族の集落を取り囲むと、パリージャは六〇〇人の戦士たちとともに急襲した。七五人を殺し、一五〇人の女や子供を捕虜にした。そして「還元」——キリスト教への改宗と強制的な同化——をするために、サンアントニオへ連行した。トンカワ族はコマンチ族の強敵だった。これをパリージャは知っていたかもしれないし、知らなかったかもしれない(一九世紀にトンカワ族は、白人の兵士たちによってとくに追跡者として使われるようになり、敵に致命的となるような成果を上げた)。遠征部隊はさらに北へと進軍を続けた。

一七五九年一〇月、パリージャ軍はレッド川の近く、今のフォートワースの北西約八〇マイルの地点にいた。そこはテキサスの北の境界を示している。今のリングゴールドの近くで、彼らはもう一つ、桁外れに大きなインディアンの集団に出くわした。典型的な被害妄想に陥っていたスペイン人たちは、サンサバ伝道所の攻撃について、フランスがこの集団と共謀していたのではないかと疑った。が、それを裏付ける証拠は何一つなかった。しかしこの恐ろしい集団——コマンチ族が数千人、それにウィチタ族、オセージ族、レッド川カドー語族、さらに他の部族たちからなるにわか仕立ての同盟軍で、彼らは敵の通り道に溝を掘り、その中に身をひそめていた——が、フランスの陰謀により、何らかの援助をフランスから得ていることはほとんど疑いがなかった。この近辺ではコマンチ族が強大な勢力を保持していたが、それは彼らが便宜上の同盟をけっして結ばないということを意味しない。とりわけ、ことがアパッチ族やスペイン人に関わるときにはそうだった。現にコマンチ族はオセージ族と交戦中だった。それが今パリージャを敵に回すときには、よろこんでオセージ族と手を結び相乗りした。

次に起こったことは、もしパリージャ軍がほとんど問髪をいれずに背を向けて逃げ出さなかったら、おそらくアメリカの西部史上最大の殺戮となっていたかもしれない。スペインの正規兵たちはパリージャの命令に従って突撃したが、残りの軍隊はすっかり弱々しい姿をさらけ出した。兵士たちのほとんどがいつの間にかいなくなっていた。後退がパニックを誘い、パニックは慌てふためいた遁走へと移行した。何らかの理由で――おそらくスペイン軍の食料を積んだ幌馬車を嬉々として確保しようとしたためだろう――インディアンたちは、恐怖に襲われて逃げ去るパリージャ軍を追跡しなかった。おかげでパリージャ軍は死傷者をほとんど出さずにすんだ。が、これこそサンアントニオやのちにメキシコシティで、疑い深い上官を前にパリージャが弁明をしたとき、彼を困惑させる不都合な事実となったものだ。

それはじつに驚くべき敗北だった。新世界のスペイン人が被った最悪の敗北だった。彼らは手持ちのすべてをコマンチ族とその同盟部族に投げ与えてしまった。そしてその上恥をかかされた。テキサスのコマンチ族に対して、以後ふたたびスペインの遠征隊が送られることはなかったし、敵対する土地に伝道所が建てられることもなかった。さらに重要なことは、当時のインディアンとスペイン人がこの出来事について同じような気持ちを抱いたことだ。それは戦争の霧の中で明らかとなった意見の一致だった――スペインの砦を舞台にした戦いは、力の均衡の中で生じた大きな揺れの兆しであり、テキサスとメキシコ北部に対して、以後、長期間続くことになる暴力のはじまりを予告するものだということ。それから数年の内に、テキサスにおけるコマンチ族の権威は、ほとんど絶対的といっていいほど強力なものになった。スペインはさらに六〇年間、伝習所や要塞をいくつか保持してはいたが、それはもはや自分たちを守るのが精一杯で、他に何をする余力もなかった。パリージャはメキシコへ送還されて軍法会議に掛けられた。彼はそこで虚偽の証言をする。自分たちは、フランス人将校の指揮の下フランス旗を掲げた六〇〇〇人のインディアンに遭遇したといった。法廷はフランス人が武装したり、指揮をした証拠を見つけることができなかった。パリージャは面目をつぶし名を汚した。

コマンチ族問題については、ニュー・スペインのリーダーたちがつねに、彼らの無能さを露呈させていたわけではない。洞察力があり、機略に富んだ姿を自ら示した総督や将軍も何人かはいた。そしてスペインは少なくとも一人、真に天才と呼べる総督を生み出している。二世紀にわたって登場した総督、そののち輩出した多くの政治家、インディアン管理官それにアメリカ軍など、彼らがすべてなし得なかったことをこの男は何とかやり遂げた。人物の名はドン・フアン・バウティスタ・デ・アンサである。彼は一七七七年から一七八七年までニューメキシコの総督を務めた。おそらく彼は、敵対するインディアンの問題に直面したすべての人物中もっとも聡明な男だったろう。もし革命後のテキサス人やメキシコ戦争後の連邦インディアン管理局がアンサを見習っていたら、アメリカ西部の開拓史はまったく違ったものになっていたかもしれない。

アンサは、カリフォルニアやソノラのフロンティアで成功を収めた冷酷無比な対インディアン闘士《インディアン・ファイター》だった。その彼が歴代の総督が直面しながら、誰もが手に負えないと投げ出したインディアン問題を受け継いだ。コマンチ族は日の出の勢いだったし、アパッチ族は奥地をこそこそと動き回っていたがなお破壊的だった。そして西部にいたナヴァホ族やユート族は反抗的で御しがたかった。すべてが厄介だったが、中でも当時もっとも悪名が高かったのは、クエルノ・ヴェルデ（緑の角）という名で知られたコマンチ族の族長だった。彼はスペインとの交戦中に殺された。そしてその復讐は伝説的なものになっていた。[30] アンサが、ニュー・スペイン内陸の植民地にいた司令官の将軍に書き送ったものによると、ヴェルデは「王国に不幸を引き起こす男で、多くのプエブロ族を壊滅させた。何百という人を殺し、同じ数ほど捕虜を引き立てて行っては、あとで平然と生け贄にしました」[31]。アンサは総督になるとさっそく、コマンチ族を打ち負かすために、大胆でこれまで思いも寄らなかった作戦を提案した。それはコマンチ族がニューメキシコ人を攻撃するためにやってきたら、それと同時に、こんどはコマンチ族の土地で彼らを攻撃することだ。スペイン人はこれまでつねに身構えるようにして、守勢でものを考えてばかりいた。あるいは少なくとも懲罰隊の遠征という形でしか攻撃を考えていなかった。が、アンサはいっそう積極的に、コマンチ族問題の根本的な原因をえぐり出すことに狙いを定めた。

一七七九年八月一五日、新たに就任したアンサ総督は、二五九人のインディアンを含む六〇〇人の兵を集め、クエルノ・ヴェルデを探しに出発した。コマンチ族に露見してしまうことを避けて、アンサはこれまでのスペイン遠征隊が取ったルートとは違う山の多いルートを選んだ[32]。そして、ロッキー山脈の東側地域にあるサウスパーク近辺を横切った。最終的には北へ向かい、さらに東へ行って現在のコロラド州東部の高い平原へ出た。そこでアンサはインディアンのキャンプを見つけた。戦士の大半と族長は出かけていなかった。が、アンサはともかく攻撃を仕掛けた。インディアンたちは逃げた。スペイン兵は九マイルほど馬を走らせ彼らに追いつくと、さらに三マイル走って力ずくで彼らを制圧した。一八人殺した――おそらくそれは年寄りや少年、それに女たちだったろう。さらに女を三〇人と子供を三四人捕虜にした。五〇〇頭の馬をすべて奪った。アンサは捕虜たちから、クエルノ・ヴェルデが今はニューメキシコへ襲撃のために出かけているが、大々的な宴や祝いをするためにやがては戻ってくることを聞き出した。

アンサは彼が帰ってくるのを待った。コロラド州のグリーンホーン・ピークとして今も知られている場所の近くで、彼はヴェルデを尾行して驚かした。そして聡明な戦術を駆使して、北アメリカにおけるスペイン軍のもっとも偉大な勝利の一つを勝ち取った。アンサは危険を犯してコマンチェリアの中心部へと入り込んだ。そこはまさしくコマンチ族の故郷で、これまでにこの地で数え切れないほどの人々が死んでいる。それもけっして大きな戦闘で倒されたわけではなかった。まさにその場所でアンサは勝利したのである。のちに彼は、自分の勝利のいくぶんかはクエルノ・ヴェルデの傲慢さに負っていたと思うと書いている。クエルノ・ヴェルデが護衛の戦士五〇人とともに、六〇〇人の強力なスペインの戦線に攻撃を仕掛けてきたことに、アンサは次のような理論づけをしている。「彼の死の原因は彼自身の大胆さと、われわれに示したいと思った彼の侮蔑感にあった。彼はつねにわれわれに対して奇襲攻撃を仕掛け、それによって成功を収めてきたが、その数多い成功をことさら誇示していた。……そのことから推測できるのは、野蛮人を特徴づけていた傲慢さと図々しさ、それにプライドだ。そしてそれを最後の瞬間まで、彼はさまざまな形で表現して見せた。自分のマスケット銃に弾を込めることさえしなかったのもその一つだった。……」(33)。コマンチ族はほんのひと握りの戦士たちだけが捕虜と死を免れた。それに対して、スペイン側の犠牲者はわずかに一人だけだった。アンサと槍騎兵はコマンチェリアでさらに別の攻撃を仕掛けた。しかし、クエルノ・ヴェルデに対して行なった攻撃ほど効果的な成果は上がらなかった。が、やがてインディアンたちの注意はアンサに集中することになる。

アンサが次に行なったことは、前の攻撃と同じように型破りなものだった。彼のように成功を何度も収めた総督であれば、平原にはまだコマンチ族が二〇〇〇人以上[34]（アンサ自身の誇張した目算によれば三〇〇〇人）いるとしても、なおコマンチ族の残った者たちを殲滅しようとしたにちがいない。しかし、アンサはもはやコマンチ族を討とうとはしなかった。ただ外交的な和解が成功するように、彼らを怖がらせただけだった。ニューメキシコで起こったことや、テキサスで今なお起こりつつあることを考えると、とても信じがたい目標をアンサは持っていた。コマンチ族と和解し同盟を結びたいと考えていたのである。

これを彼は実行に移した。和平交渉をするためにコマンチ族の族長を集めた。そして平原の西側にいたすべての部隊と話がしたいといい、結局は、コマンチ族全部隊のために話ができる族長を一人選んでほしいと主張した。これは以前にはけっして起こりえなかったことだった。アンサはコマンチ族を自分と同等の者として扱い、彼らの猟場を脅かすことはしなかった。それに彼らに対する支配権を宣言する試みも拒否した。彼がインディアンに持ちかけたのは交易の話だった。インディアンはアンサに好意を寄せて彼を尊敬した。国境地方ではいまだかつてなかった驚くべき外交上の急転回だが、アンサは自分の抱える問題のすべてに、自負心の強い解決策をやっとのことで施すことができた。コマンチ族に平和条約のサインをさせただけではない。彼はコマンチ族を彼らの敵のユート族と結びつけた。こうなればコマンチとユートの双方は、スペインと同盟しながら、両者の宿敵アパッチ族に対抗することができる。そしてとどめの一撃としてアンサは、スペインとユート、コマンチの両部族を結合した軍勢を使って、こんどはナヴァホ族をむりやり盟約に引きずり込んだ。

さらにいっそう奇妙なことなのだが、アンサの条約は立派に履行されたのである。アメリカ西部の歴史をひもといてみても、白人とインディアンとの間で交わされた条約が、二、三年以上続いた例はほとんどない。たいていはサインされた当日からすでに効力を失っていた。歴史は、それを履行できない政府によってでっちあげられた何百という条約で一杯だった。したがってアンサの条約はまれな例外だったのである。ただしこの条約が有効なのは、ニューメキシコの植民地に限られていた。それはおそらくニューメキシコを、テキサスやメキシコ北部でなお活発に行なわれていたコマンチ族の襲撃——長年の恐怖——から救い出してくれたのだろう。コマンチ族とユート族との休戦はすぐに破棄されたが、ニューメキシコに関するかぎり条約は守られた。それは一つに、そのことがコマンチ族自身の最大の利益になっていたからである。ニューメキシコは交易のための豊かな源泉であり、コマンチ族が馬や捕虜を売ることのできる場所だった。アンサの締結した条約は西部のコマンチ族とニューメキシコの間に、新しいまったく特殊な商取引の関係を生じさせた。恐怖に代わってそこには単純な交易があった。そしてそれはまったく新しい種族——コマンチェロスという名で知られた手ごわいメスティーソ——の仲介によって行なわれた。

6 血と煙

ミラボー・ボナパルテ・ラマー（一七九八―一八五九。テキサス共和国第二代大統領）は詩人だった。彼のよく知られた作品としては――一九世紀のアメリカでは、いくつかの文学サークルであきらかによく読まれていた――「汝は私の心の偶像」「チャタフーチェ河畔の夕べ」などがある。彼はまたすぐれた剣の使い手で、馬術にも長け、アマチュアの歴史家でもあった。それに、テクニックや感性をいくらか示した油絵画家でもある。一八三八年、テキサス共和国として知られた主権国家の大統領に選出されたときには、批評家たちが彼は大統領よりずっとすぐれた詩人だと揶揄した。

それは真実だったかもしれないし、そうでなかったかもしれない。が、この荒々しい物騒な年に、すべての人々が一致して認めるところは、彼がフロンティアの基準から見ても、危険で卑劣、頭の固いろくでなしだったということだ。彼の有名な写真が一枚ある。一八四〇年代のいつの頃かに撮影されたもので、この写真ではとても彼は詩人には見えず、マフィアの下っ端のような風体をしている。ふてぶてしく身構えるように腕を組み、それでなくても皺だらけでぶかぶかの服を、腕組みによっていっそう皺を目立たせていた。髪は額からうしろへ流しているが、見たところ、洗髪と櫛入れがどうしても必要のようだ。薄い唇は強くうしろに引かれていて、今にもがみがみと何かがなり立てそうな感じだ。好戦的なインディアン絶滅論者で、帝国の建設を志望する彼のような人物の肉体に、どのようにして詩人や絵

描きが入り込んでいたのか、そのあたりは不明だ。(1)

彼が大統領の地位へ昇進したについては、二つほど理由がある。一つは彼がサンジャシント川の戦いで見せた英雄的な行為――それは息を飲むほど勇敢な行為だったのだが、それは仲間の兵士二人を救出したのだが、先任の聡明だがアルコール中毒の政治家サム・ヒューストンが、インディアン「問題」の解決にまったく失敗してしまったことだ。サンジャシント川の戦いやパーカー砦の襲撃以来、何千という数の白人がテキサスになだれ込んできた。コマンチェリア東部の境界地方へ、われ先にと大急ぎで彼らは押しかけてきた。その結果、フロンティアでは暴行沙汰が爆発的に増えた。大半はコマンチ族によるものだ。そしてヒューストンが取ったのは、インディアンに対して懐柔的に接近する方法だった。彼は議会が持つ軍隊による強制権の行使を拒否した。フロンティアの砦に権限を与えることにも反対した。そしてワシントンではチェロキー族の代理人として、またそのための特使として彼らとともに時を過ごした。ヒューストンはインディアンが好きだったし、彼らのことを十分に理解していると自分でも信じていた。彼はしばしばインディアンの味方をし、彼らの持つ土地の権利をつねに守った。コマンチ族の族長が、白人の入植地に境界を作ってほしいと頼んできたときには、業を煮やして彼は答えた。「レッド川からリオ・グランデまで壁をこしらえたら、あまりに高すぎて、インディアンはそれをよじ上ることさえできないだろう。しかし、白人たちは壁を越えて向こうへ行く方法をやっきになって工夫する」(2)。彼は和平についてコマンチ族と何度か会談したが、よい結果は得られなかった。

その一方で、入植者たちは潮のように東部からどっと押し寄せていた。彼らが所持していたのは、「土地を盗み取る」ために巧妙に工夫された道具(連発式の銃)だった。おまけにテキサス議会がインディアンの土地を、（ヒューストン大統領の拒否権を無視して）白人の入植地に解放したために、なおさら流入に拍車がかかった。コロラド川、グアダルーペ川、ブラゾス川の渓谷に沿って農家が徐々に増え続けるにつれて、コマンチ族の攻撃もエスカレートしてきた。ヒューストンが大統領になったはじめの二年間だけで、すでに一〇〇人以上の捕虜がコマンチ族に連れ去られた。その大半は、九歳のシンシア・アン・パーカーが誘拐されたときのように、あっという間にやすやすと拉致された。残された何百という家族たちは政府に対して抗議もできず、救済策も望めぬままに魂の抜けたようになって、心をさいなむ悲しみに暮れていた。彼らのかわいい子供たちが、風の吹きすさぶコマンチェリアの高地でどのような目に会っているのか、それを知ることなどとても彼らにはできなかったからだ。パーカー砦が襲撃されたあとで、シンシア・アンの伯父——レイチェルの父親——ジェームズ・パーカーは、サム・ヒューストンに二度ほど、五人の人質を取り戻すために、救出の遠征軍を出す資金を調達してほしいと嘆願した。(3)が、ヒューストンはこれを拒否した。最西端に位置するこのフロンティアの、さらに増殖しつつある境界では、至るところで暴力による死があった——歴史家が記録したよりはるかにその数は多い。したがって、ヒューースンとしては、彼らの話がいかに身につまされたものであっても、わずか一組の捕虜のために乏しい予算を注ぎ込むわけにはいかなかったのである。

一八三八年の終わりには、新生の共和国もついにがまんの限界に達した。ちょうどその時点で、ミラボー・ボナパルト・ラマーが大統領に選出された。妥協を許さないラマーは、慎重で外交的なヒューストンとは対照的だった。ラマーはヒューストンを憎んだが、それはテキサス東部のバイユー（流れのゆるやかな河川）のほとりに新たに作られた同名の町（ヒューストン）さえ憎いと思ったほどだ。ラマーが最初に取った行動は、共和国の首都をテキサス東部の沼地（ヒューストン）から、一五〇マイルほど西のバルコーネス断崖のふもと——別の言葉でいうと、コマンチ族の領土のへりにまさしく相対した場所——に建設されたオースティンという名の町に移すことだった。[4] 西方への首都の移転は、何事も合衆国と一体になった行動などしたくないという、奴隷制度支持を表明した喧嘩っ早いこの人物の考えに見合ったものだった。ラマーの夢は若い共和国の国境をさらに西方へ押して、太平洋の黄金の海岸まで持って行くことだった。その意味でもオースティンの町は重要な西部の交易路の合流点に位置していて、古代の西洋でいえばコンスタンティノープルのような町だった。アメリカ合衆国として知られる東部諸州と大陸の覇権を競うテキサス、オースティンはこのテキサスという名の無秩序に広がる帝国の中心地だったのである。テキサス人の大半は、サンジャシント川で勝利したあと、ほとんど間を置かずに合衆国に併合されるものと予期していた。が、ラマーのまわりには夢想家の仲間たちが大勢いた。その中の一人がジェームズ・パーカーで、彼は議会に一つの提案をしていた。それは自分に四〇〇〇人の兵を預けてくれれば、それを率いてサンタフェとニューメキシコを攻略し、報酬として各兵士に三六〇エーカーの土地を与えることができるというものだった。が、議会はこの計画の承認を拒否した。[5]

国庫は空っぽで、しかも通貨にはほとんど価値がなかったが、[6] それでもラマーはそこに、自分の西部帝国が建設できない理由を見つけることなどできなかった。第一歩はもちろんインディアンを放逐することだ。インディアンはテキサスから抹殺されるか、即座に殺戮されるべきだと彼は信じていた。抹殺の対象にはすべてのインディアンが含まれる。西部のコマンチ族から中央部のウェーコー族、それに東部のショーニー族やデラウェア族、チェロキー族に至るまで。ラマーの立場については、誰もがはっきりと理解していなかったが、彼は大統領の就任演説でこの考えを簡潔に述べた。インディアンの残虐行為を例に出し、彼らに対しては「絶滅戦争」が必要だと呼びかけた。戦争は「妥協をまったく許さないもので、彼らが完全に消滅するか、放逐されないかぎり終わることがない」[7]という。テキサス共和国の議会は彼の言葉に心からの同意を示した。そしてその月に議会は、向こう三年間活動するために、五〇の歩兵中隊からなる八四〇人の連隊を作ることを票決した。議会はまたそのための予算として一〇〇〇ドルの歳出も決めた。

このようにラマーのスローガンは、インディアンの絶滅あるいは追放というものだった。それはまるで集団虐殺を求める公のアピールのように聞こえる。たしかに近代史の中ではこの種のものはほとんど例を見ないし、それはぞっとするほどすさまじいものに思えるかもしれない。しかし実際にそれは、ジョージア州のクリーク族と渡り合った経験を持つラマーが、並外れて素直に、腹蔵なく心情を吐露したにすぎなかった。インディアンの権利について彼は、これまで大半の白人たちがほとんど誰も口にしなかった正直さで、自分の考えを披瀝した。彼の政策は例によって剝き出しの侵略だった。それはいつも通りでとりわけ特別なものではなかったが、そこにはいつもあった嘘や虚偽の陳述がなかっただけだ。彼はテキサス人の出した条件——無意味な境界のはてしない再調整の余地はもはやない——にインディアンたちが完全に服従することを要求した。そして、彼らがこれに同意しない場合には、彼らの身に起こることをきわめてはっきりと述べた。「ラマーが提案し、取り仕切ったことの中には、アングロサクソン系アメリカ人の先例や政策で、すでに十分に定められ、確立されていなかったものなど何一つない」と歴史家のT・R・フェーレンバッハは書いている。「人々や議会が結論を出していたことは、白人とアメリカ・インディアンとの間には、インディアンが自分の世界を断念するか、あるいはアメリカ人が固く心に決めていた、大陸における国家の建設をあきらめないかぎり、真の平和などありえないということだった」[8]。この二つのことがけっして起こりえないことを、二〇〇年に及ぶ二枚舌と流血の惨事が証明していたわけだから、ラマーは彼にとって自明のことをただ公言したにすぎなかったのである。

彼がしたのは——隣のアメリカ合衆国の高官はこれまで誰一人しなかった——テキサスのインディアンたちには「ほんのわずかの土地」さえ持つ権利がないと明言したことだった。かつて調印された条約はそのすべてにおいて、インディアンは彼らの出した条件の通り、少なくとも何らかの土地を所有できることが前提となっていた。実際、一八二五年に合衆国政府は、そのことを保証するためにインディアンの居住地（現在のオクラホマ州）を作った。陸軍長官のジェームズ・バーバー（一七七五—一八四二）はこれについて「この人々の未来の居住地は永久に阻害されることはないだろう」といっている。[9]ラマーはもちろんだが、新しい主権国家（テキサス共和国）の住人たちは、その大半がこの原則に反対した。ある意味でラマーが提案したことは、東部の部族に割り振られていた段階的な破壊よりすぐれていたわけだし、別の意味でそれはネイティヴの人々の徹底的な殺戮を招くものだった。テキサス議会はラマーの新しいインディアン政策に強い関心を示した。一八三九年、心勇んで愛国心に燃え、冒険を渇望する二〇〇〇人のテキサス人がインディアンとの戦いに参加した。[10]

そして彼らは実際にインディアンと戦った。ラマーの大統領としての最終結論は、テキサスにいるすべてのインディアンに対する、ほとんど間髪を入れない戦争の開始だった。一八三九年の夏、ネイティブ・アメリカンに対して、今までもっとも凶暴な軍事行動作戦が実行された。最初のターゲットはチェロキー族だった。チェロキー族はこれまで、長年にわたって、故郷のカロライナ地方から容赦なく西へと追われてきた。彼らの多くは、テキサス東部やルイジアナの州境に近い松林や川岸の砂地などに落ち着いた。その地で二〇年もの間、彼らは大むね白人たちと仲良く暮らしていた。チェロキー族は五つの「文明化した部族」（クリーク、チョクトー、チェロキー、チカソー、セミノール）の一つで、白人文化をきわめて早く吸収した。白人と同じ装いをして、農業や商売に従事し英語も話した。彼らを追放する理由は完全なでっちあげの非難だった。背後にメキシコ人がいて、白人をテキサスから追い出そうとする陰謀の片棒をチェロキー族が担いでいるというのだ。それが偽りであることはほとんど疑いがなかった。が、この偽りこそが、ラマーや陸軍長官の必要としたすべてだったのである。

即刻立ち退くように、と国家からいわれたチェロキー族の族長ボウルズは、政府がチェロキー族に代替地を用意し、それで埋め合わせをするという条件で土地を離れることに同意した。テキサス人は原則としてこれを受け入れたが、それをほとんど実行しない。話し合いは結局決裂した。そして、計画通りテキサスの兵士たちは動きはじめた。一八三九年七月一五日、九〇〇人の兵士がチェロキー族の村を襲った。[11] 七月一六日、彼らは五〇〇人のチェロキー族を深い茂みや沼に追いつめ、族長のボウルズをはじめそのほとんどを殺した。二日後、兵士たちはさらに村を焼き、家や畑を焼いた。

戦争ははじまったばかりだった。チェロキーへの勝利に勢いづいたテキサスの指揮官ケルシー・ダグラスは、東部にいる他の部族――そのほとんどは平和を好んだ――が住む「ネズミの巣」を清掃する許可を要請した。今や前にもまして激しい殺戮が起こり、さらなる火の手が燃え広がった。七月の終わりにはチェロキー、デラウェア、ショーニー、カドー語、キカプー、クリーク、マスコギ、セミノールなど、テキサス東部にいた各部族のトウモロコシ畑や村々が焼かれて焦土と化した。もはやテキサス人にとって罪のあるなしはどうでもよかった。彼らには、カイオワ、カドー、ウィチタ、クリークなどの部族が犯した個々の殺人も、徐々に重要性が失われていくように思えた。立ち退きを強要されたインディアンたちの大半は、飢えてぼろをまとった家族を連れて、指定された「インディアン特別保護区」を目指し北へ向かった。そこでは政府によって移動させられた二万ほどのインディアンたちが、[12] 今ではたがいに押し合いながら、平原インディアンの部族に隣接した土地に住んでいた――「涙の道」として知られている道の終点がこの場所だった。チェロキー族の中には、ボウルズの息子などメキシコへ逃げ延びようとした者たちがいた。が、テキサス人はあたかも、新しいインディアン政策には寸分の誤解すらないと確信しているかのように、逃げたチェロキー族を数百マイル追いかけて撃ち殺し、女と子供を捕虜にした(13)。アラバマ族とコウシャッタ族のわずかに二つの部族だけは、テキサスに留まることが許された――肥沃な彼らの畑から、それほど望ましくない土地へと移動させられはしたが。このようにしてテキサス東部の一万エーカーに上るすばらしい農地が、白人の農夫たちに解放された。おそらく白人たちはやましい気持ちなど微塵も持たずに、よろこび勇んでこの土地へただちに移動したことだろう。

いずれにしても、テキサス人によって強制的に移住させられたのは、いくらか文明化され、比較的非好戦的で、すでに移動させられていたために疲れ果てていて、馬に乗ることもせず、農業に従事していたテキサス東部のインディアンたちだった。他にもやはり定住の部族で、フロンティアの向こう側に住み、さしあたり今回の火による洗浄を免れた者たちがいた。ウィチタ、ウェーコー、タワコニ、キチャイ、トンカワ、その他二、三の部族だ。しかしそれは、比較的悪意のない、打ちひしがれたマスコギ族やセミノール族を虐殺して、放逐した功績が考慮に入れられたためか、あるいはその報償だったのかもしれない。が、その一方で、テキサス人にとって本当に厄介なこと――大半は「略奪行為」――は東側からではなく西側からやってきた。そして誰もがそれを承知していた。テキサス人の空威張りとうぬぼればかりの戦争話、それに新しい領土に対する飽くなき欲望にもかかわらず、テキサス人がはてしない広大な土地――テキサスの大半を構成し、コマンチ族によって支配されていた土地――でできることなどほとんどなかったのである。

このジレンマを理解するためには、現代のテキサス州地図をご覧いただくのがいいだろう。サンアントニオからオースティン、ウェーコーを通って、トリニティ川(ウェスフォーク・トリニティ川とエルムフォーク・トリニティ川)の合流点にあるダラスの町まで線を引いてみる。これが大まかだが一八三〇年代終わりの西部の——つまりそれはコマンチ族にとっても——フロンティア(辺境)だった。が、入植地は現在のダラス付近にはほとんどなく、その大半がオースティンやサンアントニオのあたりに散らばっていた。この線はまた西経九八度線とほぼ正確に重なる——ということは、ここから樹木がまばらになりはじめることを意味していた。一〇〇度経線のあたり、現在のアビリーンの近辺になるとほとんど樹木はなくなる。オースティンやサンアントニオのあたりでは、引いた線がバルコーネス断崖の縁を示していた。これは樹木の生い茂った、大きくうねるような石灰岩の丘が、肥沃で平らな草原からそびえたっている断層帯だ(丘が険しくそびえているために、その石の塁壁を見ると、スペイン人は劇場のバルコニーを思い出す。バルコーネスの名はそれにちなんでつけられた)。フロンティア線を三つの地点で突き抜けているのがブラゾス川、コロラド川、グアダルーペ川だ。この三つの川を襲撃者(インディアン)たちのハイウェーとして想像することができる。ハイウェーは北西から、直接テキサスのフロンティアの中央をめがけて下ってくる。

三つの川はもちろんまた、コマンチ族のいる高地へ上って行こうという勇ましい、あるいは愚かな者にとってもハイウェーの役割を果たす。問題は次の点にある。白人の目から見ると、この線の西側には、広漠として謎めいた、恐ろしくひからびた世界が広がっていた。その世界に住む気性の激しい粗野な者たちは、白人より遠くまで馬を走らせることができ、射撃の腕もいちだんとすぐれ、白人をどこまでも追跡することができる。さらに彼らは驚くほど容易に途方もない距離を旅することができた。このインディアンたちはまた馬に乗って戦う。これが速度の遅い馬を持ち、徒歩で戦う習慣のある、しかも扱いにくい前込め銃で戦おうとする西部の白人たちをいっそう不利な状況にした。平原インディアンは村を作って定住することをしない。そのためにテキサス人たちはつねに彼らの居場所を探し当てることができない。しかし、たとえ彼らの居場所を見つけたとしても、見つけなければよかったとたぶんあなたなら思うかもしれない。

が、しかし、これがテキサス人の試みを断念させることにはならなかった。共和国ができた当初は、コマンチ族の攻撃を受けると決まって、レンジャーズ部隊や志願兵、国家の中隊など、雑多な兵士を寄せ集めた軍隊が出陣した。軍隊はコマンチ族を多少は殺した。その上、攻撃も何度かはうまくいった。が、そのほとんどは成功しなかった。テキサス軍は、平原の戦いでは一枚上手のインディアンたちから、つねに教練を受けている状態だった。そして兵士たちの多くは延々と続くつらい死を経験した。それはテキサス人にはとても許容しがたいものだった。

早い時期に行なわれた戦いのもっとも適切な例が、一八三九年二月に、コマンチ族とジョン・ムーア大佐の指揮するテキサス政府軍との間で起きた戦闘だ。ムーアの性格は何事にも無頓着で、何一つ根拠のない楽天家のものだった。これは家族の者がレイプされたり、内臓をえぐり出されかねないような、荒々しく敵意に満ちたこの地域では、率先して開拓者たちに求められる性格だ。ムーアはインディアンを人間以下と見なし、いかにしても殲滅させる必要があると考えていた。教会では説教師が説教をしている間中、信徒が居眠りをしていないか確かめるために、ムーアは説教師の隣に立ち、信徒たちに厳しい目を投げかけた。そして、そのことによって彼は人々の間でよく知られていた。(14) コマンチ族の大敵リパン・アパッチ族からムーアは、コマンチ族の一隊がオースティンの北方の草原でキャンプを張っているという報告を受けた。リパン族はコマンチ族のために、ほとんど絶滅に近い憂き目に遭わされた犠牲者である。彼らはつねにテキサス人から期待されていた――その昔彼らをいじめた者を裏切って居場所を嗅ぎ出し、当局へ駆け込んで、必ずや知らせてくれるものと。コマンチ族と単独で戦うのは恐ろしい。そのためにリパン族はもっぱら多くの時間を費やして、白人が自分たちの敵を追いかけてくれるよう極力努めた。彼らはまた率先して、コマンチ族追討の遠征軍にも参加した。ライブ・オークの茂みや、テキサスの丘陵地帯に広がる石灰岩のメサに潜むコマンチ族をどのようにして見つけ出せばいいのか、そのイロハも知らないムーアは、一も二もなくリパン族を仲間に入れた。注目すべきは、コマンチ族の旧敵――たいていはトンカワ族かリパン・アパッチ族――の力を借りることなしには、白人の兵士たちにコマンチ族を見つけ出すチャンスなどほとんどなかったことだ。これはコマンチ族との闘争を通じてつねにそうだった。インディアンの斥候をはじめて使ったのがムーアの遠征軍である。それがのちにテキサス勢の政策となり、すべてのアメリカ軍兵士たちの慣例となっていった（カスター将軍がリトル・ビッグホーンの戦いで犯したあやまちは、インディアンを追跡者として使うべきだという忠告に耳を貸さなかったことだ）。白人の中にも、能力のある追跡者は何人かいた――テキサス・レンジャーのベン・マカロックがその一人、もう一人がキット・カーソンだ。が、一般的にいえば白人の兵士たちは追跡のノウハウを伝授されても、荒野でうまく足跡を読み取ることができなかった。平原インディアンを絶滅に追い込んだ責任は、ジョージ・クルック（一八二九―九〇）やネルソン・マイルズ（一八三九―一九二五）、ラナルド・マッケンジーなど、有名な将軍の下で戦った白人の兵士にあったが、それと同じ程度に、インディアンの追跡者たちにもその責任はあった。防御柵の砦から砂埃を蹴立てて、連隊旗を掲げながら騎兵隊が飛び出していく映画のイメージは、しばしばひとつ重要な要素を見落としていた。それはインディアンの斥候たちである。

このようにしてムーア大佐は、急遽採用した志願兵六三人、族長カストロ指揮下のリパン・アパッチ族一四人とともに、オースティン北部にあるサンガブリエル川の石灰岩断層（おそらくそれは今のジョージタウンの近くだろう）を目指して出発した。[15] 彼らが野営地に到着したときにはすでに、コマンチ族は川上へ向かった痕跡を残して出発していた。ムーア軍はそのあとを追いかけようとした矢先、草原の嵐が北からうなり声を立ててやってきた。兵士たちは突き刺すようなすさまじい寒さの中で、ポストオークの木立の下にしゃがみ込み、吹きつける雪やみぞれがやむのを待った。その間三日。「凍死した馬もいた」と遠征軍の隊長の一人ノア・スミスウィックは書いている。「インディアンたちは、こんなにいい肉をみすみす腐らせてしまうのは、見るに忍びないといって馬肉を食べた」[16]。天気がよくなると、兵士たちは北西の方角、コロラド川とサンサバ川の合流点へ向かってコマンチ族のあとを追った。そこは現在のサンサバがある場所で、フロンティアの内側へ七五マイルほどの入った地点だ。しかし、一八三九年の基準からすると、そこはコマンチ族の領土へ深く入り込んでいた。リパン族の斥候はそこでテント小屋《ウィグワム》の火を見つけた。斥候たちとともにいたスミスウィックは、コマンチェリアの真ん中で、インディアンのあとを追う白人の気持ちがどのようなものだったのか、それを記している。

> 日暮れどき馬に乗っていると、背後でオオカミの遠吠えが聞こえた。（リパン族の）案内人はしばらく立ち止まり耳をそばだてる態勢を取った。しばらくすると、もう一つの遠吠えが右の方から応えた。インディアンはなお熱心に耳を傾けている。そのために彼の体は完全に固まってしまったよ

うに見えた。するとまたもう一つのうなり声がこんどは左から聞こえた。「ふふん、ハイイロオオカミ(ロボ)だ」とリパン族はホッとした調子でいった。私は自分が常日頃、オオカミの鳴き声を聞き慣れているとはとてもいえないが、そのときほど耳障りな遠吠えを聞いたことはなかった。インディアンの耳でさえ、オオカミの遠吠えとコマンチ族のうなり声を聞き分けることができないのだと知ったとき、一瞬悪寒が背筋を走ったような気がした。(17)

彼らが見つけたのは五〇〇〇人以上のインディアンの集落だった。このインディアンたちはペナテカ部隊(蜂蜜を食べる人々)で、南部のコマンチ族だ。彼らは傲慢にも往古の地の堅牢さに安心しきっていたために歩哨を置いていなかった。外からの脅威についても気楽にすっかり忘れ去っていた。そして二月一五日の冷え冷えとした早朝には、バッファローのローブ(長衣)にぬくぬくとくるまり、ティピの中で全員が眠りこけていた。その間、テキサスの志願兵たち——彼らはみんな自分たちのことを「レンジャー」と呼びはじめていた——は冷たい闇の中で震えている。そして、単銃身で前込め式の旧式なマスケット銃に弾を込めたり、銃の手入れをしながら夜の明けるのを待った。

次に起こった事件は、平原インディアンとの戦い方がまったくわからない白人が、自分の本拠地を白人に攻撃されることなど考えてもみなかった部族に直面したとき、はたしてどんなことが起きるのか、その驚くべき実例を示してくれた。この遭遇は、双方の間で数年にわたって繰り広げられることになる、苛酷なフロンティア戦争の前触れとなった。白人の側からすると次に起こった戦いは、結局、ほとんど致命的なまぎれもないあやまちの連続ということになった。

第一のあやまちは救いがたい楽天家のムーアが、コマンチ族のキャンプから一マイルほど離れたところで、兵士たちに馬から下りて、徒歩で静かにキャンプへ近づくようにと命令したことだ。これはもし一〇〇年前にケンタッキーのアパラチア山脈で出された命令だったら、完璧にすばらしい奇襲戦術だったろう。が、ここは西部である。それに敵はコマンチ族だ。ムーアは自分たちの馬を無防備のままで放置した——おそらくこれは、一司令官が大草原で犯しえたもっとも悲惨なあやまちだったろう。

やがてムーアはその報いを受けることになる。夜明けとともに兵士たちはキャンプに殺到した。そしてそのまま勢いよくティピへ突進し、姿を表わした者に誰彼かまわず発砲した。平和な冬景色はたちまちの内に、女と子供の悲鳴が飛び交う大混乱となった。テキサス人は「テント小屋の戸を押し開けると、それを引き倒し、ベッドの中にいる敵を殺戮した」。犬は吠え、男たちは叫び、発砲の音が鳴り響いた。レンジャーの一人アンドルー・ロックハートは、捕われの身となっている一〇代の娘マチルダがここにいると思い、急いで前へ出ると大声で叫んだ。「マチルダ、いたら私のところへ走ってくるのだ」。ロックハートは娘を見つけ出すことができなかった（あとでわかったことだが、彼女はたしかにそこに「いた」。そして父親の声を聞いた。が、彼女の叫び声は騒音や銃の発砲音にかき消されてしまった[18]）。

インディアンたちは当然持ちこたえて立ち向かってくるだろうと白人側は予測した。が、インディアンたちは、同じような状況下でこれまでいつもしてきたことをまず行なった。ウズラのようにいっせいに散り散りになると、馬の方へと直行した。これはムーアの第二のあやまちだった。それも平原インディアンを相手に奇襲をかけたときだけに、とても考えられないあやまちだ。コマンチ族の馬の群れを見落としていた。彼らの馬を暴走させることを失念してしまったのである。これが意味するところは、コマンチ族がほとんど間髪を入れず馬に乗ったということだ。そしてチャンスさえあれば、平原インディアンならすべての部族が反射的に行なうことを彼らもした。つまり、兵士たちのうしろに回り、彼らの馬をどっと暴走させた。これによって戦いの形勢は一変した。

ムーアは気づいたのだが、今では、兵士たちと同行のインディアンだけになってしまった。銃を撃つ相手がいない空っぽのキャンプの中を彼はうろついていた。そして、兵士たちがすべて、荒野の中を徒歩で行かなければならないこと、さらには、馬に乗ったインディアンの方が、自軍にくらべてはるかに人数が多いことに少しずつ気づきはじめた。ムーアは不安になった。テキサス・レンジャーズの歴史に詳しいマイク・コックスによると、彼は「噛むことができないほど大きな、噛みタバコの塊を切ってしまったことに気づいた」(19)という。樹木の生い茂る峡谷まで撤退せよ、とムーアは命令を出した。(20)コマンチ族は今では立ち直り攻撃をしはじめた。が、大口径のライフルから打ち出される正確で、破壊的な弾丸に何度も撃退された。ムーアは峡谷の岩や木々の中に格好の避難所を見つけたが、彼の賢明な奇襲作戦はにわかに絶望的な防衛態勢に変化してしまった。人数はインディアンの方が多い。彼らが兵士たちを全滅させようと思えば十分に可能だったかもしれない。(21)しかし、アメリカ史をひもといて、インディアンの戦い方を見てみると、多くの犠牲者を出す恐れのある戦闘態勢を、あえてインディアンが取った例はまったくない。むしろそれをしたのは白人の方だった。それはのちに南北戦争のときの「リトル・ラウンド・トップの戦い」、第一次世界大戦時の「ガリポリの戦い」、それに第二次世界大戦時の「硫黄島の戦い」などで見せた、白人の戦いぶりで例証されている。平原インディアンに大むね共通しているのは、優勢時にさらに攻撃を加えることを不本意とする傾向だ。それは戦略的に見ると彼らの最大の弱点の一つだった。が、結果的には、それが数えきれないほど多数の白人の命を救うことになった。

こうして結局、インディアンたちは追撃をやめて撤退した。ムーアのぎこちない戦法や、彼が出した奇怪で臆病な後退命令、それにコマンチ族集落を破壊することの失敗などを目の当たりにした族長のカストロは、うんざりしてリパン族の仲間すべてを引き連れ去っていった。残されたムーアは今では、長い屈辱的な撤退を余儀なくされた。徒歩で一〇〇マイルの距離をコロラドを突っ切って、オースティンまで戻らなくてはならない。しかも六人の負傷兵を連れて、行軍の間中インディアンの攻撃に怯えながら。(22) しかし、彼の押さえがたい楽天的な自信はなお、この戦いに自分たちは勝利したと信じていた。彼が行なったことのすべては、ただ大惨事を一歩脇によけてやり過ごしただけだったのだが。彼が攻撃を仕掛けたコマンチ族は、すぐさまコロラドの入植地へ血の報復を加えた。

もしコマンチ族がサンサバで起きたことから何らかの教訓を得たとすれば――あきらかに彼らは習得しなかったのだが――それは戦争の性格が完全に変化してしまったことだろう。テキサス人はスペイン人やメキシコ人ではなかった。彼らはいっそうタフで下品で、勇気を失うことがほとんどなかった。卑劣な陰謀を自ら引き受けるようなばかげたリスクを進んで冒すし、気質的にも、先住部族を情け容赦なく殲滅することに非常に適していた。彼らが依存したのは、国が動員をかけ、重装備で騎馬する過度に官僚化した扱いにくい兵隊ではなかった。だいたい兵士たちは物事をすべて自分で処理したし、ともに戦う兵も志願した者たちである。この志願兵たちはインディアンを恐れていないだけではなかった。彼らはインディアンを追跡して捕まえ、殺すのが実際に「好き」だった。おまけに彼らの大統領は、政府の役人たちの大半がやっていたようにだらだらと日を過ごすことはしない。思えば役人たちは遠い昔から、物寂しい、過度に持って回った条約をインディアンとの間で取り交わしてきた。それは人質を返し、白人を傷つけることをやめるのと引き換えに、インディアンたちに境界線と母国を与えるというものだった。ラマーはインディアンの絶滅について語っていた。皆殺しである。時宜を得なかったとはいえ、それこそムーアの襲撃が意図したものだった。そしてそれはまた一八四〇年の春と夏に、サンアントニオとテキサス南部で起こった、異常な出来事が意味したものでもあった。要するにそれは、西部のにわかに景気づいたテキサス人と草原南部の族長たちの間で起きて、大きな波紋を呼ぶことになったはじめての大衝突だった。

一八四〇年一月九日、サンアントニオのサンフェルナンド大聖堂の鐘が鳴り響いて、コマンチ族の族長三人の到着を知らせた。サンフェルナンドは北アメリカでもっとも大きなスペイン教会の一つで、その鐘は古いアメリカ西部で使われた伝道所の鐘の祖型だった。鐘はスペインやのちにメキシコの神父たちに朝課（真夜中または夜明けの祈り）の時刻を告げた。それが一七四九年以降は、アパッチ族やコマンチ族の襲来を知らせる役割を担っていた。メキシコの将軍サンタ・アナが、アラモの戦いのはじまりを知らせる合図に、「容赦しない」を意味する、鮮やかな血の色の旗を吊るしたのが石灰岩で作られたこの塔だった。テキサス共和国の時代になると、鐘の響きはメキシコ人やインディアンと戦う民兵を急派する合図となった。

一月九日の朝は明るく晴れ上がって、そこにはあきらかに危険な徴候はなかった。ただいつもとはまったく違う何かがあった。コマンチ族が和解の話し合いにやってきた。彼らは自分たちの故地に白人たちが不法侵入したことに驚き、それをやめてほしいと思った。以前は彼らも、テキサス人とはけっして条約を結ぼうとしなかった。が、サム・ヒューストンが大統領をしていた時期に、ヒューストンは彼らにしつこく条約の締結を勧めた。今となってようやくインディアンたちは、それがさほど悪い思いつきではないと思い直したのだろう。とりわけ彼らは白人の測量技師に悩まされた。理解不能の黒魔術を決然として使う男たちが、インディアンから彼らの土地を奪おうとしていた。さらに悪いことには、この黒魔術が効き目を表わしているように彼らには思えたのである。コマンチ族は測量師たちを見つけ次第、恐ろしいやり方で殺した。

三人のコマンチ族長たちは、地元の軍司令官ヘンリー・W・カーンズ大佐によってうやうやしく迎えられた。彼は一八三八年夏にコマンチ族と戦って、矢を尻に受け傷を負ったのだが、その傷がようやく回復しつつあった[23]。カーンズは族長たちにぶっきらぼうにいった。族長たちが捕虜を全員こちらに返さないかぎり、和平の話し合いには応じられない。カーンズの言葉を族長たちはあきらかに理解したようだ。快くうなずくと、こちらに戻ってくることを約束して去って行った。一方、カーンズはやがて非常に特殊な命令を受け取る。それはテキサスでは例を見ないものだが、アメリカの歴史では往々にして見られるものだった。命令は陸軍長官のアルバート・シドニー・ジョンストンからきた。ジョンストンは上背のある颯爽とした兵士で、輪郭のすばらしくはっきりとした鼻をしていた。のちに一八六二年、「シャイローの戦い」で北軍のユリシーズ・グラントの軍に、反乱軍（南軍）を率いて破壊的な攻撃を試みた。そのさなかに足に致命傷を受け、壮烈な戦死を遂げた[24]。ジョンストンはカーンズにはっきりとした言葉で指示を出した。「インディアンの全部族については、次のような居住の条件を命令する……権限を政府は引き継ぐ」。これはラマー直伝のレトリックだ。同じ調子でジョンストンはそのあとに断言する。「われわれ市民は、政府が払い下げていない公有地を、それが空いてさえいればどこでも占有する権利を持っている。そして市民はコマンチ族にそれを邪魔されてはならない[25]」。これが意味しているのは、インディアンの土地はすべて没収されてしまったということだ。万事休す。さらにその上ジョンストンはいう。もしインディアンが捕虜を連れてこなかったときには、彼らを人質として拘留せよ——この上なく文明化された基準からすると、和平の交渉にやってきた敵に対する処遇としてこれは、まさしく驚くべきやり方だった。

コマンチ族は三月一九日にやってきた。そこには三五人の戦士がいた。誰もが華やいで幸せそうな気分だった。他に女性が三二人、それに子供、老人たちがいっしょについてきた。彼らは何一つ面倒なことを予期していなかった。おそらく古い昔の日々を思い出していたのだろう。その頃は、スペイン人やそのあとのメキシコ人も、インディアンに怯えて用心深くなっていたため、彼らが町を自由に闊歩することを許していた。到着したコマンチ族は男も女も入念に化粧を施し、最上等のビーズや羽毛、皮を身につけていた。彼らは大量の毛皮を持参し、馬の小さな群れも引き連れてきた。これはあきらかに白人との大きな商いを期待していたのだろう。このような交易品の存在は、カーンズの言葉を彼らが完全に誤解していたことをほのめかしている。インディアンたちは通りにしゃがみ込んで待っていた。少年たちはおもちゃの弓と矢で遊んだ。白人たちはコインを木に貼りつけて、少年が矢を射る的を作ってやった。[26] 町の人々が群れをなして集まってきた。彼らに敵意はなかった。あったのは好奇心だけである。

しかし、人々が気づかずにいられなかったのは、インディアンたちがたった一人しか捕虜を連れてこなかったことだ。捕虜はマチルダ・ロックハートで、一年前にサンサバでムーア大佐が戦ったときに、彼女の父親が名前を呼んで探し求めたあの少女だ。彼女は一八三八年の襲撃の際に妹とともに連れ去られた。他の家族は襲撃の間に殺されてしまった。マチルダは一五歳だった。サンアントニオの広場に現われた彼女の姿を見て、人々はショックを受けた。見物人の一人――羽振りのいい地元商人の妻メアリー・マヴェリック――はいう。マチルダは「頭といわず、顔や腕も打撲傷や皮膚の破れたところだらけで、鼻は焼かれて骨が見えていた――肉の端切れがすべて、骨の端についていた大きなかさぶたとともに剝がれてしまっている。小鼻はふたつとも大きく開き、肉がやはり剝がれていた」[27]。マチルダはコマンチ族の女たちから虐待を受けたといった。醜くされたのは彼女の顔だけではなかった。体中に火傷を負っていた。彼女は内緒で白人の女性に、自分が被ったものはそれよりさらにひどいと知らせた。「完全に陵辱された」とレイプについて婉曲的な語句を使っていった。「そして彼女はふたたび顔を上げることができなかった」

様変わりしたマチルダの様子が、テキサス人にどのような印象をもたらしたのか、コマンチ族はまったくそれに気づかなかった。多くのテキサス人が見なれていたのは、チョクトー族やチェロキー族のような東部の部族による火の拷問だった。しかしそれはたいていつねに「男性」に対して行なわれた。東部の部族が平原インディアンたちのように、白人女性を誘拐し、レイプして拷問することはめったになかった。(28) インディアンの暴力に慣れた人々の目にさえ、マチルダの光景はショックとして映った。さらに事態を悪くしたのは、マチルダが聡明で洞察力に富んだ少女だったことだ。彼女はたちまちコマンチ族の言葉を覚えた。したがって彼女は、インディアンのキャンプに他にも捕虜がいたことを知っていた。彼女の推測ではその数が一五人で、この捕虜たちのことを彼女はテキサス人に話した。

話し合いは冒頭から捕虜の話ではじまった。会談が行なわれたのは、歴史の上で「議場」として記録された平屋の裁判所だ。建物は石灰岩で作られていて、平たい屋根は木で葺かれていた。床は土間である。(29) 任命されたテキサスのコミッショナーたちが三人居並び、その向かい側に一二人のインディアンが並んだ。彼らはすべてペナテカ部隊の者たちで、記録のされ方は「族長たち」や「第一の者たち」などさまざまだ。彼らのスポークスマンは「スピリット・トーカー」(シャーマン)だった(彼のコマンチ名は「ムグアラ」「ムケワラ」などいろいろだ)。ムグアラは気さくな性格で、ウィスキーを好むあきらかに温和なタイプの人物だった。先頃、レンジャーのノア・スミスウィックを自分のキャンプに招いて、三カ月ほど歓待したことがあった。あるとき、ウェーコー族のグループがスミスウィックを殺そうとした。ムグアラは彼らを恐ろしい剣幕で叱りつけた。[30] スミスウィックは彼が好きだったし、聡明で誠意あふれる男だと思った。そして彼と「長い間熱心に話」をした。ムグアラはスミスウィックに、白人が彼らの猟場を破壊してしまったことを雄弁に語った。

白人がやってきて木々を倒し、家を建てて柵を作った。バッファローは怯えて去って行き、二度と帰ってこない。インディアンは餓えてしまう。狩猟を続ければ、他の部族の猟場へ侵入することになり、戦争を引き起こすことになる。……白人が彼らの要求通りに境界線を引き、その中でおとなしくしてくれていれば、インディアンが彼らを虐待することはない。[31]

ムグアラ(スピリット・トーカー)がまるで白人のような印象を与えたとしたら、次のことに注目する必要がある。彼はまたマチルダ・ロックハートの農家を襲撃した部隊(ペナテカ部隊)の隊長でもあったということ、さらには彼女の家族を殺し、彼女と妹を連れ去って、拷問の上、レイプしたグループのリーダーでもあったということを。ムーア大佐がサンサバで襲ったのが、このムグアラの集落だった。

裁判所ではテキサス人がすぐに本題に入った。彼らはなぜコマンチ族が捕虜を一人だけしか連れてこなかったのか、その理由が知りたいといった。ムグアラは、たしかに捕虜はたくさんいる、しかし彼らはキャンプにいて、自分がそれを自由にすることはできないと答えた。そして彼は説明をし、捕虜はすべて引き渡すことができると思うといった。さらにつけ加えて、もちろん捕虜は高い身代金と交換で引き渡す。身代金は銃弾や毛布、朱(辰砂)など品物の形でもらう。が、すべて結局はうまくいくだろうという。そして彼は白人たちを見渡し、もったいぶった身振りで話を終えた。「こんな答えでいかがですか」

ムグアラは自分が賢明で分別があり、飾り気がなく、むしろ打ち解けてさえいると思っていたかもしれない。あるいはおそらく、彼はあやまって通訳されていたのかもしれない。いずれにしても、彼はひどく聞き手を取り違えていた。ムグアラやその仲間は、自分自身を高潔で立派な戦士だと考えていた。彼らにとって、捕虜を誘拐することは称賛すべき戦争行為だったし、捕虜を荒々しく扱うことも同じだった。ムグアラにしてみればマチルダは略奪品の一つだったし、人間とは呼べないもので、駆け引きをするための道具にすぎなかった。一方、テキサス人の方では、インディアンを邪悪で良心のかけらもない殺人者だと見なしていた。鼻の欠けた痛ましい少女に対する彼らの仕打ちは、反論などとてもできない、見るもおぞましいその証拠だった。ムグアラがこれから何を考え、何をいおうとしていたとしても、それが彼の口から出た最後の言葉となった。

テキサス側コミッショナーの一人ウィリアム・フィッシャー大佐がはっきりと答えた。「あなたの答えを私は容認できない。私はあなたにいったはずだ。捕虜を全員連れてこなければあなたはここへくることなどできないと。それなのにあなたは私の意に反してやってきた。あなた方の女性や子供たちは無事にここを出ることができる。……すべての捕虜が帰ってくれれば、そのときには、ここにいる族長たちも同じように自由の身となるだろう。それまでわれわれは、あなた方を人質としてここに留めておく(32)」。彼が話すと同時に、戸外にいた兵士たちが裁判所の中へ入ってきて、前後に陣を取った。びっくりしたコマンチ族の面々は、恐怖に襲われた通訳を通して、やっと大佐がいったことを理解するとパニック状態に陥りいっせいに戸口に殺到した。

兵士たちは間隔を詰めて前後を固めた。最初にドアにたどりついたムグアラは、ナイフを引き抜くと兵士を刺した。兵士たちは銃を発砲し、ムグアラや他のインディアンたちは撃たれて倒れた。同様に白人も数人倒れた。兵士たちはふたたび発砲した。部屋は騒音と硝煙と血と、飛び交うライフルの弾丸で充満した。兵士の一人マシュー・「オールド・ペイント」・コールドウェルは脚に流れ弾を受けた。彼はびっこを引きながら、族長の一人からマスケット銃を奪い取ると族長の頭をぶち抜いた。そして、銃を使ってもう一人のインディアンを殴り殺した。戦いは戸外へと溢れ出た。広場では今や、ハリウッドまがいの大乱闘がフルサイズで繰り広げられていた。戸外で待機していたインディアンたち――男と女と子供たち――もあたりの傍観者の方へ向いて敵対の姿勢を示した。まわりの白人たちもその多くが武装している。戦いはさらに広がった。[33] それを見ていた人々は、インディアンの女や少年たちも、男と同じように懸命に戦ったと語っている。あるインディアンの少年は「おもちゃの」矢で地方裁判所の判事の心臓を射抜いて殺した。が、コマンチ族にはどう見ても勝ち目はなかった。市街戦としてはじまった戦いはすぐに大虐殺へと移行した。そしてやがて、七面鳥を狙う射撃大会（七面鳥は大きくて動きが鈍いので、簡単に射ることができる）の様相を呈しはじめた。コマンチ族は恐れおののいて逃げ惑うという、これまであまりやったことのない役柄を演じることになった。

三〇分ほどで「戦闘」は終わった。今は血に飢え復讐心に燃えた暴徒が、サンアントニオの通りをコマンチ族を追いかけ、その姿を探し回っている。それは見た目にもあまり心地のよい風景ではない。川へようやくたどり着いたインディアンの一団は、川を泳いで渡ろうとしたところを一人一人狙い撃ちにされた。[34] しらみつぶしの追跡は気味が悪く残忍でもあった。インディアンの中には石造りの家に避難して、戸に鍵を掛けた者たちもいた。[35] メアリー・マヴェリックがじかに体験して書いた報告によると、数人の白人が建物の屋根に上り、「テレビン油に浸したローソクの芯の塊」で屋根を燃え上がらせたという。やがて煙と火の中からコマンチ族の男が二人現われた。一人は斧で頭を割られ、もう一人は銃で撃ち殺された。

戦闘が終わったときには、インディアンの戦士が三〇人、それに三人の女と二人の子供が死んでいた。三二人が捕虜になり、その多くはひどい怪我をしている。テキサス人は一人が死に一〇人が負傷した(町の外科医は一人だけで、移民のドイツ人だった。彼は夜通し働いて白人たちを助けた。しかし、インディアンたちは手当をされないままに放置された)[36]。テキサスの兵士たちは、捕虜となった三二人のコマンチ族を裁判所の裏手にあった土間の監獄へ放り込んだ。次の日、けがをしていないインディアンの女に馬と食料を与え、仲間たちのところへ戻って、昨日起こったことを知らせてこいといい渡した。さらに彼女には最後通牒を持たせた。それはもしコマンチ族の部隊が、マチルドがいっていた一五人の捕虜を全員解放しなければ、生き残ったインディアンたちは死ぬことになるというものだった。女が一二日間の内に戻ってこなければ(その間は休戦だった)、「ここにいる捕虜は殺されるだろう。というのも、お前たちがわれわれの友だちや親族を殺したのをわれわれは知ることになるからだ[37]」。テキサス人たちが、彼らの交渉上の立場を心地のよいものと思っていたのなら、やがて彼らは事態がそれとは違っていたことを思い知るだろう。

通常の状況下では、このニュースがコマンチ族の集落でどのように受け止められたのか、それを知ることなどけっしてできない。が、この場合、ブッカー・ウェブスターという名の年少の捕虜で、のちに解放された少年が痛ましい報告を残していた。女がニュースを持って到着すると、コマンチ族は恐怖と絶望、そして激高の入り交じった反応を見せた。感情の順序は大むねこの通りだった。女たちは金切り声を上げて泣き叫び喪に服した。彼女たちは腕や顔や胸を傷つけ、指を切り落とした。中には自分の身を傷つけて死んだ者もいた。男たちはうなり声を上げて、体を前後にゆすり、髪の毛を切り落とした者もいる。死んだ族長たちが所有していた馬の群れは、あまりに大きかったために、それを殺してすべてを焼くのに二日近くかかったほどだ（これがコマンチ族の習わしだった）。

そのあとで、焼けた馬肉の臭いが立ち込める中、彼らは底知れぬほどの深い悲しみと、人質に対する怒りの感情を爆発させた。ブッカー・ウェブスターの報告によると、「彼らはアメリカ人の捕虜を一三人連れてきて、すさまじいほど残酷に焼き殺し、その死体を解体した」[38]という。捕虜たちの上に長時間にわたって実行された恐ろしい行為が、どんなものだったのか、容易に想像することができる。捕虜の中には子供たちもいた。その一人は六歳になるマチルダ・ロックハートの妹だった。

インディアンたちはけっして最後通牒に応えることはなかった。彼らは実際ひどく混乱していた。リーダーがいなくなり、何をすればよいのか不安でしようがない。コマンチ族の世界では、兆しや精霊、魔術、まじないなどが重要な意思決定の手段となる。そんな微妙で繊細な世界では、今回のような事件は深い精神的な一撃となったし、部隊のリーダーたちが持つプーハ（魔力）の世界を完全に惑わす変化と見なされたのである。白人の精神構造からいえば、彼らは当然、サンアントニオの町を報復の火で焼き尽くすか、あるいは少なくとも、怒りによってもたらされる大惨事で破壊しただろう。が、彼らはそれをしなかった。代わりに数日後、イシマニカに率いられた三〇〇人の兵士たちが、町のちょうど真南にあったサンホセの伝道所に馬で乗りつけてきた。そこで彼らは捕虜の返還を求め、同時にテキサス人に戦いを挑んだ。テキサス人は捕虜の引き渡しを拒否し、奇妙なことに、一二日間の休戦がまだ明けていないので戦うことはできないと主張した。あるいはおそらく、指揮官が単に伝道所の柵から離れることを恐れたのかもしれない。白人の兵士たちの多くはそんな風に思った。それは平原ではめったに繰り返されることのないおかしな風景だった。インディアンの大軍は白人の兵士たちに戦うようあおり立てたが成功しなかった。一方では、将校の一人ライサンダー・ウェルズが大尉のD・レッドを臆病者だと非難した。二人は即座に決闘をしてともに死んでしまった。捕われのインディアンたちはなお監獄に入れられていたが、結局はほとんどの者が脱走してしまった。女たちの中には、サンアントニオの市民に奴隷として与えられた者もいたが、彼女たちもまた逃走した。これもおかしなことだが、そこでは別にさらに捕虜の交換が行なわれている。少年(ブッカー・ウェブスター)と少女が市民に戻された。少女はマチルダ・ロックハートと同じようにひどい傷を負っていた。二人は他の部族に養子にやられていたために命が助かった。

テキサスの年代記の中で「議場の戦い」という名で有名になった出来事は、このようして結末を迎えた。テキサス人の多くはこの事件を、ラマーの時代にテキサスがインディアンと妥協せずに辛抱して持ちこたえた結果だと見ていた。それは正しかった。が、テキサス人たちはまたひどいへまをやらかしていた。それがそのまま人質の残りを拷問で死なせる結果になったし、のちに入植地への報復攻撃の大波を引き起こして、たくさんの白人の命が奪われる原因となった。またテキサス人のへまは、コマンチ族がテキサス政府の誠実さに対して抱いていた信頼を、以降、久しい間ぶち壊してしまうことにもなった。虐殺の仕返しに、六歳になるかわいい娘が生きながらあぶり殺されたウィリアム・ロックハートは、はたしてコミッショナーたちの作戦にどのような考えを抱いたのか、それについてはまったく見当がつかない。さらに白人たちは、一二人の「主要な族長たち」を殺したと誇らしげに語っているが、その主張を裏付ける証拠はない。[39] スミスウィックの報告によると、ムグアラはペナテカ部隊の中でも比較的小さなグループのリーダーだったという。さらに族長の中でもっとも危険な男で、ムグアラにくらべてはるかに勢力のあったイシマニカは、この現場にはいなかったし、ペナテカ部隊の主要な族長だと主張したイサワコニもそこにはいなかったという。パハユコ、オールド・アウル（老いたフクロウ）、リトル・ウルフ（小さなオオカミ）、バッファロー・ハンプ（バッファローのこぶ）など傑出した族長たちもやはりそこにはいなかった。[40] 裁判所で殺された男たちはたしかにペナテカ部隊のリーダーたちだったが、それはあまり有名な族長ではなかった。最終的に明らかになったことだが、裁判所にいたコマンチ族が、テキサスの入植地に仕掛けられたその後の襲撃に参加していたという証拠もほとんどない。[41] 実際、この襲撃のときにイシマニカは、和平の考えを広めるために各地のテント小屋を転々としていた。[42]

今、テキサス南部の白人たちは、平和を確保する代わりに、歴史上最大の動員数で攻撃を試みるコマンチ族のターゲットになろうとしていた。

7

夢物語と黙示録

伝説の中でも歴史の上でもペナテカは、コマンチ族の中で最大の人数と最強の勢力を誇った部隊とされている。この部隊はアパッチ族をメキシコへ駆逐し、テキサスではスペイン人と戦って立ち往生させた。そして思いのままにメキシコの奥所に侵攻し、テキサス中央部の諸部族を支配した。またペナテカ部隊は、白人の侵入者や入植者とたえず間近で接触してきたコマンチ族の大部隊だった。コマンチ族の中でも他の主な部隊――ヤムパリカ、コツォテカ、クアハディ、ノコニ――はなお大むね入植地や兵士たち、それに彼らの文化や目には見えない白人の病気などから離れていた。彼らが暮らしていたのはさらに遠い大草原で、彼らはそこでバッファローの群れを追っていた。クアハディ部隊はサンタフェの商人たちと手広く商いをしていたが、それは仲介人のコマンチェロを通した取引に限られていた。

白人との近接がペナテカ部隊を変貌させることになる。部隊はそれによって大きく変化した。スピリット・トーカー(ムグアラ)が指摘していた通り、彼らはバッファローが去って、ふたたび大草原の最南端へ戻ってこないのを見届けると、徐々にさまざまな種類の、より小さな獲物を狩猟しながら暮らしていかざるをえなくなった。そして獲物がさらに少なくなっていくと、最終的にはウィチタ族やウェーコー族のように、食べ物を求めて、白人や農夫たちと交易を行なうようになった。月日が過ぎていくにつれて、彼らはだんだん白人と接触する機会を持つようになり、つきあい方も必ずしもすべてが便利なものや装飾品をくすねたりしはじめた。部隊の大半がスペイン語を覚え、中には英語を話す者さえいた。今まで着ていた革の服にくらべて、綿やウールで作られた服が冬暖かく夏涼しいことも発見した。「文明化した五部族」のように彼らもまた白人の服を着はじめた。金属製の鍋は粘土で作った壺よりはるかに実用的だった。それに使い古した鍋は矢じりを作って再利用ができる。レディーメードのガラス玉は手作りの貝玉よりずっと美しい。[1] 襲撃を仕掛けるたびに彼らは白人の持つ加工品――器具や道具や武器など――を集めた。それは止めることのできない一種の文化的汚染だった。そこではたがいの文化の間に、血や暴力や敵意をすべて混ぜ合わせた親密性が思いがけず出現していた。

このような親密性をわれわれは数年後、ヒル・カントリーで起きたある小話の中で見ることができる。ドイツの入植地でその一員だった一人の女性が、コマンチ族との典型的な出会いを回想している。「ある日、私が家にいたときに」と彼女は書く。「インディアンの大男が入ってきた。ちょうど私はパンをみごとに焼き上げたところで、とてもうまくでき上がったと思っていた。……大きないたずら小僧はそこにあったものをあれこれ品定めをすると、焼き上げたパンを見つけた。そしてそれをつまみ上げると、そのまま持って出て行ってしまった。……」。ここにあるのは興味深い、そしてほとんどおかしいほどぶっきらぼうなざっくばらんさだ。それは女性が麺棒を取り上げてインディアンを叩いても、けっしてびっくりしないような場面だったのだが。他にも彼女の町の人々は不平を述べている。コマンチ族のインディアンが気前のよい歓待を期待して、家族が食事している最中にやってくるのだという。そして家中からこっそり小物を盗んでいくという。[2] はるか北のアーカンソー川のほとりで集落を作り、暮らしていたヤムパカ部隊には、こうしたシーンはまったく想像すらできないものだった。

テキサス人もまたペナテカ部隊の変化を理解しはじめていた。次の記事は、サム・ヒューストン大統領の招きにより、コマンチ族の派遣団が大統領を訪問したあとで、一八三八年五月三〇日付の「ヒューストン・テレグラフ・アンド・テキサス・レジスター」紙に掲載されたもの。

市民のみんなが会えるのを楽しみにしていたのは、大きな体つきをしていて筋骨が逞しく、壮健で荒々しいインディアン戦士たちの一団だった。が、大統領の家にやってきた彼らの姿を見て市民たちは驚いた。そこへ行進してきたのは二五人ほどの、小柄でむさ苦しい、哀れなほど貧しげな半裸姿の未開人たちだった。手には弓と矢を持ち、みじめな馬やラバにまたがっていた。感嘆の気持ちはたちまち消え失せてしまい、市民たちは憐れみと軽蔑の入り交じった気持ちで彼らを眺めていた。……インディアンの女や子供たちは、町中至るところに散って行き、古いブリキ板や鉄の輪、ブリキの端切れ、ガラスびん、それに類するがらくたをひろい集めた。彼らはこんな品々をきわめて大切なものと考えているようだ。……

コマンチ族の間で何年か住んだことのあるルグラン氏は、この一団が「森のコマンチ族」と呼ばれる部隊の者たちだと述べている――彼らはベクサル（サンアントニオ）北東の小高い丘陵地に住む、堕落した貧しく哀れな人種で、平原のコマンチ族とはほとんど似ても似つかないという(3)。

これは多くの点で注目すべき記事だった。まず第一にインディアンに対するあざ笑うような、過度に人種差別的な突き放した態度。それに、実際に会ったインディアンが、ジェームズ・フェニモア・クーパーの描いたインディアンとは大きく違っていたという素直な驚き。第二には、書き手のアングロサクソン中心主義を差し引いても、その観察が本質的に正しいという事実だ。コマンチ族はたしかに背が低「かった」。それに、ほとんどすべての人々が指摘しているように、体つきも見ばえがしな「かった」。彼らは半裸「だった」（ヒューストンは夏なので、身につけていたものは簡単な腰布だけだ）。そして、乗って「いた」のは小さくて蹄鉄を打っていない、痩せて骨ばったムスタングで、ヨーロッパの基準からするとまったく魅力に乏しい馬だった。手にした武器は弓と矢だけ。彼らは普通のテキサス人の目からすると疑いようもなく貧しかった。家や不動産はないし、銀行口座も持っていないわけだから。彼らが好きだったのはもちろん、ブリキ板や鉄をあさることだった。それが矢やナイフや槍を作る材料になるからだ。

記者はまた広い意味で彼らをきちんと理解もしていた。ペナテカ部隊は長い間の文化的な相互交流によって、荒っぽい真の平原コマンチ族の、いわば堕落し退化した一変形となっていた。白人文化への親密性は同様に身体へも影響を及ぼしている。一八一六年と一八三九年には、天然痘が膨大な数のペナテカ部隊を死に至らしめた（さらに一八四九年のコレラが残ったペナテカ部隊の大半を滅ぼした）。入植者の流入によって彼らの猟場は激減し、そのためにやがて部隊の多くが飢えに瀕するようになる。そして、彼らは実際「森のコマンチ族」となった。他の部隊がなお高原で自由に荒々しく馬を乗り回しているのに、ペナテカ部隊だけは自分たちの暮らしを、縁もゆかりもない他の文化に頼る結果となった。つまりペナテカ部隊は文化の相互交流により滅びつつあり、白人のもたらした疫病によってよろめき衰亡しつつあったが、その一方で高原のコマンチ族はなお、歴史的な権力の絶頂にあったということができる。(4)記者の報告にあやまりがあったのは、純粋な平原インディアンから堕落を余儀なくされたこの者たちが、軍事的な脅威をもはや失いつつあると言外で決めてかかっている点だ。この点に関して記者はまったく間違っている。哀れを誘うほど痛ましい、小柄で半裸の人々はなおこの地上で最強の軽騎兵だった。アメリカやテキサスのわずかひと握りの兵士をもってしても、なお彼らに立ち向かうことなどできなかったのである。

バッファロー・ハンプ（バッファローのこぶ）は幻を見た。幻は夜分、彼の前に出現した。強烈であらゆるものを包み込む黙示録的な夢物語だった。この物語の中では、嘘つきで信用のできないテキサス人たち――議場で虐殺をしでかした者たちだ――が攻撃を受けて海の中へと追い立てられた。バッファロー・ハンプはペナテカ部隊の族長である。彼も最近までは下級の族長、つまりあれこれの襲撃のために戦士を召集することのできるタイプの族長だったが、平和時や戦時の族長のように大族長の地位を享受していたわけではない。ところが今、部隊内の指導者たち（パライボス）は、その多くが死んでしまっていた。ある者は一八一六年の天然痘で死んだ。天然痘はコマンチ、ウィチタ、カドーの各部族を一掃し、コマンチ族では四〇〇〇人ものインディアンが倒れた。(5) 一九世紀の変わり目には部族に八〇〇〇人のインディアンがいたと推測されていたので、天然痘の犠牲者は優にその半数に上る。一八三九年に蔓延したもう一つの天然痘のときには、少なくとも四人の指導者が亡くなった。さらに「議場の戦い」の際には一二人もの戦時族長が殺されている。バッファロー・ハンプはその生き残りで、すでにカリスマ的な指導者となっていた。スペイン語を流暢に話し、部隊の大半が滅ぼされたあとでも、彼は多くの戦闘を戦い抜いてきた。そしてたまたま彼はスピリット・トーカー（ムグアラ）の甥に当たった。(6)

バッファロー・ハンプがはじめて白人の入植者たち（タイボス）と会ったのは一八二八年で、場所はオースティンのバートンスプリングズの入植地だった。そこで彼は白人たちとスペイン語で話をして彼らを魅了し、「野蛮な人間たちの中では高貴な人物の見本」(7)と評された。それはまだアングロサクソン系テキサス人がどれくらい非友好的で欲深いかを、コマンチ族が理解していなかった頃の話だ。一八四〇年代にバッファロー・ハンプに会ったドイツ人の科学者が、彼について次のように述べている。

まぎれもない北アメリカ・インディアン特有の風貌だ。彼は部族の他の者たちと違って、ヨーロッパの服装はどんなものでも軽蔑した。半裸の姿で、腰のあたりにだけバッファローのローブを巻きつけていた。腕には真鍮の輪をつけ、首にはひも状にしたビーズを掛けている。そして長いばさばさの黒髪を下に垂らしてそこに座っていた。その生真面目な北アメリカ・インディアン特有の表情は、ヨーロッパ人には無感動で冷淡なものに思われる。(8)

バッファロー・ハンプの写真は現存していないが、息子たちの中で彼に風貌が似ているといわれる者の写真が残っている。おそらく二〇歳くらいだろうか、びっくりするほどハンサムな若者で、長い髪が肩まで伸びていた。賢そうな静かな目、中性的な顔つき、それにカメラを前にしたときインディアンたちがいつもする、遠くを見つめるような、何かに取り憑かれたような目つき。バッファロー・ハンプは、上品な白人たちがとても英語には訳せないようなコマンチ族の名前――そんな名前がたくさんある――を一つ持っていた。彼のヌムヌーの名前は「ポチャナクワルヒプ」。意味は「萎えることのない勃起」(9)

バッファロー・ハンプの見た夢物語は部隊内に非常に大きな波紋を投じた。サンアントニオで起きた虐殺のあと、激怒と悲嘆が渦巻く数週間の間に、焼けつくような夏のテキサス高地を馬の乗り手たちが走り抜け、この夢見をコマンチェリア中に広めた。その結果、夢見は驚くほどなまなましい反響を呼び起こした。戦時の族長が見た多くの幻視と同じように、バッファロー・ハンプの夢見も、その中核にあったのは襲撃の構想だった。しかし、それはどこにでもあるただのアイディアではなかった。テキサス人を海へ追撃するという思いつきは、これまでほとんど実行されることのなかった軍事遠征をコマンチ族にさせることになる。

一八四〇年の七月中に、バッファロー・ハンプは軍勢を集めた。使者を遠くにいる部隊――ヤムパリカ、コツォテカ、ノコニ――に送ったが、ほんの数名の戦士しか援軍を得ることができなかった。北方の部隊はバッファロー・ハンプの襲撃構想に不信感を抱いていた。それは南部の同胞たちを襲った魔法のように強力な疫病のためでもあり、また、あまりに多くの戦時族長が死んでしまったためでもあった。南部ではそれほどまでに多くの邪悪な魔力を持つ何かが蔓延していた。それに加えて北部の部隊自体が厄介な問題を抱えていた。シャイアン族やアラパホ族が、アーカンソー川とカナディアン川の間に広がるバッファローの生息域へ南下しはじめていた。それはコマンチェリアへの直接攻撃を意味した。そしておそらく彼らはまた、次のようなことを理解していたのではないだろうか（あとになって、さらに理解を深めることになるのだが）。それは、白人とあまりに接近したために、ペナテカ部隊はもはや伝統的なコマンチ族ではなくなってしまったということ。彼らは何かまったく違った堕落したものになりつつあったからだ。

しかし、イシマニカ、リトル・ウルフ、サンタ・アナなどを含めて、ペナテカ部隊の族長たちはバッファロー・ハンプに従うことに同意した。カイオワ族の中にも同行する者がいた。カイオワ族にとって果敢な戦いを拒否することは困難だった。たとえコマンチ族と異なる言語を持ち、文化的にもコマンチ族より複雑なものを有していたとはいえ、カイオワ族はコマンチ族と同族関係にあったからだ。真夏の頃、バッファロー・ハンプのもとには、四〇〇人以上の戦士たちと六〇〇人ほどの非戦闘従軍者が集まった。後者――少年と女性たち――はどうしても必要だった。テキサス人をすべて海へと追いやり、彼らの血がメキシコ湾の青い水の中に滴り落ちるのを見るためには、数週間を越す長い期間を要するからだ。これはテハノ（テキサス人）に対する全面戦争になる。そうなれば当然、バッファロー・ハンプには兵站上のサポートが必要だったのである。

八月一日、一〇〇〇人に及ぶ戦士たちは、(10)石灰岩でできた険しい胸壁のようなバルコーネス断崖を下り、みごとな糸杉が立ち並ぶブランコ川の土手や川の透明な淀みに沿って進み、ブランコ川が泉の湧き出るサンマルコスに行き当たるところまで下りて、テキサス中南部に広がる黒土の草原へと出た。彼らの目的地は川や細流に沿って伸びる町々や入植地だった。川や細流は草で覆われた平原へ向かって流れ、そのあとで、テキサスの湾曲した海岸線が形作る浅い湾へと注ぎ込んでいた。インディアンたちは南へ進むにつれて、行動は夜分に行なうようになった。八月四日、コマンチの月が夜空に上りはじめると、月明かりの下で彼らはフロンティアを越え、アングロサクソン系テキサス人の入植地へ深々と侵入した。

二日後に、テキサス・レンジャーのベン・マカロックがゴンザレスの町の近くで、インディアンの足跡とすれ違った。そのときマカロックはわが目を疑った。一〇〇〇人のインディアンの騎手たちが、ほとんど誰にも気づかれることなく、自分たちの領土を通り過ぎていた。そこはたとえ少ない人数とはいえ入植地があり、多くの家が立つところだったのだが。テキサス南部ではこれまで、誰一人としてこんな情景を目にした者はいなかった。だいたい侵入者たちに遭遇した者は、ほとんどが殺されていた。その一人にタッカー・フォーリーがいた。彼は二七人の戦士からなる先遣隊に出くわした。先遣隊はフォーリーを水飲み場に追いつめると、ロープで縛って引きずり回した。彼の足裏を切り取ると日に焼けた草原の上をしばらく歩かせ、それを見て楽しんだ。そして銃で撃ち殺すと頭皮を剝いだ。[11] マカロックと志願兵の小隊はインディアンたちの部隊を尾行したが、戦うにはあまりにインディアンの数が多すぎた。

次に起こった事件はテキサス人に「リンヴィルの大襲撃」として知られているものだ。歴史上この出来事はしばしば、それがきっかけとなって起こった有名な「プラムクリークの戦い」と対にして語られる。二つの事件はわずか二週間の内に起きた。この二つはともに、テキサスの歴史をひもといてみても、一風変わって妙に現実離れのした一角を形作っている。それは西部ではめったに見られないほど大規模な怒りと暴力の発作だった。そしてそれはまた、バッファロー・ハンプにとって最高の――そして最悪の――瞬間だった。さらにそれは自分たちをテキサス・レンジャーズと呼びはじめた人々にとっても、実に重要なはじめての瞬間だった。彼らはこのまさに同じ丘や草原で、コマンチ族自身から戦い方を学び、やがては北アメリカのフロンティア戦争の性質を変えることになった。

一八四〇年八月六日の午後四時、あと少しでちょうど「議場の戦い」から五カ月が経とうという時期に、バッファロー・ハンプの軍隊はヴィクトリアの町にたどり着いた。ヴィクトリアの町はサンアントニオの南東約一〇〇マイル、そして海岸からは二五マイルほどのところにある。町は何ひとつ警告を受けていなかった。そのためにインディアンたちはたやすく町に入ることができた。彼らは町の人々を若干殺し、通りをぐるぐる馬で駆け回った。人々は屋根の上や家の中に逃げて、ライフルを撃ちはじめた。ここでもコマンチ族はいつものように、とどめを刺すために近づき、家から家へとしらみつぶしにヴィクトリアの人々を皆殺しにしようとはしなかった。その代わりに町をバッファローの群れに見立ててまわりを囲み、馬や畜牛を盗んだり、黒人の少女を連れ去ったり概していたずらをした。が、彼らはあまりに多くの馬を見たため、それに気を取られてしまった。現代の言葉でいうと、一〇〇〇ドル紙幣の束が一瞬の内に、あなたの当座預金の口座に入金されたような感じだろうか。インディアンたちは他のことはさておき、馬のこととなるとたんに実利的になる。彼らにとって馬は自分のためにも重要だったし、交易品としても価値のあるものだった。一方、ヴィクトリアの住人たちはなおバリケードを作る余裕があった。朝になってコマンチ族はふたたび攻撃をはじめたが、ライフルの銃撃に阻止された。インディアンたちはしばらくの間、町はずれでスズメバチのようにがやがやと声を上げながら動き回り、一五〇〇頭から二〇〇〇頭ほどの馬を盗んだ。そして一三人の死体と多くの負傷者をあとに残して馬に拍車を掛け、海岸通りへと急いだ。自分たちがいったいどこへ向かうのか、彼らの頭に特別な考えはなかった。ただバッファロー・ハンプの見た幻に従って行動していただけだ。三〇〇〇頭もの多数の馬を引き連れて、彼らは海へ向かって馬を走らせた。

インディアンたちは海岸の低地を暴力により血の破壊を加えながら横切った。マタゴーダ湾へ向かう道すがら、略奪しては殺戮し家々を炎上させた。そして彼らは域内の馬をことごとくさらっていった。[12]ナンシー・クロスビー夫人、孫娘のダニエル・ブーン、それにダニエルの赤ちゃんなどが捕虜としてインディアンに捕獲された。ダニエルが赤ちゃんを泣き止まらせることができないのを見ると、インディアンたちは母親の目の前で赤ちゃんを槍で刺し殺した。[13]八月八日、インディアンの部隊はみごとな三日月型の編隊を組んで、沿岸の町リンヴィルへ乗り入れ、たちまち町を取り囲んでしまった。今や、バッファロー・ハンプの幻視がはやばやと実現したかに見えた。雷のような声を立ててやってくるインディアンを前にして、パニック状態に陥った住民たちが逃げ延びる方角はただ一つしか残されていない。それは海へ向かって走り、唯一の安全な避難所——帆船だ。何艘かは海岸から一〇〇ヤードほど続く浅瀬に碇を下ろしていた――へ行くことだった。[14] 逃げた町の人々はその多くが水の中でなで切りにされて殺された。その中には若い税関検査官で結婚したばかりのH・O・ワッツがいた。ある証言によると彼の妻は「目を見張るほどの美人」[15]だとされていたが、その彼女がインディアンに捕まった。彼らはどんな捕虜に対しても、はじめに決まってするように彼女を裸にしようとした。が、クジラのひげでできたコルセットという、はじめて目にする恐ろしげな障害物に出くわした。それを脱がせることがなかなかできない。いらいらしたインディアンたちは、彼女を馬の背に革ひもで縛りつけるといっしょに連れて行ってしまった。住民の多くはちょうど沖合に碇を下ろしていた大型のスクーナー船へ乗り込みことなきをえた。

その間、インディアンたちは倉庫の中ですばらしい収蔵品を見つけた。布地や傘、帽子、高級服、それに金物類など。リンヴィルは海運の重要な中心地である。これらの商品はサンアントニオやメキシコの貿易業者に送られるものだった。インディアンたちは倉庫の品々をできるかぎり持ち出すと、それに火をつけて燃やした。町の人々はボートから、自分たちの家々や事務所や、それに一つを残してすべての倉庫が炎となって燃え上がるのを見つめていた。その日は風がそよとも吹かないために彼らの乗った帆船は動かなかった。[16] 町が燃え上がるとインディアンたちは叫び声を上げて踊り、畜牛を檻に追い込んでは、その中でめった切りにして銃で撃ち殺した。次の描写は襲撃時、ヴィクトリアに住んでいたジョン・J・リンによるもの。

インディアンたちは勝手気ままに振る舞った。赤々と燃える町のまわりを馬で駆け回った。金切り声を上げるインディアンの女や「小さなインディアン」たちといっしょに。彼らはまるで悪魔が酒に酔って底抜けの大騒ぎをしているようだった。ロビンソン（地元の商人）の帽子を頭に載せ、彼の傘をほろ酔い状態の風船のようにあちらこちらに動かしていた。[17]

町は再建がもはや困難なほど徹底的に焼き尽くされてしまった。インディアンたちは町を焼いたあと、はじめにきた道を引き返すために出発した。[18] もし彼らが町中で見せた異様な振る舞いが悪夢のように見えたとしたら、そのあとで起きたことは実物大の幻覚を暗示していた。が、実のところそれは、バッファロー・ハンプが自分の部隊を制御しきれなくなったために起きたことだった。復讐が溶解して純然たる楽しみに似たものに変化した。乱痴気騒ぎのはじまりはヴィクトリアで起きた馬泥棒だった。コマンチ族にとっては三〇〇〇頭の馬でさえ莫大な収穫だ。その上にリンヴィルの倉庫では驚くべき発見があった。倉庫にはブルジョア生活で使用される衣服がぎっしりと詰まっていた。ヌムヌー（コマンチ族）が町にやってきたときに着ていたものといえば、バックスキンの服と腰布だけだ。インディアンたちはシルクハットをかぶり、皮の長靴を履いた。そして、光り輝く真鍮のボタンがついたハトの尾っぽのようなコートを着た。これにはうしろボタンがついていてうしろ前で着る。[19] 彼らは倉庫からキャラコ（更紗）や明るい色のリボンを持ち出し、それで槍を飾ったり、馬のしっぽにリボンを編み込んだりした。ヴィクトリアの道路へと立ち去って行くインディアンたちの列は絵のように美しく、テキサス南部のトゲのある低木の中で、きらびやかな色彩の斑点のように輝いていた。が、それだけではない。移動部隊はまた彼らが運ぶ略奪品のために重さで傾《かし》いでいた。略奪品の中には鉄の輪や、武器の材料となる取るに足りない金属製品などがあった。それらの品々はすべて馬とラバに積み込まれた。バッファロー・ハンプ自身、自分の見た幻覚が実現したと思ったかどうかはわからない。が、彼がどんなことを考えたにしろ、テキサス人に対する輝かしい拡大戦争が、それまで想像もできなかったほど大量の略奪品を手にして、一心に帰路を急ぐ奇妙な衝動へと変化したのは確かなことだった。

テキサス人はこのことに完全に気がついていた。盗品やティピを運び、それに女や子供、おまけに数人の老人までいる大軍団が、こげ茶色一色の広い高原を重苦しく横切り移動している。これを簡単に見過ごすわけにはいかない。逃すことのできない反撃のチャンスだった。侵入者たちと戦うために急遽三中隊が編成された。その内の一つはグアダルーペ川の入植地で集められた一二五人の新兵からなる。指揮する隊長はジョン・J・タムリンソンだ。この中隊がヴィクトリアの近くでインディアンの行く手に立ちはだかった。ここでテキサス軍が行なったことは、この時代の兵士たち（タイボス）ならその大半が教えられていたことだった。馬から下りて戦いの準備をすること。しかし、コマンチ族と戦う場合、荒野で馬から下りることとは、自分の死亡証明書にサインをするようなものだ。騎馬のコマンチ族は時速二〇から三〇マイルで走ることができ、しかもテキサス人がライフルに一つ弾を込めて発砲する間に、一二本の矢を射ることができる。こんな者たちを相手に、徒歩で戦うのはとても公正な戦いとはいいがたい。だいたい戦いの中で、どれほど長い間、徒歩で生きていることができるのだろう、それに馬に乗ったコマンチ族を二人でも三人でも、運よく撃ち落とすことなどはたしてテキサス人にできるかどうか、これは問題だ。タムリンソンの兵士たちはたちまち包囲され、コマンチ族はその周囲を駆け回った。当然兵士たちは、その場で皆殺しにされてしかるべきところだった。が、その日はコマンチ族の関心が他所にあった。それは略奪品を積んだために、音を立ててきしむ移動部隊を守ることだ。タムリンソンの兵士たちはできるかぎりすばやく退却した。インディアンたちもまた撤退した。彼らの関心は、哀れを誘うタムリンソンを追撃することにはなく、心配だったのは彼らの女たちや荷馬の方だった。

草原の大半を褐色に枯らす焼けつくような暑さの中を、インディアンの部隊は高い丘陵地を目指して北へ進み続けた。通常の攻撃の場合、とりわけ大きな攻撃のときには、コマンチ族は攻撃を仕掛けると、そのあとですぐに小さなグループに分かれて奥地へと全速力で駆け抜ける。草原の騎馬インディアンの間では、それが昔からの定着したやり方だったが、今はそのどちらも行なっていない。大胆にも彼らはもっとも目立つ帰路を重々しく移動していた。これほどまでに膨大な量の品物を運びながら逃亡している彼らには、おそらく選択の余地などなかったのだろう。八月一二日、現在のロックハートの近くで白人の斥候たちに発見された。テキサスでももっとも美しい草原の中を、丈の長い草が生え、黒々とした肥沃な土地を通り抜けて、北西方向へと移動する一隊が確認された。目撃者のジョン・ヘンリー・ブラウンがそのときの様子を書き記している。ブラウンたちは、

インディアンの一隊が、われわれの前方約一マイル先を斜めに横切って行くのを一望した。彼らは種々奇怪な格好で歌を歌い体をゆすっている。それはあきらかに彼らの収めた大きな勝利を表わしていた。が、同時に危険をまったく忘れてしまっている様子だった。そのときまでに彼らはわずかに一人の戦士を失っただけだったが、二〇人の敵を殺していた。(20)

テキサス側はインディアンたちが当然やってくるものと待機していた。バッファロー・ハンプはこれまでいくつかあやまった命令を出していたが、それに加えて今彼は、完全に敵方の予測可能な状況を作ったという罪を犯した。白人たちは、インディアンがグアダルーペ川やその他の川をどこで渡河するか、その場所を知っていた。こうしてバッファロー・ハンプを待っていたのはゴンザレス、ラヴァカ、

ヴィクトライ、クエロ、テクサナなどの町から、自発的に集まった二〇〇人の寄せ集め軍団だった（タムリンソンの兵士たちはもはや戦う気力がなかったようだ）。寄せ集めの軍はその誰もが、通常の意味の兵士ではなかった。陣営の中には若者がたくさんいた。彼らはサンジャシント川の戦い以降、冒険と暴力と栄光を求めてテキサスへやってきた者たちである。したがって、危険が迫ったときにだけ長いライフルを肩にかつぐ農夫とは違っている。目つきは鋭く、大胆で恐れを知らない二〇代の若者たちで、自分自身の死をまったく意識することがなく、ただ戦いに対するはっきりとした好みだけを見せていた。「彼らが西部へやってきたのは、フロンティア生活が持つ荒々しさや危険と、向こう見ずな大胆不敵さに引かれたからだ」とメアリー・マヴェリックは回想記の中で書いている。[21] インディアンを追跡して彼らを殺したいという、志願兵たちのモティベーションは高かった。賃金や報酬を期待することもなく、ただ殺戮をよろこび勇んで実行した。もちろんコマンチ族はこの種の人間をこれまでに見たことがなかった。そこにはまたいつものように、復讐をしたくてたまらないトンカワ族のインディアンたちもいた。これらすべてを指揮していたのが、テキサス軍の総司令官フェリックス・ヒューストン少将だった。彼は昔気質の兵士で、かつて陸軍長官のアルバート・シドニー・ジョンストンと軍の昇進をめぐって決闘をしたことがあった。[22]

　ここではヒューストンもまた、しゃにむに大きなあやまちを犯す方向へと進んでいった。おそらくそれは予想されたことだったのだが、タムリンソンが二日前に犯したのと同じ失敗を彼もまた犯してしまった。ヒューストンは兵士たちに草原で馬から下り、四角の戦陣を作るようにと命じた。馬に乗ったインディアンたちは、以前と同様、兵士たちを取り囲むと矢を射かけた。彼らはまた、バッファローの皮でこしらえた分厚い盾を使って、兵士の撃ち出す銃弾をそらせた（インディアンたちはそれを恐ろしく

巧みに行なった）。馬から下りた兵士たちは傷つき、馬も殺された。ブラウンによると、

これこそこの日の致命的なあやまちだった。三〇分か四〇分の実につらい間、われわれはそこに留まっていた。その間、インディアンたちは機敏に攻撃を仕掛けてきた。彼らの女や非戦闘員の男たちは、荷馬や盗んだ馬などが列をなす長い一隊を、リオ・ブランコやサンマルコスの山々の方へと押し進めた。そしてその間も、インディアンたちの射手はわれわれやわれわれの馬に、手ひどいダメージを与えた。(23)

事態がさらに悪くなるとヒューストン少将は、インディアンとの戦闘の経験が豊かな兵士たち、とりわけベン・マカロックとマシュー・コールドウェルから、馬に乗ったままで攻撃をするよう命令を出してほしいと懇願された。ヒューストンが状況のさらなる悪化に心を痛めている間に、驚くべきことが起こった。テキサス兵に非常に接近して攻撃を仕掛けながら、しかも、きわめて巧みに盾を使っていたコマンチ族の戦時族長の一人が、テキサス兵の弾に当たって落馬した。彼はやがて二人の仲間によって運び去られた。するとこれまで狂乱そのものだったコマンチ族の攻撃がにわかに弱まったように見えた。コマンチ族の戦線から不気味なオオカミの遠吠えのような声が聞こえてきた。まじないの世界に何か異変が生じたようだ。おそらく、今までもときどきそうだったのだが、インディアンたちは、戦士のプーハ（魔力）が戦士を不死身にして銃弾から守ってくれるものと信じていた。

コールドウェルはこの瞬間を逃すことなく、ヒューストンに向かって叫んだ。「将軍、今です。攻撃をかけましょう。奴らは弱っています」。そしておそらく史上はじめて、馬に乗った軽装備の寄せ集め

兵士の大軍が、こちらも馬に乗った草原のインディアン部族に立ち向かうために全速力で前方へ駆け出していった。自分たちの戦闘スタイルで思うがままに。さらに重要なことは以下の点だ。つまり、この攻撃ではじめて、伝統的な戦いの代表者——ヒューストン将軍——がマカロックやコールドウェルたちに戦術上の譲歩を示したことだ。二人はバックスキンをまとうインディアンに敢然と立ち向かう、闘志あふれるフロンティア兵士の代表者たちだった。これはのちに歴史に記されることになるのだが、プラムクリークの戦いは、戦闘スタイルの変化のはじまりを知らせるものとなった。その戦闘スタイルは次の数年間で、テキサス・レンジャーズの戦いぶりに真の形を見つけ出すことになる。プラムクリークでインディアンと戦った兵士の一人がジョン・カフィー・ヘイズ——冒険を求めてやってきた恐いもの知らずの若者の一人——だったことは注目に値する。彼こそもっとも伝説的なレンジャー（テキサス騎馬警備隊の隊員）となる運命にあったのだから。(24)

今やテキサス人たちも馬に乗り、コマンチ族のように金切り声を出して拍車をかけ、長い縦隊へとぶつかっていった。そして、ぎりぎりまで発砲を控えたあとで一斉射撃を浴びせかけ、一五人のインディアンを倒した。テキサスの兵士たちは馬の群れをどっと逃げ出させて、それをインディアンたちの荷馬に見境なく激突させた。荷馬の多くは重い鉄を山ほど運んでいて、しかもぬかるんだ地面に脚を取られている。あまりの大混乱に直面したコマンチ族の戦士たちは、すでに族長の死による悪い気運に怯えていたのだが、彼らは自分たちがいつの間にか、うまく立ち回ることができない状態に陥っていることに気づいた。そしてパニックに襲われると逃走をはじめた。次に起こったことは、撤退するコマンチ族とそれを追うテキサス人との戦いだった。それは一五マイルにわたって繰り広げられた血まみれの戦闘となった。インディアンたちは立ち止まると、連れていた捕虜を殺した。殺された捕虜の中にはダニエル・ブーンの孫娘ナンシー・クロスビーがいた。彼女は木に縛りつけられ、矢を打ち込まれた。ワッツ夫人は幸運だった。彼女もまた木に縛られ矢を射られたのだが、クジラのひげで作ったコルセットが矢をはじいた。この日の流血をともなった出来事を、彼女はほんの浅い傷と手ひどい日焼けだけで何とか逃れることができた。が、白人の兵士たちの所業も負けず劣らず許しがたいものだった。[25] 瀕死の状態だったコマンチ族の女に出くわした兵士は、彼女を長靴で踏みつけると、インディアンの槍で刺し殺した。

テキサス人はこの戦いを大勝利だと考えた。が、それが果たして大勝利だったのかどうか、今なお断定することは難しい。それはいつものことだが、インディアンの側から、事件について彼らなりに説明する機会がまったくなかったからだ。テキサス人が攻撃し、インディアンたちが逃亡した、そしてテキサス人は一人殺され七人が負傷した、という点に関しては歴史家たちも同意する。が、どれくらいのインディアンが死んだのか、あるいは逃げ延びたインディアンがどれくらいいたのかについては、彼らの意見もまちまちだ。インディアンの死者の推定数は二五、五〇、六〇、八〇、一三八とさまざまだった。が、実際に回収された死体の数は一二人から二五人の間とされている。

しかし、インディアンの退却が実のところ、戦略的に見て非常に賢明だったという証拠はある。コマンチ族がもっとも気を使っていたのは女や子供を守ることだった。これを彼らは実行したように見える。たくさんの略奪品を失ったが、馬だけはその多くを手放さなかった。歴史家のリンは、白人に対するインディアン側の栄光ある勝利を主張するグループに属していたが、彼によると三〇〇〇頭の内、白人側はほんの「数百頭の馬とラバだけを取り戻した[26]」だけだったという。これが指し示しているのは、白人側の主張する勝利が、テキサス・レンジャーズの歴史やその他、テキサス人に同情的な報告書で描かれているほど、堂々としたものではおそらくなかったということだ。歴史家のジョディー・シルツとトマス・シルツの意見では、戦いを通してコマンチ族の戦術は、数多くの陽動作戦《フェイント》から構成されていたという。それは馬に乗ってフルスピードで走ることによって達成された。それが白人たちを混乱させ、非戦闘員たちの姿を敵の目から遮って、彼らの逃亡を可能にさせた。

身に施した色鮮やかな装飾と乗馬の技術が、白人たちの目をくらませ、注意をそらせることに役立った。それは女性や子供たちに、盗んだ家畜をヒューストンの手が届かないところ、つまり北西の方へ連れて行く時間を与えた。……かなり大きな損失を被りながら、バッファロー・ハンプははるばるとテキサスの海岸まで攻撃を仕掛けた。そして彼の仲間たちの大半を無事に故郷へと連れ帰った。……プラムクリークの戦いは戦術的に見てドロー（引き分け）だったのである。[27]

ほとんどの報告が伝えるところによると、トンカワ族は猛烈な戦いをいとわず、多大な働きをしたという。このようにして彼らは、長年の間に積もり積もった血の負債を完済した。戦闘が終わると、彼らは大きなたき火を焚き、そのまわりに集まって歌を歌いはじめた。数人の男たちがコマンチ族の死体を火の近くまで引きずってくると、切りきざんで小さな切り身にし串に刺した。そしてそれを火の中に入れ、調理して食べた。これを目撃したロバート・ホールによると、一口食べたあとに「彼らはまるで酒に酔ったような動きをしはじめた。ダンスをしてはたわごとをわめき、うなり声を上げては歌う。そして私にも立つように、コマンチ族の端切れを一口食べるようにと誘った。この一切れが私をとても勇気づけてくれると彼らはいった」[28]

テキサス人がプラムクリークで収めた勝利のすばらしさについては、いくつかの疑問が残るかもしれない。が、それから二カ月後にコロラド川上流域で起こったことについては、まったく意見の不一致はない。ジョン・ムーア大佐は一八三九年にサンサバで恥をかいたことを今なお苦にしていた。その彼が上司に、コマンチ族はヴィクトリアやリンヴィル襲撃で犯した残虐行為の報いをまだ十分に受けていないことを納得させ、さらに懲罰隊を送り込むことを提案した。そして、そのための志願兵の一隊を大々的に募集した。一〇月五日、ムーア大佐は九〇人の白人と一二人のリパン・アパッチ族を連れて、北西へ、コロラド川の上流に向かって軍を進めた。一〇月半ばには、アングロサクソン系テキサス人がこれまで誰も足を踏み入れたことのないほど西の、オースティンから約三〇〇マイルの地点まで達した。リパン族がそこで、六〇ほどのテント小屋が立つコマンチ族のキャンプを見つけた(通常テントには八人から一〇人のインディアンがいる)。いくつかの報告が伝えるところでは、これはバッファロー・ハンプのキャンプだったという。(29) 兵士たちは数マイル離れたところでキャンプを張った。それは月明かりの寒い一〇月の夜である。大地は霜で真っ白だった。

夜明けに攻撃をはじめた。ムーアはサンサバの教訓を生かして兵を騎馬のまま進ませた。インディアンたちはタイボス(兵士たち)がコマンチェリアの中までやってきて、まさか自分たちに攻撃を仕掛けるとは思ってもみなかった。そのために、またしても完全に無防備の状態だった。テキサス人たちが集落に突入したとき、それに続いて起きたことは戦闘というより、むしろ虐殺に近かった。燃え上がるティピからかろうじて逃げ出したインディアンたちは、自分たちがコロラド川を背に追い詰められたことに気づいた。川を渡っている最中に多くの者が殺された。やっとのことで向こう岸にたどりついた者も、四マイルもの距離を追跡されて撃ち殺された。(30) 炎上するティピの中では多くの者が死んだ。テキサスの兵士で殺されたものはわずかに二人だけだった。これこそ、コマンチ族がほとんど自分の武器に手を触れる間もなく殺されてしまった証拠だ。ムーア自身も、女性や子供の殺戮は避けようとしたというつもの細やかな上品さ（これは西部の軍事報告の主要な売り物だ）を、ここではかなぐり捨てて、「インディアンたち（男や女や子供）——負傷者、瀕死の者、死者を四方八方に」残したまま放置したといっている。ムーアは三〇分ほどの間に一三〇人のインディアンを殺したと主張した。そしてこれを疑う理由はどこにもなかった。彼は三四人の捕虜を連行し、五〇〇頭の馬を捕獲して集落を焼き尽くした。こうしてリンヴィルとヴィクトリアで被った屈辱を晴らした。しかし、大きな戦争はまだやっとはじまったばかりだったのである。

8　白いインディアン女

裏付けのあるしっかりとした事実にもとづいた歴史もあれば、噂や推測、あるいは嘘に彩られた歴史もある。そして、想像力の後背地とでもいうところに存在する歴史もある。この最後の歴史に該当するのが、捕われの身となったシンシア・アン・パーカーについて一九世紀に書かれた多くの報告だった。シンシア・アンは「白いインディアン女」として語り継がれた。彼女は白人の男よりインディアンの男を選び、「文明」の心地よさより薄汚い野蛮な生活を選んだ。これに対して、ほとんどの者――とりわけ女性――は戸惑いの気持ちから、できればこんな生活はしたくないと思うだろう。次の引用は一八九三年に元連邦政府のアメリカ・インディアン管理官が語ったもの。ここで見られるように、想像力だけで作り出されたものは往々にして、ヨーロッパのロマンティックな理想を石器時代の文化に接ぎ木するような、若干つじつまの合わないおかしな試みとなる。

年月が経つにつれて、シンシア・アンは人の心を捕らえる魅力を発揮しはじめた。彼女のほほえむ瞳から放たれるオデュッセウスの投げ槍に心を射抜かれ、銀鈴を鳴らすような声のさざ波に心を浸されて、彼女に求婚した浅黒い戦士は一人だけではなかった。(1)

このたぐいの文学はたくさんあり、その多くは結局、インディアンの文化の存在を否定することになる。それはことごとくが『トリスタンとイゾルデ』のようなのだ。そこに見られるのは、シンシア・アンが恋に落ちて、かぐわしい花々が咲き乱れる野原をそぞろ歩きする姿だった。彼女は恋人の戦士とともに、未来に広がる結婚のよろこびについて語り合い、そのあとにはもろもろのシーンが続く（他にも多くの場所で見られる、完全に創作された「歴史」報告の中では、彼女の弟でやはり捕虜となったジョン・パーカーが、「黒い瞳をした」「アステカ族の」美人で、やはり捕虜の身である女性にいい寄り、恋の会話を交わして屈託のない時間を過ごしている。そののち彼女は、天然痘を患ったジョンを親身になって介抱し、やがて二人は夕陽に向かって馬で去って行く）(2)。シンシア・アンの一生を描いた他のヴァージョンでは、まったく反対の状況が仮定されている。それは厳しい現実で、彼女はその中でひどい苦難と「不名誉」を被る。しかしこの場合でも、すべては「まったく彼女の意に反して」生起する。繊細なヴィクトリア朝の作法で表現すると、もちろん彼女自身はそうしたくなかったのだが、浅黒い肌の脂ぎった人間以下のインディアンたちによって、むりやりセックスを強いられたということになる。「不運な若い女性が感じた恐怖の半分ほどで、もはや胸がいっぱいのわれわれには、いかなる状況も思い描くことができない(3)」とテキサス北東部の「クラークスヴィル・ノーザン・スタンダード」紙はため息をついている。

これら両方のアプローチは同じ基本的な問題に起因していた。つまり誰もがシンシアに何が起きたのか、実際には知らなかったし、彼女が何を考えていたのか、誰一人知る者などいなかったということだ。人々はただ勝手気ままに、自分の先入観をほしいままにしたにすぎない。いい伝えや伝説や歴史の中で、彼女はその時代のもっとも名高い捕虜となったが、事実は九歳のとき、無限に続く大草原の広大さの中で、ただ単に跡形もなく姿を消してしまったにすぎない。捕虜はそのほとんどが殺されるか、数カ月あるいは数年の内に身代金と交換で身請けされた。が、この白いインディアン女性は二四年の間、インディアンのもとへ行ったきりになっていた。これは母語をはじめとして、彼女がかつて知りえたすべてのことをほとんど忘却し、結婚をして、三人の子供をもうけ、平原インディアンの複雑できわめて特殊な生活を、丸ごと経験するには十分な時間だったのである。その間、彼女は二度ほど、ほんの短い間だったが目撃されている。最初は彼女が捕虜となって一〇年が過ぎた頃。二度目に目撃されたのはその五年後だった。その他の期間は、従来の歴史上の言葉でいうと完全に不透明な時期だ。平原インディアンは手紙や新聞を書くことはしなかったし、法的な手続きの記録も残していない。条約の写しを保持することさえしなかった——彼らにとっては歴史などどうでもよかったのである。

しかしこれは、彼女がまったく伝説の中に埋もれてしまったということを意味しない。彼女の一生を理解するためには、一九世紀中葉に生きたインディアンの事情を少々掘り起こすこと、そして一六〇年後の今だからこそ可能な、歴史的探索を進めることが必要となる。彼女がともに生きたコマンチの部隊とはいったいどの部隊だったのか、その部隊ははたしてどこで生活をしていたのか、白人の疫病はどの地域でインディアンたちを襲ったのか、彼らはいつの時点で戦いに勝ち、あるいは敗北を喫したのか、彼女の夫は誰だったのか、三人の子供たちの名前やおおよその誕生日はいつなのか、これらの疑問を解明することは可能だ。

おそらくもっとも重要なことは、「最愛の捕虜」と呼んでもおかしくない者に対して、部族が取った一般的な行動を知ることだろう。コマンチ族によって残虐な行為を受けた犠牲者たちには、このような現象が存在すること自体、ほとんど信じられないことだったろう。が、実際にそれは存在したのである。しかもそれはさほど珍しいことではなかった。不妊がちなコマンチの女たちや、統計的に見ても死亡率の高いコマンチの男たちは、部族に招き入れる者に何ら差別をしなかった。捕虜にはメキシコ人、スペイン人、それに多くの他部族のメンバーたち（ユート族やアパッチ族など敵として嫌われていた者も）がいた。白人の捕虜も千差万別で、奴隷の子供たちで捕虜となった者もいた。二一世紀の研究が明らかにしたところでは、他の部族にくらべてコマンチ族の血統には、きわめて多様な血が混ざっていたという。彼らが養子にした者は通常思春期前の子供たちだった。大人の女は殺されるか、レイチェル・プラマーのように、性的にもそれ以外でも、奴隷としてのつらい一生が運命づけられていた。中にはマチルダ・ロックハートのように手ひどい虐待を受けた女性もいた。が、「最愛の捕虜」には、これとは何かまったく違った対応がなされていた。彼らは抱きしめられ大切にされ、家族の一員として扱われた。それがシンシア・アンだった。

この問題についてシンシア・アンはまったく沈黙を守っていた。が、幸いなことに、同じような経験を記した報告がいくつかある。もっともすぐれたものはビアンカ・「バンク」・バブのもので、彼女は一八六六年、ディケーター（今のダラスの北西にあった）で一〇歳のときに、コマンチ族の捕虜となった。そして七カ月のちに身代金を払って解放された。彼女を捕らえたのは、パーカー家の人々を捕虜にしたのと同じ部隊（ノコニ族）だった。バンクの記録は、南部の平原部族のもとで少女が捕虜として過ごした体験を、一人称で語ったスタイルのままで残している。(4) バンクが捕らわれたときの恐ろしい様子をはじめ、彼女が監禁された状況はシンシア・アン・パーカーの場合と酷似していた。バンクの母親は肉切り包丁で四回突き刺された。その間中バンクは母の手を握り続けていた。(5) そして、母親が胸に矢を射込まれ、生きながら頭皮を剝がれる姿を少女は見ている（のちに母親の死体が見つけられたときには、そばに血だらけになった女の赤ちゃんがいた。赤ちゃんは死にかけている母親の胸から乳を飲もうとしていた）。(6) バンクはまた、彼女とともに捕らえられたサラ・ラスター——二〇歳になる美しい娘だ——が、バンクの弟の言葉でいうと、「言葉にできないほどの暴行と屈辱と不本意な陵辱を受けた無力の犠牲者」(7)となるのを目の当たりにした。

パーカー一族の捕虜たちと同じように、バンク、弟、サラ・ラスターは、インディアンのうしろで馬にひもでくくりつけられ、北へ向かってすさまじい勢いで連行された。食べ物はほとんど与えられなかったし、馬から下りることも許されなかった。一度だけバンクは、オオカミが殺した牛から切り取った、血だらけの厚切り肉を渡されたことがあった。彼女はそれを食べておいしいと思った。馬の背で揺られている間に、バンクはお腹の調子が悪くなり下痢をした。そのおかげで情けないインディアンの名前をつけられた。「お前が歩くと臭い」。体は摩擦で痛み、喉はひどく渇く。筋肉の痛みと猛烈な日焼け。四日ののちに、彼らはインディアンの集落に到着した。ここでバンクと同乗していたコマンチ族のインディアンは、バンクを自分の姉(妹)に与えた。彼女の夫は、バンクの家へ襲撃を仕掛ける前に朝方殺されていた。やもめとなった彼女には子供がいなかった(8)。

そしてそのあとですべては変わった。バンクが連れられて行った家族の集団は固い絆で結ばれていた。総勢で三五人。バッファローの皮で作られた八つのティピに分散して住んでいた。バンクはコマンチ族の母テクワシャナとティピをともにした。バンクの回想によると——

この女性(テクワシャナ)はいつも私に親切だった。私を叱ることはけっしてなかったし、あやまちを正すこともめったになかった。……私たちのベッドは山積みにされた枯れ草だった。毛布やバッファローの長衣を草の上に広げて寝た。寒さの厳しい冬の夜、母は私を火の前に立たせ、ときどき裏返しては体を暖めてくれた。そのおかげで私は心地よく暖まった。母はそれから私をバッファローの長衣でくるんで、テントの端に置かれたベッドに横たえ、暖かく気持ちのいい状態にしてくれた。……彼女は……まるで私を本当の子供のように大切にしてくれたと思う(9)。

バンクが描いてみせた世界は、ときに子供のパラダイスのような印象を与える。実際、彼女は「毎日が日曜日のようだった」と回想している。他の子供たちとも楽しく遊んだ。かた苦しさのない食事も大好きだった。湯が煮え立つ鍋のまわりで立ったまま、肉を串で刺して食べた。バンクは肉の味を好んだが、噛むのにずいぶん時間がかかったという。テクワシャナはバンクに泳ぎを教えたり、耳に穴を開けてくれた。また、銀の鎖のついた長いイアリングや、腕用に真鍮のブレスレットをくれた。コマンチ族の女たちは、バッファローの獣脂と炭を混ぜ合わせ、それをバンクの明るいブロンド色の髪の毛に擦り込み、黒い髪にしてくれた。バンクは戦いの踊りが好きだった。コマンチの言葉もまたたく間に覚えた。すばやく習得したので、七カ月の捕虜生活（彼女はそれを二年間だと思っていた）のあとでも「言葉が混乱することはなかった。したがって元の家族や友だちとも、ふたたび英語で話すことができた(10)」。服は二着持っていた。どちらもバッファローのバックスキンではなかった。一着はキャラコ（更紗）製で、もう一着は青と白のストライプのティッキング（木綿地）で作られていた。

バンクはまたつらかったことや、とても日曜日とはいえない日々についても語っている。彼女を捕らえたインディアンたちは、どのみち放浪の狩猟採集民だった。生活はひいき目に見ても安定したものとはいえず、食料はつねに不足していた。彼女の家族集団にはときに、ほんのわずかの干し肉しか割り当てられないこともあった。バンクにまったく割当分が回ってこないこともあり、二日間、何も食べずに過ごしたこともあった。「干し肉の供給がなくなってしまうと、ゆでたトウモロコシを食べて生きていた」と彼女は書いている。「それもなくなって、みんなが空腹になったときには、肥えた馬やラバを殺した。そして、ごちそうが続くかぎりそれを食べ続けた」。家族は三〇〇頭の馬を所有していたと彼女はいっている。それがほのめかしているのは、インディアンが馬肉を嫌ったこと、そして馬肉は最後の手段として食されたことだ。これはおそらく、馬のように有益な交易品を食べることを彼らが嫌がったのかもしれない。部隊は三週間毎にキャンプを移動した——移動は、飼料の牧草を大量に必要とする遊牧民に特有なことで、バンクだけではなく、すべての者にとってつらい仕事だった。移動の日々には彼女も水を運び、薪を集め、馬やラバに荷物を積んだ。そして犬の世話など、移動の際に生じる運搬上の作業の手助けをした。あるとき彼女は水を運びながら、男たちのティピの前を通り過ぎるというタブーを犯した。その罰として、年老いた女が数頭の犬を彼女にけしかけた。さらにそのあとで、同じ老女がこんどは斧でバンクに襲い掛かってきた。そのとき、たまたま間に入った若いインディアンの少女を、老女は思いがけずバンクの代わりに殺してしまった。すると老女はただちに処刑されたとバンクは記している。

一八六七年四月、バンクは三三三ドルで白人に身請けされた。その夜、悲しみに打ちひしがれたテクワシャナはバンクをテントから閉め出した。激情が収まるとテクワシャナは、いっしょに逃げようとバンクを説得し、彼女を馬に乗せた。これは暴力によって罰せられるほどの、とりわけ極端な行動だったのだが、それはまた、テクワシャナがどれほど強く養女を愛していたかを証す確かな証拠でもあった。ふたりは追跡されて次の日に捕まってしまった。バンクはやがて家族のもとへと返された。家族といっしょになったとき彼女は、自分が英語の話し方をすっかり忘れてしまっていることに気がついた。

もう一つの報告は、テキサス中央部に住んでいた少女のもの。これも完全というわけではないが、多くの点でシンシア・アンの体験と平行している。コマンチ族によってかつて引き起こされたもっとも残酷な襲撃の一つが、一八六八年、現在のテキサス州リャノの近傍リージョン・バレーで起きた。コマンチ族ははじめの数日間で捕虜を七人捕獲し、その内の五人を殺した——中には赤ちゃんと三歳の子供がいた。残された二人は、長い髪をしたかわいらしい八歳の少女マリンダ・アン・「ミニー」・コードルと、テンプル・フレンドという名の少年だった。ミニーはすぐに太ったコマンチ族の女性に養女として引き取られた。女性はミニーを連れ、インディアンのキャンプへ馬で駆け戻った。最初の夜、ミニーのふたりの叔母はレイプされ拷問を受けた。その間、叔母たちはすすり泣き、大きな声で祈りを捧げていた。ミニーの新しい母親は、ミニーを暖めるためにいっしょに眠り、その夜の出来事から彼女を守った。(11) 次の日、インディアンたちは二人の叔母をあまりに荷厄介だと判断して、ひっつかむと殺してしまった。そのときミニーの母親は、ミニーの頭に毛布をかぶせて、殺しの現場が目に入らないように隠した。(12) バンク・バブ同様ミニー・コードルも、とびきり親切な取り扱いを受けた。新しいミニーの母親は、火のそばで彼女に話を語って聞かせた。コマンチの女たちは気を配って、男たちがミニーに危害を加えないようにした。女たちはまた肉をミニーの好みに合わせて調理した。塩なめ場（岩塩が露出している場所）のそばを通るときには、ミニーの食べ物に風味を添えるために忘れずに塩をいくらか取った。彼女たちはミニーにバックスキンの服を着せた。そして雨や雪のときには、ミニーの体に獣脂を塗って、体を濡れることから防いだ。(13) また、ミニーは半年ほど捕虜となっていたが、バンクと同様、そのあとで身請けされ白人の世界に戻った。ミニーの物語は公にされた彼女自身のインタビューと、のちに行なわれた彼女の子孫たちのインタビューという形で残されている。(14)

このようにして二つの体験は、身請けされて家族のもとに戻ったことを除くと、おそらくシンシア・アン・パーカーの体験と非常によく似たものだったろう。したがって二つの体験からシンシアの体験を推測することだけなら可能だ。バンクとミニーの二人は、生涯を通してコマンチ族を弁護し続けた。ミニー・コードルのひ孫娘によると、彼女は「インディアンの悪口を聞く耳は一切持たなかった」という。また、ミニーのひ孫は「彼女はつねにインディアンたちの味方だった。彼らは彼らなりにいい人々だったと彼女はいっていた。彼らは虐待されたときにだけ反撃をしたのだとも」と語った。[15] 彼らは彼女を捕まえた者たちが、彼女の家族の五人をレイプしたり、殺したりするのを彼女が目にしたことを含めて、彼女自身が体験した残虐な事実とはまったく反対の主張である。バンク・バブもまた、すべての分別や記憶に反して、ミニーと同じような感じを抱いていた。一八九七年、バンクは正式にコマンチ族との養子縁組を申請した。二人の少女は未開の野蛮なコマンチ族の中に、ほとんど他の誰もが見ることのなかったものを見た。それは長い部族生活の経験を持つ、レイチェル・プラマーのような者でさえ見ることのできなかったものだ。バンクの弟のドット・バブはそれを「家族の絆のように神聖な愛情の結びつきだ」と述べている。「彼らが私に示してくれた親切は、物惜しみをしない、いつまでも色褪せないものだった。そして、その見返りに私が示した友情と愛情もまた深い偽りのないものだった」[16]。子供たちは誰もが、この上なく悪名の高い残虐な殺人者の心に、深甚で変わることのない優しさがあったと感じていた。おそらくそれは確かなことだったろう。結局のところ、インディアンも同じ人間なのだから。しかし、一九世紀中葉に西部のフロンティアにいた白人の入植者たちにとって、それはけっして明白なことではなかった。

一八四六年四月、テキサス州のインディアン管理官レナード・H・ウィリアムが、アメリカ合衆国インディアン・コミッショナーたちの指令で、コマンチ族のリーダー、パハユコを見つけ出すために派遣された。パパユコはただのリーダーではない。抜け目のない小柄なモペチュコペ(オールド・アウル「老いたフクロウ」)とともに、ペナテカ部隊の平和時の族長の中ではもっとも偉大な人物である。[17] 一八四三年、「議場の虐殺」の償いをするためにテキサスのコミッショナーたちが三人、ペナテカ部隊に派遣されてきたことがあった。これに対してインディアン側では拷問と殺戮が計画されていたのを、パパユコが介入してやめさせた。ペナテカ部隊の大半が白人を焼き殺す考えを支持したのだが、パパユコにはこれを断念させる力があった。彼は背が高く恰幅がよかった。体重は二〇〇ポンド以上あり、妻も数人いた。そしてある観察者によると、「感じのいい顔つきをしていて、いつも上機嫌で陽気[18]」だったという。彼の名前は「好色な男」と訳されてきたが、ある者はコマンチ族の原義からすると、もっと男性的な魅力を強調した名前ではなかったかという。[19] ウィリアム大佐の遠征隊は一一人の兵士で構成されていた。合衆国との条約について、話し合いの場に出席するよう族長パパユコに要請せよ、という指令を大佐は受けていた。テキサスはアメリカ合衆国の一部になったばかりだった(一八四五年、テキサスは合衆国の二八番目の州として併合された)。大佐はまた、インディアンのキャンプに白人の捕虜がいるかどうか見てくるように、そしてもし見つけ出すことができれば、それを身請けしてくるようにと命じられてもいた。

ウィリアムはパハユコの部隊をウォシタ川(現在のオクラホマ州)のほとりで見つけた。おそらくそれは、今のダラスの北方七五マイルほどのところで、ウォシタ川がレッド川に流れ込む場所からさほど遠く離れてはいないだろう。ウィリアムが、測量の済んでいないインディアン保留地のはるか向こう、広大な荒野の中で、どのようにして集落を見つけ出したのかは不明だ。が、彼はあきらかにコマンチ族と仲のよいインディアンの案内人を使っていた。たぶんデラウェア族かウィチタ族のインディアンだろう。それでも彼の小隊が何の予告もなしに、コマンチ族の大集落へ馬で乗り入れた瞬間は、心臓が今にも破裂しそうな、アドレナリンを注入したような興奮した気分だったにちがいない。集落にはテント小屋があり、キャンプファイアが焚かれていて、バッファローの肉を干す棚が、川の堤に沿ってうねうねと何マイルも並んでいた。ウィリアム一行が到着するとたちまち集落内は大騒ぎとなった。若い戦士たちの中には彼らをただちに殺そうと企む者がいた。幸いなことにウィリアムはこの情報を捕虜となっていたメキシコ人の少年から聞き知った。即刻ウィリアムはパハユコに保護を要請した。ウィリアムによると、パパユコは「何とか苦労して、仲間のインディアンたちをなだめ、殺戮を思いとどまらせた」[20]という。

間一髪で殺戮を免れたウィリアムは今、驚いたことにインディアンの集落に、青い瞳をした髪の色の明るいシンシア・アン・パーカーがいることに気がついた。それはパーカー砦の悪名高い虐殺で行方不明となっていた最後の犠牲者、そして、けっして戻ることのなかったブロンドの少女だった。ウィリアムがこの事実をどのようにして正確に知ったかについては不明だ。だいいちシンシアが自分の名を彼に告げることはまずなかっただろうし、彼女を不気味で恐ろしい運命から救い出すことはまったく白人の思いつきで、彼女の考えではなかったのだから。シンシアは一九歳になっていた。が、ウィリアムは以前、幼い頃の彼女に会ったことがある。パーカー一族がテキサスへやってきて間もない頃に、ウィリアムは一族と面識があった。それに当時の時点でさえ、シンシアの評判はすでに知れわたっていた。そのためウィリアムはただちにオースティンの政庁へ、ニュースを携えた使者を走らせたのである。

ウィリアムはインディアンからシンシアを買い取る交渉をはじめた。当時、捕虜の売買は商売としてまったく普通に行なわれていた。コマンチ族にとっては、馬に乗り大草原で優位に立ちはじめた頃から、それは大きな利益の源だった。アパッチ族やメキシコ人の捕虜を売買することで、彼らは活発な商いをしていた。そしてしばしばコマンチ族は、テキサス中北部に住み、入念な入れ墨をしていたウィチタ族を商売の仲介人として使った。捕虜はたいてい最後には大量の綿と同様、乗り物に移され、ルイジアナ州の市場へ向かうことになる。今の時期、商売はレッド川沿いのさまざまな補給所で集中的に行なわれた。補給所には罪の意識などない金目当ての業者や、いかがわしい者たちが周辺の国境地方からやってくる。彼らによって為替裁定の取引で人間の売買が行なわれた。捕虜をインディアンから身請けすると、身請けした捕虜をこんどはその家族にさらに利益を上乗せして転売する。それはきわめて投機的な取引で多大な嘘と偽りがそこにはあった。捕虜の「救世主」が最悪の詐欺師へと変貌する、そんなケースが間々存在したのである。

しかし、ウィリアムがやがて気がついたように、シンシア・アンの場合はまったく異なっていた。インディアンたちには当初から折り合いをつける気がなかった。ある報告では、ウィリアムは彼女のために「一二頭のラバと大量の品物を積んだ二頭のラバ」を出そうと申し出たという。これは人質一人の身請け金にしては相当な額だ。が、インディアンたちはこれを拒否した。ある新聞記事は「そう、彼らは彼女を差し出すより、むしろ死を選ぶだろう[21]」と書いている。もう一つの記事は、彼が「多くの品物と四〇〇ドルから五〇〇ドルを現金で[22]」支払おうと申し出たと伝えている。だが、インディアンたちはやはり拒否した。シンシア・アンの行動については、報告のヴァージョンがいくつかある。ある報告では、彼女はウィリアムたちを避けるために走り去って隠れてしまったという。もう一つの報告では、シンシアは「たえず泣いていた」。おそらく連れ戻されることを考えていたのだろう。第三の報告では、ウィリアム大佐が彼女と話す許可を与えられたという。彼女はウィリアムに近づくと、木の下に座り、前方をじっと見つめていた。話すことを拒絶し、彼の言葉を理解したかどうかさえ表示することを拒否した。ジェームズ・T・デシールズが一九世紀に語ったものによると――これは読者の感じやすい感性に合わせて、確実に潤色が施されている――「心の中の不安は彼女の唇のかすかな震えに表われていた。それが示しているのは、人間のありきたりの感情に対して彼女がまったく無感覚ではないということだ」[23]

四カ月後、コミッショナーのピアス・バトラーとM・G・ルイスから、ワシントンのインディアン問題担当コミッショナーに発送された一通の手紙が、ミステリーを解明してくれる。バトラーとルイスが提言していたのは次のことだ。つまり問題はパハユコや他のリーダーたちにはなかったという。彼らは適正な価格で、よろこんで彼女を売ろうとしていたのだから。問題はむしろ「コマンチ族のインディアンの一人が、この若い女性を自分の妻だと主張していること」にあった。「彼女の夫といわれる者の影響からか、あるいは彼女自身の性向のためなのか、ともかく彼女は今まで付き合ってきた人々のもとを離れたくない」[24]という。これはあきらかに愛情だった。それも白人の世界が受け入れているものとはまったく異なる愛情だった。いずれにしても彼女は、いくらお金をたくさん積まれてもどこへも行く気はなかった。金に貪欲なフロンティアでは、これ自体がショッキングなニュースだったのである。

正確な時期はけっして知られることはないが、いつかある時点で、シンシア・アンとペタ・ノコナはペナテカ部隊とともに生活しはじめた。パーカー砦を襲撃したコマンチ族はノコニ部隊だということになっている。が、これを証明する証拠は、ひいき目に見てもまったく不完全で、それはインディアン部隊に対する入植者（タイボ）の理解が大雑把なのと同じことだった。おそらく砦を襲撃したのはペナテカ部隊だったろう。あるいはさらにより小さな集団のテナウィシュ部隊だったかもしれない。テナウィシュはペナテカとともにキャンプをしたり狩猟を行ない、襲撃にも参加した小部隊だ。あるいはまた、いくつかの部隊が組み合わされた連合部隊だったかもしれない。ある報告によると、シンシア・アンは遠く北方にいたヤムパリカ部隊とともにいたという。が、これはほとんど信頼するに足りない情報だ。しかし、むろん部隊の差異は重要だ。入手できる証拠にもとづいて判断してみると、シンシア・アンが一八四〇年代の大半を通して、ともに行動していた部隊はペナテカだった。パハユコのいた南部のコマンチ族である。

たしかにこれは彼女にとって運が悪かった。彼女が部隊のインディアンたちとともに、どのようにして生きたとしても、それが意味しているのは、彼女が壮大な規模の社会的、文化的大災厄のまっただ中に投げ込まれたということだった。のちの歴史の中で類似のものを探してみると、それは一九三二年のベルリンで、ユダヤ人の家族に養女として入ったようなものだろう。そこでは未来はあまり期待できない。シンシア・アンはこのようにして、自分の力ではいかんともしがたい、巨大で衝突する歴史の力の無力な犠牲者となってしまったのである。一八四〇年代にペナテカ部隊に起こった事態は、一致団結していた社会組織としての部隊を破壊してしまった。彼らは急激に衰退したわけではないし、戦うことをせずに力を弱めたわけでもない――現に彼らは死の苦しみの中にいながら、以前にくらべればいろいろな点ではるかに攻撃的だった――とりわけメキシコへ向けられた襲撃では。が、ペナテカ部隊は力を回復することができなかった。飢えた上に、やる気をなくした彼らに残されていたのは、一八五五年、小さな保留地へ向かってのろのろと歩き続けることだった。それはまた他のコマンチ族の者からでさえ、軽蔑の眼差しを受けることでもあった。

一〇年前には、このようなことはまったく想像すらできなかった。パーカー砦の襲撃のとき、そしてルーシー・パーカーが泣きながら、怯えた娘をコマンチ族戦士の馬のうしろに乗せたとき、コマンチ族――とりわけペナテカ部隊――は、彼らの持つ歴史的な権限と影響力のピークを迎えていた。部隊はヨーロッパ人を打ち破り、メキシコ人を脅して服従させ、大平原のはるか南まで完全に制圧していた。そのために彼らはもはや他の部族に脅かされることもなかった。が、むろん彼らにも油断のできない敵はあった。それは馬肉が彼らを楽しませ、ついついそれを過分に食べてしまうことだ。しかし、心配する必要はまったくなかった。彼らの食料と生計の源ともいうべきバッファローは、史上もっとも多くが草原を走り回り、コマンチェリアの至るところで生息していたからだ。コマンチ族の出生率は低く、そのためにバッファローの群れに依存する生活は、無限の持続を保証されているといえるほどだった。このようにして彼らの世界は、完全に釣り合いが取れて静止していた。大地と風と太陽と空の永遠に持続するバランス。皓々とした夏の月の下に広がる帝国。この静かな世界で起こった変化を、シンシア・アンや彼女の夫は、非常に身近な個人的レベルで目撃した。二人にとって、理想的な世界が取り壊されていくスピードは、おそらくほとんど信じられないものだったにちがいない。コマンチ族は元来、新来の者をことごとくはね返す障壁として存在した。そしてシンシア・アンは、その昔ながらの障壁を荒々しく叩き壊しつつある開拓者の娘だった。今彼女は、滅びかけているインディアンの文化の中で養女となっている。したがって、まさしくそんな彼女こそがこの変化の象徴だったのである。

シンシア・アンと夫のペタ・ノコナは、とにもかくにもこの大変動を生き延びた。遊牧民として二人はたえず移動を続けていた。移動する彼女をある報告は次のように推測している。馬に乗って数百人の仲間たちと広い草原をゆっくりと横切って行く。先駆けには戦士たちがいる。向かう先は遠く霞む地平線の彼方だ。そこは白人にはただの空虚としか映らない場所だった。重い荷物を負ったラバや馬の長い列、それにあちらこちらに現われるコマンチ族の犬たち。テントの大きな柱や、積み重ねたバッファローの皮を乗せ、地面に長い跡——草原に描かれた完全な平行線。振り返るとそれは薄青いテキサスの空と混ざり合い溶け込んでしまう——をつけるそり《トラボイ》を引いている馬もいた。すべての列のあとを、彼らの富の源である馬の大群がついて行く。そこには注意して見るべきものもあったにちがいない。つまりシンシア・アンもまた苦しい生活を送っていたということだ。キャンプを移動する際の仕事も含めて、インディアンの女性には並外れて激しい労働が課せられる。彼女たちは明け方から暗くなるまで、終日仕事に明け暮れるつらくて短い一生を送った——それに不平を鳴らすこともなく。彼女たちは狩りや戦いを除くと何から何まですべての作業を行なった。

シンシア・アンが過ごしたキャンプの場所をたどってみると、どれほど遠くまで彼女が旅をしたかがわかる。パハユコのキャンプは一八四三年には、レッド川の北と現在のオハイオ州ロートンの南、それにキャッシュクリークで見つけられている（野営地は草原の細流の堤にあり、半マイルほどの距離にわたっていた）(25)。一八四四年、パハユコは現在のオクラホマ州中北部のソルトプレーンズや、アーカンソー川のソルトフォークで(26)、さらにウォシタ川のかなり北で野営をした。ウィリアム大佐は一八四六年にここでパハユコを見つけている。一八四七年には、パパユコの部隊はオースティンの北一〇〇マイルの地点で見つけられた。そこでパハユコは、わずかだが立ち木の生えた起伏のある草原で、一五〇ほどのテント小屋を作り、集落をなして野営していた(27)。さらに同じ年、彼はオースティンの西方にある石灰岩の丘やメサで集落を作っていた。シンシア・アンは一八四七年に、テナウィシュ部隊とともにいるところを確認されている。テナウィシュはしばしばペナテカといっしょに野営し（パハユコはときおりだがテナウィシュ部隊と交流があった）、一八四五年以降は実際上、同一の部隊をなしていたかもしれない。ここに挙げた野営地はすべてテキサスのもっとも西側、レッド川の上流域にあった。報告の中には、シンシア・アンが「リンヴィルから略奪されて運ばれたキャラコ地」の服を着ていて、「当惑したコマンチ族といっしょにグアダルーペ川やコロラド川の方へ[28]」逃げたと書いたものがあった。これは彼女がバッファロー・ハンプとともに彼の攻撃に参加していたことをほのめかしているが、この事実は立証できていない。

このようなキャンプの移動は、われわれがペナテカ部隊について得ている情報と足並みをそろえている。「議場の戦い」のあとで部隊は、ラマー体制の強烈な敵意を避けてキャンプを北へ移動した。次の一〇年の半ばには、政治情勢の変化のあとで、彼らは三々五々いつもの居場所へと南へ下っていった。シンシア・アンも彼らと行動をともにしている。ということは、彼女は三〇〇マイルもの距離を移動したということになる。が、しかし、彼女がどこへ行こうとコマンチ族といっしょにいるかぎり、それは彼女にとって運のよくないことだった。コマンチ族の集落や狩り場はつねに、気味が悪いほど決然と性急に突進してくる白人文明のすぐ近くにあったからだ。

ペナテカ部隊はミラボー・ラマーの統治した年月（一八三八―四一）、白人文明の矢面に立っていた。彼らは「議場の戦い」でも「プラムクリークの戦い」でも、あるいは「コロラド川上流の戦い」でも白人に打ち負かされた。この内の二つは文字通りの虐殺だった。むろん、ペナテカ部隊もたしかに戦闘――「サンサバの戦い」「バーズクリークの戦い」など――で勝利を得たには得た。それに記録に残されることはなかったものの、政府軍やレンジャーズ部隊との戦いでは多くの勝利を収めた。が、彼らの感覚としては、戦いに勝利を得たというより敗北感の方が強かった――とりわけ人的資源、財政的資源を無限に使えるかに見える敵に対しては。一八三六年から一八四〇年だけでも、ペナテカ部隊は全戦闘員の四分一を失ったと考えられている。[29]

これほどまでに数が減ってしまうと、普通に考えてもこの後退から回復するのに何年も時間がかかるだろう。が、ペナテカ部隊はすでに手遅れとなっていた。彼らを着実にそして確実に殺したのは、たしかに手厳しかったとはいえ、ラマーの好戦的な政策ではなかった。また、彼らの西部地域における獲物の壊滅的な消滅ですらなかった。ペナテカ部隊を崩壊に導いたものは、アステカ族をはじめとする、アメリカ大陸にいたほとんど全インディアンの過半数を破壊し尽くしたものと同じだった――それは白人のもたらした疫病である。騎馬インディアンが病気に襲われたのはこれがはじめてではなかった。一八二〇年より以前に、三〇ほどの疫病がさまざまな規模で平原インディアンを襲ったと考えられている。麻疹、マラリア、百日咳、インフルエンザなどが彼らの人口に計り知れない打撃を与えた。[30] しかし、中でもペナテカ部隊は、平原にいた他の部隊や部族にくらべてはるかに手ひどい被害を被った。一八一六年、メキシコへ攻撃を仕掛けた際に天然痘を持って帰ってきたのだが、その他にもう一つ、これまで見たこともなかった恐ろしい、そして簡単に感染する病気――梅毒――をいっしょに持ちきたった。一八三九年には、天然痘がふたたびペナテカ部隊を襲う。このときには、天然痘がミズーリ川のほとりにいたマンダン族から、カイオワ族を経由してペナテカ部隊にもたらされ。何千人もの死者を出した。

目に見えない恐ろしい魔術に対して、ペナテカ部隊にはまったく防衛の手段がなかった。簡単な病気であれば、これを治療するコマンチ族の能力はかなり洗練されていた――歯痛は熱したキノコを使って首尾よく治療した。虫歯の穴に乾燥したキノコを詰めてふさぐ。彼らはまたヤナギの木の形成層を煮て下剤を作った。無意識の内に止血帯を使っていたり、弾丸による負傷には原始的な外科手術さえ行なった[31]——すきをうかがってはうろつき回る霊に対抗する最上の方法は、祈りと呪文、体に描く魔術の模様、そして清めの儀式などだった。清めの儀式の一例としては、天然痘の治療として当時当たり前とされていたものがある。罹患者は蒸し風呂に入り、そのあとで冷たい小川に浸った。が、これはしばしば命取りの治療ともなった。

一八四九年、これまでで最大の破滅的な大打撃が襲来した。コレラである。この疫病が最初に地上に現われたのは一九世紀のはじめ、インドのガンジス川のデルタ地帯だった。それが一八三〇年にヨーロッパで突発的に流行し、一八三二年には大洋を渡ってアメリカにやってきた。そして大陸全体に急速に広まった。金鉱地を目指して旅した何千という「四九年組」（一八四九年のゴールドラッシュでカリフォルニアにきた人々）を乗せた幌馬車隊によって、コレラは西部へともたらされた。彼らはサンタフェ街道のような旧街道を旅したが、カナディアン川に沿った新街道も開拓した。カナディアン川沿いの街道はオクラホマ州とテキサス州を通り抜けた。ということは、コマンチ族の領土のまさに中央部を通過したということだ。彼らはインディアンにくらべると衛生状態がよくない。薄汚い上に人間のクズのような連中だった。連中は彼らとともに死（コレラ）を運んできた（おまけに天然痘にも罹患していた）。そしてそれを何百というインディアンの集落に蔓延させたのである。

コレラは微妙で捕らえにくい病ではなかった。またたく間に突発的に人を殺した。潜伏期間は二時間から五日間ほど。感染してからほんの数時間で健康な成人をしばしば死に至らしめた。病気の特徴は激しい下痢と嘔吐[32]。それに続いて、脚の痙攣、過度の脱水症、ひどい喉の渇き、腎機能障害などの症状が出て死へと至る。死にざまも恐ろしいが、それを見ている方も恐ろしい。コレラの伝染は排泄物の経口摂取、あるいは、汚染水や汚染された食べ物を直接口にしたり、間接的に触れ、細菌が体内に侵入して起こる。衛生に注意する習慣など皆無かほとんどないに等しい人々、そんな原始的な人々が住む五〇〇人ほどの集落を想像していただきたい。その中の数百人がどうにも手に負えない激しい下痢の症状を見せる。水源がやがて汚染され、他のすべてのものに伝染する。そして微生物が引き起こす悪夢を呼び覚ますことになる。悪夢を招いた原因が理解できない人々は、もはやこの疫病にはとても太刀打ちができない。ヌムヌー（コマンチ族）はもともと病気を迷信的に捕らえていた。病気に罹った者はしばしば一人で置き去りにされて死んでいった。一つの恐怖（死）の上にさらにもう一つの恐怖（コレラ）が重なる。悲しみに暮れた家族の者たちは、死にかかっている母や父、それに子供たちをひとまず他の集落の「安全な場所」へ避難させた。が、それは結局、さらに彼らをコレラに感染させるだけだった。同じようにしてコレラは平原の残りの部族でも猛威をふるった。カイオワ族では半分のインディアンが死んだ。五〇年後にカイオワ族は、この疫病の蔓延を部族に残る記憶の中でももっとも悲惨な経験として思い出した。[33] 南部のシャイアン族も半数がコレラによって死んだ。その数はおよそ二〇〇〇人ほどと推測されている。この数字には「全」部隊が含まれる。カイオワ族やアラパホ族の間では疫病を苦に自殺した者もいた。[34]

一八四九年のコレラの流行で何千人のコマンチ族が死んだのか、その数字を知る者はいない。コツォテカなど北部の部隊の中にも、同じようにコレラによって徹底的に破壊された部隊があった。その死者の数は生き残ったペナテカ部隊の「半数」に及んだといわれている。これが意味しているのは、三〇年足らずの間に、二〇〇〇〇人から八〇〇〇人のインディアンが死んだということだ。が、確かな推測は不可能だ。一八四九年には、キャンプの重要な指導者たちの大半が死んでしまった。ゆるやかに分解することからはじまったものが、今や崩壊の様相を呈していた。パハユコはどうにかこうにかやっとのことで疫病から免れたが、やがて彼は最北部の領域へと撤退してしまった。部隊はパパユコの後継者としてバッファロー・ハンプを選んだ。しかし、族長という肩書きはもはや何の意味も持たなかった。この先ずっと、部隊は共通のリーダーを持つことがなかったからだ(35)。彼らの中で残された者たちが見たのは、バッファローがもはや南部の彼らの領域にはやってこないということ、そして他の獲物もまた消え失せてしまったということだった。その一方で彼らは二、三の条約にサインをした。もちろん、それが彼らを守ってくれることなどまったくなかった。協定はインディアンたちが立ち入ることのできない、狩猟さえできない境界線を引いた。その一方で白人たちは、この架空の線を横切って西方のインディアンの土地に入ってきては、あちらこちらと動き回る測量隊を送り込んだ。一八五〇年代のはじめ頃には、ペナテカ部隊の多くが飢えに苦しんでいた。彼らの族長の一人ケトゥムセの言葉は以下の通り。

この広大な土地は、何世紀もの間、われわれの先祖たちが、所有についてはまったく議論の余地のない場所として、自由に楽しくうろつき回っていた。われわれは今この土地に何を残したのだろう。われわれがおもに依存していた獲物は殺され、追い払われた。そしてやむなくわれわれは、もっとも不毛で痩せた土地へと追いやられ、今、その場所で飢えている。われわれの前に残されているのは皆殺し以外の何ものでもない。その結果をわれわれは何の感情も示さない無関心な気持ちで待っている。われわれに自分の国と呼べるような土地を与えてくれ。同胞を静かに葬ることのできる土地を(36)。

今となってみるとわれわれはすべてを知ることができる。「蜂蜜を食べる人々」（ペナテカ部隊）の完全な物語、彼らの勢力の源、南部への長い移動、アパッチ族やメキシコ人との戦闘、南部草原の支配、入植地への接近に対する怨念、そしてコレラが彼らにもたらしたもの。われわれは彼らの零落、堕落、苦難、凋落が描く弧を見ることができる。が、しかし、これらはすべてがあとになってわかることにすぎない。

当時はフロンティアやヒューストン、それにワシントンでさえ、誰一人このことを理解した者はいなかった。テキサス人が「議場の戦い」や「プラムクリークの戦い」「コロラド川上流の戦い」で勝利したことに疑問の余地はほとんどなかった。が、それが何を意味しているのか、コマンチ族がどれくらいこのことに関わりを持っていたかについても、誰一人正確に知る者などいなかったのである。この時点でもなお、何千という気性の荒い、独立したインディアンのグループ――クアハディ部隊――が、一万五〇〇〇頭の馬の群れを連れて、パロデュロ渓谷でキャンプをしていることなど、テキサス人のまったく知るところではなかったし、それは彼らの推測の及ばないところだった。コマンチ族のインディアンがコレラでどれくらい死んだのか、あるいは一八三九年の天然痘で何人のインディアンが命を落としたのか、テキサス人にはまったくわからなかった。それはたしかに目に見えない大惨事だったために、数十年の間、十分に理解されることがなかった。コマンチェリアはなおテキサス人の前で、以前と同様、暗くて足を踏み入れることのできない、そして死を招きかねない不気味な姿を見せていた。したがって誰の心にも、はるか北西部へ大軍の兵士を差し向け、これを征服しようとする気などとても起こらなかった。ともかく兵士（タイボ）たちが知っていたのはそれくらのことだったのである。

生半可な知識と曖昧な判断の謎に包まれた世界では、ラマーの戦争政策の及ぼした主たる影響を見分けることも不可能だった。ラマーはたしかに南部のコマンチ族をレッド川の北へと追った。そして一時的ではあるが平和を推進させた。が、彼はコマンチ族の性格そのものを変えることはできなかった。コマンチ族の文化は戦争にもとづいていた。若いインディアンたちはなお戦い、殺戮して馬とともに帰還しなければならなかった。彼らにとってテキサスのフロンティアは今や危険な場所と見なされていた。したがってその代わりに、ペナテカ部隊は西へ、古いコマンチ・トレースへ弧を描いて下りた。コマンチ・トレースはメキシコのタマウリパス、コアウィラ、ヌエボレオン、チワワなどの各州へ通じている。そこでは行政がほとんど機能していなかった。スペイン帝国の権力が長い期間を経て、徐々に衰退していった後遺症のせいでもあったし、北部の諸州に襲撃を仕掛けるインディアンたちを、追い詰める意志の欠如のためでもあった。メキシコ政府の八万に及ぶ軍隊は南部にとどまっていた。それはおもにメキシコ人に対抗するためにとどめ置かれていた。現実の脅威は唯一武装した牛飼い《ヴァケーロ》たちだった。その結果としてメキシコは侵略者にとって一種のパラダイスのようになっていたのである。

そして今、バッファロー・ハンプとサンタ・アナ、それにペナテカ部隊の族長たちは、メキシコの東部諸州へ血に染まった恐怖の弧を描いて突入した。進む先々で、水ぶくれの死体や黒焦げの死体、それに焼け落ちた集落の長い痕跡を残した。何百、何千という人々を拷問により死に至らしめた。その数がどれほどだったのか、誰も知ることができない。子供たちを束にして捕らえ、畜牛や馬を連れ去った。人々の報告によると、夏の間に、この驚くべき行進はコマンチ・トレースに沿って、今のフォートストックトンを通り抜けて、北へ戻って行くのを目撃したという。それは畜牛や馬や捕虜、それに襲撃による戦利品などからなる長い埃にまみれた列だった。コマンチ族のインディアンたちがリオ・グランデ以南で殺した人々の数は、かつてテキサスで殺した数よりさらに大きなものだった。襲撃の多くはペナテカ部隊によって仕掛けられたものだが、しかもそれは現在、歴史が彼らの衰退の日々と見なしていた時期に行なわれていた。

テキサスの平和もまた思い違いだった。白人たちがどれほど深くコマンチ族を誤解していたかということは、一八四四年に締結された平和条約を見れば明らかだ。これは一八四一年に大統領職に復帰した（平和主義という彼の考えもいっしょに持ちきたった）サム・ヒューストンが、三年の歳月をかけて進めた仕事の成果だった。テキサス人たちが相手にしたのはペナテカ部隊のほんの一部の者――条約にサインをしたのはオールド・アウルとバッファロー・ハンプの二人（パハユコとサンタ・アナはその場にいなかった）――だけだったのだが、白人たちはまるで全部隊が交渉には不可欠の要素であるかのように、「コマンチ族」や「コマンチ国家」に言及することに固執した。インディアン問題についてはベテランのはずのサム・ヒューストン自身、コマンチ族の族長たちなら、当然、他の部隊やカイオワ族に対して力を行使できるだろう、というあやまった信念に凝り固まっていた。(37) この考え方からすると、コマンチ族の族長たちは、東部のコロラド州や西部のカンザス州からメキシコの国境に至るまで、あらゆるところにいるすべてのコマンチ族がうやうやしく遵守する条約に、サインをすることが可能となる。が、この考えは不合理でばかばかしいものだった。ペナテカ部隊の中でさえも、キャンプのリーダーたちの間で意見の一致を見ることはほとんど不可能だったのだから。その一方でコマンチ族の中でも危険な部隊は、だいたいがサインと名のつくものには一切応じたことがなかった。彼らは遠く離れた草原でなお自由に馬に乗り、誰にも負かされたことがなく、邪魔されたこともない、今まで戦闘や疫病で滅ぼされたこともなかった。

しかし、一九世紀半ばのテキサスでは、誰一人このことをあなたに告げることができなかった。そしてコマンチ族を追放し、厄介払いするためにはなお三〇年の戦闘が必要だ、と想像することも誰一人できなかったのである。

ウィリアム大佐のコマンチ族キャンプ訪問は、パーカー一族をトップ記事へと引き戻した――シンシア・アンの帰還拒否と同じように、彼女の骨がコロラド州のアルカリクリークで白骨化していなかったことも大見出しとなった。一八四六年六月一日、「ヒューストン・テレグラフ・アンド・テキサス・レジスター」紙はシンシア・アンとの遭遇を報じている。「パーカー嬢はインディアンの族長と結婚した」と同紙は、形式的な告知をするように感情を交えず伝えた。「そして、インディアンの生活スタイルにあまりにも慣れたために、彼女は白人の親族のもとへ帰ることに気が進まない」。記事はさらに、彼女を取り戻すため、可能なかぎりあらゆる努力がなされたが、すべては徒労に終わったとつけ加えている。「たとえ彼女がここにいる親族のもとへ戻されたとしても」と記事は悲しげに結論づけた。「おそらく彼女はチャンスを見つけては、ふたたび北のテキサスの荒野へ逃げ帰ってしまうだろう」

この事態をすべての人が快く受け入れたわけではなかった。当時、テキサス州のインディアン問題コミッショナーをしていた、有能なアメリカ・インディアン管理官ロバート・ネイバーズはその中でも最たる者だった。シンシア・アンは平原部族に捕らえられ、なお生きているただ一人の白人捕虜だと信じた彼は、一八四七年の夏、彼女を取り戻すために一丸となって努力することをはじめた。それは贈り物やお金を携えた使者を集落に送り出すことだった。が、彼の試みはウィリアム大佐と同じようにうまくいかなかった。「去年の夏の間、私はインディアンたちに大きな報酬を与えることで、彼女を生還させようとあらゆる手段を使い、力の限り努力しました」と彼は、一八四七年一一月一八日、アメリカ合衆国インディアン問題コミッショナーに提出した報告書で書いている。「しかし、親しいコマンチ族の族長たちから得た情報によって、部隊に彼女を手放すよう仕向けるためには、武力に訴えるより他に手だてはないだろうと私は確信しています」

彼はまた興味深いことを話している。シンシア・アンが「コマンチ族のテナウィシュ部隊といっしょにいるが、……われわれはこの部隊とほとんど、あるいはまったく交流がない。彼らはレッド川の上流域に住んでいる」[38]。もしこの報告が正しいとすると、あるいは十中八九正しいとすれば、シンシア・アンと彼女の夫は部隊を出て、他の部隊に移ったのだろう。そうすることで、彼らはペナテカ部隊が通常活動していた領域よりさらに西へと旅をした。パハユコ自身、ときにテナウィシュ部隊と関わりを持っていた[39]。それはまた、二人の高飛びを説明してくれる事実かもしれない。が、事情はどうあれこの移動は、あきらかに煩わしいことからの逃避であり、ペナテカ部隊の陥った断末魔の状態からの離脱だった。シンシアとペタ・ノコナはテキサスのフロンティアから逃亡しつつあった。彼らは避難者たちだったのである。それから一年もしない内に二人はふたたび部隊を変えている。彼らはさらに北方の地でキャンプを張った。そこはインディアン特別保護区（オハイオ州）のウィチトー山地の南、エルククリークである。

南部のコマンチ族の周辺では世界が大きな音を立てて崩れていたが、ここ北方の地では、シンシア・アンとペタ・ノコナの間に息子が生まれていた。のちに行なわれた息子の子孫のインタビューによると、二人は生まれた息子にクウィナイ（ワシ）と名づけたという。これが真実なら、息子の名前のクアナはニックネームということになる。ニックネームの意味もまたけっして明白ではない。クアナの息子のボールドウィン・パーカーがのちにインタビューで、クアナという名の由来は、コマンチ語で「かぐわしい」を意味する「クアイナ」だと答えている。[40] このニックネームは通例「匂い」「香り」「芳香」などと訳されているが、ショショニ語の語根「クアナル」（悪臭のある）が名前の真のルーツを暗示しているのかもしれない。このセオリーからすると、人々は「悪臭を放つ」[41]という意味を持つ、彼のもともとの名前に修正を加えたということだろう。次の二年以内にシンシア・アンは二人目の男の子を生み、その子を「ピーナッツ」と名づけた。クアナはのちにインタビューに答えて名前の出所を明かしている。その由来は母が子供時代に、パーカー砦の炉端で、ピーナッツを食べた懐かしい思い出にあったという。[42] 二人の息子の名前は他とは異なる独自のものだった。そしてそれはシンシア・アンが家族のいい伝えの通り、「活発なインディアン女性」であったこと、それに彼女の夫が子供たちの名前を自分たちでつけることで、コマンチ族の慣習を拒否していたことをほのめかしている。[43]

こうした情報がはじめて知られたのは一八五一年、ヴィクター・ローズという名の男（のちに彼はこの時代の歴史を書いている）が率いた貿易業者の一団が、コマンチ族の集落でシンシア・アンを見かけたときだった。彼女に業者たちが集落を離れる気はないのかと訊くと、彼女は首を横に振って子供たちを指さした。そして「私は結婚していて幸せです。夫を愛しています。彼は善良で親切です。それに私の（むろん彼のでもあります）小さな子供たちを愛しています。子供たちを見捨てることなど私にはできません」といった。ローズはペタ・ノコナのことを「大きくて脂ぎった、無精な若者」[44]だと述べている。が、この報告はどこかおかしな感じがする。ローズがシンシア・アンに会ったことには間違いがない。子供たちの存在を報告したのは彼がはじめてだったからだ。が、シンシア・アンが文法的にもまったく完璧な文章を口にした、というのはちょっとありそうにない。しかし、出会いのタイミングは注目に値する。彼女の足元で兄弟二人が遊んでいる情景は、クアナが一八五〇年以前、それも早ければ一八四八年に生まれたという事実を裏付けるものだ。いずれにしても彼女の言葉に嘘偽りはなかっただろう。彼女はすでに「ナウトダ」(「見つけられた誰か」という意味)というコマンチ名を持っていた。これはペタ・ノコナが付けた名前で、彼のペタ・ノコナという名は「一人で旅して帰ってきた彼[45]」という意味だった。

一八五〇年代に、シンシア・アンの噂をフロンティアで最後に耳にしたのは探検家のランドルフ・マーシー大尉(彼は信頼できるフロンティアの年代記編者でもある)で、そのときの様子がレポートに記されている。「今の時点では中央コマンチ族に一人だけ白人の女性がいる。彼女は弟といっしょに、子供の頃、テキサス西部の父親の家からさらわれた」と彼は書いた。これは彼女が部隊を変えたことを裏付けるもので、マーシーは彼女がノコニ部隊か、あるいはコツォテカ部隊とともにいたとしている。「この女性はコマンチ族のあらゆる習慣や風変わりな習俗を身につけていた。彼女にはインディアンの夫と子供たちがいて、彼らのもとを去るよう説得することはとても不可能だった[46]」

当分の間シンシア・アンは、コマンチ族がこれまでつねに自由だったように、ふたたび自由に暮らしていた。それはペナテカ部隊にはもはや望みえない自由だった。彼女は大草原にいた。そこではなおびただしい数のバッファローがたむろしていたし、コマンチ族の力が破られることもなかった。そして、白人があえてここまでやってくることもまだなかったのである。

9　颪を追いかけて

パーカー一族の残りの人質たち――レイチェル・プラマー、エリザベス・ケロッグ、ジョン・リチャード・パーカー（シンシア・アンの弟）、それにジェームズ・プラット・プラマー（レイチェル・プラマーの息子）――は、それぞれにたいへん異なった運命をたどった。彼らのすべてが何らかの形で、レイチェルの父親でシンシア・アンの伯父に当たるジェームズ・W・パーカーと関わりを持つことになる。ジェームズは驚くほど思慮分別に欠けた男で、一八三六年五月に一族に降りかかった災難は、その責任の大半が彼にあった。パーカー家の他の人々と同じように、彼もまた華やかで派手な人物だったのだが、彼はその度が過ぎていた。初期のテキサス・フロンティアの所有権を主張した人々の中でも、ジェームズはとびきり極端で常軌を逸していた。強迫観念に取り憑かれ、野心家で暴力的、不正直で、道徳的にも信用のできない、向こう見ずで大胆不敵な男だった。誰もがその全体像を把握しがたいほど、彼は矛盾に満ちた人物だった。何度か訴えられもした。殺人者、偽造者、嘘つき、飲んだくれ、馬泥棒、それに略奪者として告発されたことがある。それくらい彼は人目を引く市民だった。嘘をついたためと大酒を飲んだために二つの教会から追放された。しかし存命中、彼は治安判事に選出されたことがあり、テキサス・レンジャーズの創設メンバーでもある。それにまた、テキサス革命のお膳立てをした伝説的な「会議」の代表者でもあった。そして、サム・ヒューストンやミラボー・ラマーの友人だった。それにかつては、自分の教会を持った説教師であり、製材所や何千エーカーという土地を所有する成功した実業家でもあった。彼の生涯には不正や虚偽、それにさまざまな不正行為の臭気が漂っていたが、それが理由で有罪の判決を受けたことは一度もなかった。隣人たちの中には、パーカー砦が被った襲撃そのものが、彼のいかがわしい商取引の結果だと信じた者もいた。彼らがいうには、ジェームズはインディアンから馬（インディアンたちの盗んだ馬だ）を買うのに贋金を使った、そのためにインディアンが詐欺行為の仕返しをした、それが襲撃の本当の理由だったという。[1]が、これを立証するものは何もない。それにジェームズ自身、自分で発行したパンフレットの中で、自らの名誉についてさかんに弁護をしはじめた。[2]彼は自分が五人の人間を殺したことは認めているが、それはいずれもインディアンだった。テキサス共和国ではアメリカ・インディアンを殺しても、何ら刑事上の処罰を受けることはなかったのである。

しかし、これがジェームズ・パーカーを一躍有名にした理由ではない。多くの悪評と失敗にもかかわらず、西部の至るところで彼が有名になったのは、「パーカー家の捕虜たちを探索する男」としてだった。あきらめることを拒否した男として名を上げた。一八三六年から一八三七年にかけて、彼はインディアンの土地へ五度ほど出かけた。たった一人で。そしておもに、インディアンたちによって連れ去られた若い白人女性――娘のレイチェルのような――の情報にもとづいて行動した。他にも彼は一八四一年から一八四四年まで四、五回の小旅行を試みている。それは彼が、姪のシンシア・アン・パーカーや甥のジョン・リチャード・パーカー、それに孫のジェームズ・プラット・プラマーに必ず繋がると信じた情報をもとに行なった旅行だった。[3]おそらく彼は五〇〇〇マイルは旅をしただろう。それも大半は一人で。これに比肩しうるほど遠くまで捕虜を探しに出かけた者は、アメリカ史上ただ一人、奴隷出身のブリット・ジョンソンくらいだ。彼もまた、同じようにコマンチ族に捕らえられた妻と子供たちを探として、一八六四年から五回ほど荒野への旅を繰り返した(4)としたら、それはジョン・フォード監督の壮大な西部劇『捜索者』が記憶にあったためだろう。ジェームズ・パーカー役をジョン・ウェインが、姪のシンシア・アン役をナタリー・ウッドが演じた)。

親族を探して、ジェームズ・パーカーが最初に向かった先はテキサス州のナコドチェスだった。この旅はびっくりするほどの、そして予想外の成功をもたらした。義理の姉のエリザベス・ケロッグがデラウェア族に買われ、この町に連れてこられていた。彼女を売りに出すためだ。デラウェア族はおそらく、キチャイ族(キチャイ族は彼女をコマンチ族から手に入れた)に支払った額に利潤を上乗せして売値をつけていたのだろう。一五〇ドルを要求した。ジェームズは狂喜した。が、彼の人生で何度もそうだったように彼はまったくの「一文なし」だった。古い友だちのサム・ヒューストンに頼んで、何とか彼女を身請けする金を調達してもらった。

こうして、パーカー砦の攻撃から三カ月経った一八三六年八月二〇日、エリザベスは身請けされた。そののち、彼女にどのようなことが起こったのか、それについては歴史も記録していない。が、一九世紀のアメリカで、白人社会に戻った女性捕虜が身を置く社会的な地位はこの上なく危ういものだった。彼女たちの身に起きたことについて、人々は何一つ思い違いをすることはなかった。平原インディアンが大人の女性に加える行為を彼らはとりわけよく知っていた。したがって、帰還した捕虜はつねに憐れみの対象とされた。女性が既婚者の場合、夫たちはしばしば妻をインディアンたちから取り戻すことさえしなかった。女性が未婚のケースでは、彼女の身に何が起こったにしろ、それとは関わりなく、豊かな財産によって夫を引きつけた例はいくつかある。エリザベス(やもめだった)は人目に立たない、静かで恥辱に満ちた一生を送ったのではないだろうか。おそらくジェームズ・パーカーの親戚の家庭で。

終始、彼女はうしろめたい気持ちを抱き続けていただろう。それこそ、ジェームズが彼女について語ることの少なかった理由だったのかもしれない。

一八三六年八月から一八三七年一〇月まで、パーカーはほとんどの時間を荒野で捕虜を探すことに費やした。彼がおもに追跡したのは娘のレイチェルだった。というのは、早い時期に彼に情報を提供してくれた者たち――テキサス北部の国境線レッド川沿いで活躍する交易業者たち――が聞き込んでくる話は、インディアンの部族が拘留した若い女性の噂ばかりで、子供についてはまったく情報がなかったからだ。パーカーの旅は苦難と災難めいたものの連続だった。最初の旅では、馬が水かさの増したレッド川を泳いで渡ることができないため、馬を捨てて自力で渡った。そして徒歩でインディアン特別保護区へと向かったのだが、それは当時の人々にとって自殺に等しい行為だった。すさまじい暴風雨が草原に二フィートもの深さの洪水をもたらした。が、彼はこれにも耐えた。そのあとには、ブルー・ノーザー（青い北風）がカナダの草原からうなり声を立てて吹いてきて、すべてのものを凍らせた。たしかに彼は死にかけていたし自分でもそう感じた。が、そのときには綿のシャツを引きちぎると、少しだけピストルに詰め、丸太めがけて発砲してやっとのことで火を起こした。それを土砂降りの雨の中で、何とか濡れないように工夫した。次の旅ではあえて武器は持たずに、危険を承知で荒野へ向かった――これもやはり自殺に等しい行為だった。そしてこんどは食べ物のない日が六日間ほど続いた。食べ物にありつけたのはスカンクを絞め殺して食べたときくらいだ。さらに次の旅ではまるひと月、コマンチ族のキャンプをこそこそと隠れてうろつき回った。そして川のそばに英語でメッセージを残した。それはインディアンたちが、捕虜に水汲みをさせることを知っていたからだ。ジェームズはこのメッセージに希望をつないだが、これが功を奏して、娘の注意を引くことは万に一つの可能性もなかった。苦しみはことごとく徒労に終わった。彼が耳にした話は、そのどれもが彼を娘に近づけてくれるものではなかった。

一八三七年一〇月、ジェームズは四度目の帰宅をした。失望した上に健康を害していた。元気は回復したものの、こんどは娘婿のロレンゾ・ニクソン（レイチェルの姉と結婚した）を、レッド川の交易所に派遣して、女性の捕虜について新しい情報が入っていないか聞いてこさせた。ここでやっとジェームズは好運に恵まれる。交易所の一つでニクソンは、レイチェル・プラマーがミズーリ州のインディペンデンス（現在のカンザスシティの外れ）に着いたという情報を耳にする。数週間後に彼はそこでレイチェルを見つけた。彼女が最初に発した言葉は「夫や父は生きていますか」だった。生きているとニクソンは答えた。するとレイチェルは「母や子供たちは生きてますか」と訊いた。ニクソンの答えはイエスだった。

レイチェル・プラマーが帰還した物語は、早い時期にパーカー一族に起こった他のすべてのことと同様、一風変わった奇妙なものだったが、それはまた、フロンティアを横切って数千マイルの旅をした壮大な話でもあった。レイチェルは一八三七年八月に、彼女を人質にしたコマンチ族から、コマンチェロのグループに買い取られた。当時彼女はおそらく、コロラド州東部の高原にいたのだろう。馬に乗せられると、「非常につらい」（と彼女は書いている）一七日間の騎馬行で、その頃まだメキシコ領だったサンタフェまで連れてこられた。コマンチェロは実際には、あと五、六年しないとこの名前（コマンチェロ）を獲得しなかったのだが、西部のもっとも興味深い混交文化の産物だ。彼らの生活はひとえに一七八六年の和睦のおかげだった。それは、コロラド州でクエルノ・ヴェルデが敗北を喫したあとに行なわれた、ニューメキシコ総督のファン・バウティスタ・デ・アンサとコマンチ族との和解である。この年以降、コマンチ族は自由にスペインの入植地に入って馬の取引をすることができたし、ニューメキシコの業者（コマンチェロ）たちも、コマンチェリアの草原で安全に活動することができた。アメリカの報告はしばしばコマンチェロのことを「無法者」あるいは「混血児」(5) と記している。「混血児」という言葉はあきらかにコマンチェロのことを予想させるものだ。実際、コマンチェロたちは混血児だったが、ニューメキシコの全人口のほとんどは混血の者たちだ。彼らはメスティーソ、つまりスペイン人とインディアンの血が混じりあった者たちだった。それは今日のメキシコ人のほとんどが混血者なのと同じだった。コマンチェロたちは無法者というより、むしろ商人といった方がいい。が、彼らはまた鍛え抜かれた手強い性格によって知られていて、コマンチ族やカイオワ族が、馬や畜牛を盗むために攻撃を仕掛けるときには、彼らもときどきそれに相乗りすることがあった。コマンチ族が取引するのは、家畜や皮革や捕虜を持ち出して、それと引き替えにビーズ、ナイフ、顔料、タバコ、深鍋、浅鍋、キャラコ、他の布地、矢じり用の鉄釘、コーヒー、小麦粉、それにパンなどを手に入れるためだ。取引はテキサス州パンハンドル地方のパロデュロ渓谷や、ニューメキシコ北東部の各地といった特殊な場所で行なわれた。

年月が過ぎていくにつれて、コマンチェロの取引の品は銃や銃弾、ウィスキーなどが増え、次第に盗んだ畜牛も取り扱うようになった。畜牛は商人に売ったのだが、買った商人たちはたいてい、それを元の持ち主へ売り戻したり、しばしば軍隊へ売った。(6) コマンチェロはコマンチ族にとってさまざまな理由で重要だった。しかしおそらくもっとも重要だったのは、コマンチェロのおかげで、今なお気の荒い部隊――クアハディ、ヤムパリカ、ノコニ、コツォテカ――が白人の入植地を避けて暮らすことができた点だ。それに白人の文明の誘惑からも遠ざけてくれ、しかも南部の同胞たちを破滅させつつあった疫病からも隔離させてくれた（東部でもこれに比肩しうる取引ネットワークが、キカプー族、デラウェア族、ショーニー族の間で発達していた。しかもインディアンの土地で。それがコマンチ族に同じような交易のチャンスを与えていた(7)。コマンチェロはまた人々に捕虜の取引方法を教え、それから上がる利益を提供した。一八世紀後半から一九世紀初頭にかけて、コマンチェロはおもに捕虜となったさまざまな部族のインディアンたちを取り扱い、鉱山労働者として、あるいは召使いとして売りに出した。しかし一八二一年を境にして、テキサスのアングロサクソン系白人の入植地が商取引のすべてを変貌させた。テキサス人たちが気前よく捕虜の身請け金を払うことが明らかになると、そこに活発な市場が出現した(アメリカのザカリー・テイラー将軍は一八四二年に宣言を出し、アメリカ合衆国政府はフォートギブソン――現在のオクラホマ州東部にある――に持ち込まれた捕虜はどのような者でも、それに対して金を支払うと告げた。その ため捕虜の数が増えるにつれて、市場はますます沸き立った(8)。コマンチェロたちはやがて同じように、白人の捕虜の売買によってもまた商売を繁盛させた。

レイチェル・プラマーを身請けした男たちは投機家の連中ではなかった。彼らに指示を出していたのは、サンタフェに住む裕福な夫婦ウィリアム・ドノホとメアリー・ドノホだった。男たちは、白人の女性を見つけ次第金に糸目をつけずに買い戻すように、という夫婦の指示のもとで行動していた。ドノホ夫婦は注目に値する。とりわけメアリーの方は。彼女はサンタフェ街道を旅行した(一八三三年に敢行)はじめての女性とされている。また彼女はサンタフェに住み、サンタフェ市民となった最初のアメリカ女性でもあった。二人の子供はサンタフェで生まれたはじめてのアングロサクソン系の子供たちだ(9)。ドノホ夫婦はレイチェルを迎え入れ、町でもっともよいホテルに宿泊させた。部屋は土間だったが、レイチェルは一五カ月ぶりでベッドで眠る夜を過ごした。ドノホ夫婦はとりわけ彼女には親切にしてくれ、彼女が親族のもとへ戻れるように全力を尽くすといってくれた。サンタフェの人々も、名誉を深く傷つけられた彼女の立場を一切気にかけることなく彼女を歓待した。そして、家へ帰る手助けにと彼女のために一五〇ドルのお金を工面してくれた。

しかしレイチェルの不運続きは、これによって終わりを迎えることはなかった。義援金の一五〇ドルは、その管理を任された不実な聖職者によってすぐに盗まれてしまった。ちょうどそのとき、暴力的な反逆行為がサンタフェ（メキシコの統治下にあった）の辻々で起きた。二〇〇〇人のプエブロ・インディアンが二〇〇人の政府民兵を待ち伏せをすると、そのあとに虐殺が続いた。反逆者たちは総督を打ち首にして、切り取った首を棒の先につけ、見せびらかしては町中を行進した。彼らはまた地方裁判所判事をさらし台に立たせて両手を切断し、その手をかざして判事の顔をあおいだ(10)。そして、インディアンたちは自分たちの総督を就任させた。

この仕打ちはドノホ夫婦にとってあまりに度が過ぎていた。今となっては彼らも、わが身の安全が脅かされる。夫婦は不運なレイチェルを連れて東部へ、故郷のミズーリ州へ逃げた――コマンチェリアの中央部をまっすぐに横切る、およそ八〇〇マイルに及ぶ二カ月間の旅だった。レイチェルは回想記でこの旅行のことをきれいさっぱり切り捨ててしまっている。が、当時のアメリカ白人の中で、この旅を取るに足りないことと考える者はほとんどいなかった。

道が広大な草原を通って続いていた。それはほぼ一〇〇〇マイルほどあった。旅は終始インディアンの土地を横切っていたので、多くの人々の目にはかなりの大事業と映るだろう。しかしわれわれはぶじにインディペンデンスへ着いた。そこで多くの住民からたくさんの暖かいもてなしを受けた(11)。

義兄と再会するとレイチェルは、彼といっしょに冬のさなかをテキサスへ向けて出発した。旅は長くて寒く悲惨だった――おまけに一〇〇〇マイルもの距離がある。一八三八年二月一九日にレイチェルは、ヒューストンの北、テキサスのハンツヴィル近くにあった父の家にたどり着いた。アメリカ大陸の広大なスペースを横切る、ほとんど信じがたい一九カ月に及ぶ波乱万丈の長旅を彼女は終えた。そしてそれは彼女の身に恐ろしいほどの被害をもたらした。ジェームズは彼女のことを「体調がひどく思わしくない」状態だったと書いている。そして次のような意見を述べた。

彼女は見るも哀れな姿をしていた。やつれ果てた体は傷だらけで、それは捕われていた間に受けた残酷な蛮行のまぎれもない証拠だった。(12)

奇妙なことだがジェームズは、レイチェルが家族のもとに戻ったあとで過ごした生活について、何一つ語っていない。その代わりに彼が記しているのは「長引いた病い」のことだ。その間、レイチェルは息子のジェームズ・プラットの無事や自分の安らかな死を祈っていた。

こんな生活は自分には何の魅力もない、自分の唯一の望みは、生きて息子が友だちのもとへ戻ってくるのを見ることだと彼女はしばしばいっていた。……父親のもとに帰ってきてから一年も経たない内に、彼女は神が与えてくれた魂を静かに神のもとへと吐き出して返した。そして友人たちの手によって静まりかえった墓の中へ埋葬された。

この妙に削除が施された報告では、レイチェルの晩年に起きた重要な事件の大半が省略されている。たとえば、ジェームズはレイチェルの妊娠について述べていない。が、彼女の妊娠はそれ自体注目に値する事件だ。レイチェルは戻ってしばらくしてから三人目の子供を妊娠した。それが意味しているのは、夫のL・T・M・プラマーが、他の多くの者たちができなかったことに打ち勝って、それを乗り越えたということだ――他でもない、それは彼女がインディアンたちによって陵辱されたという事実である。二人はここで、新たに別の家族をスタートさせようとしていた。さらに一つジェームズは驚くべき事実を語っていない。それはレイチェルの妊娠が末期に近づいた頃、ジェームズの家族が故郷から逃げ出さざるをえなくなったことだ。ジェームズを殺すと言明した町の自警団の連中から脅しをかけられていたからである。

自警団の団員たちは、ジェームズがテイラー夫人と彼女の娘を殺したと信じ込んだ。あきらかにこれは強盗事件と関連している。ジェームズが大統領のラマーに援助を求めて出した手紙によると、同じ自警団の連中は、見せかけの裁判を行なっては人々を絞首刑にしたという[13]。団員たちはジェームズにメモを書いた。そこには、ジェームズとレイチェルの夫のL・T・M・プラマーを殺し、二人の財産をなきものにすると書かれていた。ジェームズは身を隠した。そしておそらくは一二人ほどいた彼の家族に、七〇マイル離れたヒューストンまで逃げることを提案した。自警団が彼らを殺そうとして追いかけてくるのを恐れて、家族は泥の道を避けた。そして冷たい雨と身を切るような寒さの中、彼らは密集した薮や松林を通り抜け、しばしば自分たちで道を切り開きながら先を急いだ。ヒューストンに着くのにおそらく一週間ほどかかっただろう。家を出るとき、あわただしくかき集めた服しか着ていない彼らは、着の身着のままで荒野の中野宿をした。レイチェルはそのとき妊娠九カ月目を迎えていたにちがいない。ジェームズは公にした物語の中で、このエピソードについては一切述べていない。彼はただ、レイチェルは「長引いた病い」のために死んだとだけ書いた。そしてほとんどの歴史家たちは、このエピソードをそれ以上問題にしなかった。が、レイチェルを死に至らしめたのは、あきらかにハンツヴィルからヒューストンへの逃避行だった。ジェームズは友人のミラボー・ラマーに出した手紙の中で、レイチェルの死んだ日あるいはその前後について、ことの起こりを次のように詳述している。

私は家族にヒューストンへ行こうといった。が、彼らはならず者たちが追ってくる道をよけて行くべきだと執拗に私に勧めた。たしかに、ならず者たちの悪意に満ちた警戒の目は厳しく、彼らを避けてやむなく家族は冷たい雨や荒れた天候に身を曝すことになった。それは家族全員の身を危うくすることになったが、それだけではなかった。現実に私の愛する四人の者たちが命を奪われることになった（その中に娘のレイチェル・プラマーがいた）[14]。

レイチェルは三月一九日に死んだ。一八三九年一月四日に生まれていた息子のウィルソン・P・プラマーは、母親より二日長生きをした[15]。レイチェルは多くの苦難を被り、何千マイルの旅をしたあとで死んだ。故郷という安全であるべきところで起きた彼女の死は、間接的とはいえ父親のジェームズによるものだった。

一八四一年、ジェームズはふたたび探索の旅に出た。こんどは今なお見つかっていない捕虜——姪のシンシア・アン、甥のジョン、それに孫のジェームズ――に焦点を絞って。次の四年間について彼が行なった報告もまた、勇敢な行ないと災難めいたことに満ちている。一八四二年の終わり頃、彼はフォートギブソンに二人の少年が連れてこられたという噂を耳にした。ジェームズはそこへ一八四三年一月に到着した。そして孫と甥を見つけた。ジェームズ・プラット・プラマーは八歳に、ジョン・リチャード・パーカーは一三歳になっていた。二人は英語を話さなかった。孫のジェームズ・プラットが見せた最初の反応は逃げ出すことだった。ようやくのことで彼は説得されて引き戻された。三人はともかく寒さと雨の中を帰路についた。ところによっては徒歩で。それにきちんとした冬支度もしないで（いずれにしても幼いジェームズには、たやすい旅ではなかった）、インディアンの土地を通り抜け、テキサスへ戻ってきた。

ジェームズは報告の中で、二人の少年の控えめで幸せな結末をそれとなく示している。が、実際はそれよりかなり複雑なものだった。ジョンはおそらく母親のルーシーのもとへ戻されたのだろう。ルーシーは一八四〇年に再婚していて、そのあとすぐに離婚した。そしてこの四年間というもの、亡くなった夫のサイラス・パーカーが残した財産の清算に追われていた。一八五〇年あるいは一八五一年頃（ルーシーは一八五二年に死んだ）に、ジョンは母親からシンシア・アンを見つけ出し連れ戻してほしいといわれて原野へ送り出された。ジョンはやっとのことで彼女を見つけ出した――これ自体がすでに驚くべき話だった。が、そのあとの首尾はウィリアム大佐やロバート・ネイバーズ、それにヴィクター・ローズと同様まったくうまくいかなかった。

ランドルフ・マーシーが一八五二年に、レッド川上流域へ遠征に出かけたときの報告がある。マーシーはその頃ジョン・パーカーに出会って、彼と話をしたと書いている。

その女性（シンシア・アン）の弟は交易商人に身請けされ、親元の家に戻された。彼は母親によってふたたびインディアンのところに送り出された。それは姉がインディアンのもとを出て、家族のところへ戻ってくるよう彼女に説得を試みるためだった。しかし、彼がいうには、姉のもとに着くやいなや彼女は提案に耳を貸すことを拒否したという。彼女の夫や子供たち、それに彼女が大切にしているすべてのものがインディアンとともにある。そのために彼女はここに留まるつもりだと弟に告げた。(16)

そののち、ジョンにどのようなことが起きたのかは誰も知らない。そこにはたくさんの物語があった。のちに行なわれたシンシア・アンのインタビューによると、彼女はジョンが天然痘で死んだと思っていたという。が、少なくとも彼女は、ジョンの死に立ち会うことはできなかった。南北戦争のときジョンは、テキサス・ライフルズの部隊に入り、ある大佐のもとで戦ったと報告されている。もっとも巷間に流布されていた物語は、ジョンが戦場から戻ると、コマンチ族とともに暮らしたというものだ。このヴァージョンでは、やがて彼は天然痘に罹り見捨てられる。その彼を看護し健康を取り戻させたのがメキシコの女性で（「黒い瞳をした」「アステカ族の」美人だ）、彼女自身インディアンの捕虜だった。ジョンはメキシコで牧場主となり、十分に長生きをして一九一五年に死んだ。当時の新聞の記事には、これと同じ内容をほのめかすものがあった。それほど彼の生涯は西部の伝説となっていたのである。

ジェームズ・パーカーの孫ジェームズ・プラット・プラマーの生涯はさらに平凡な結末となった。彼が捕虜となっていた間に、父親のL・T・M・プラマーは再婚していた。そして二人の子供がいた。

ジェームズとプラットの二人がテキサスに戻ってきたとき、祖父のジェームズ・パーカーは、一見奇妙に見えるが、十分に彼の気まぐれな性格に合致した行動を取った。ジェームズ・プラットがL・T・M・プラマーのもとに身を寄せることに反対したのである。理由はまったく定かではない。が、おそらく九分九厘そこにはお金が絡んでいたのだろう。ジェームズは金が欲しかった。彼はある時点で、プラットとジョンの二人を身請けする一〇〇〇ドルを自分が支払ったといい張った。が、これはあきらかに嘘だった。のちに彼は教会から虚偽のとがで追放されるのだが、彼はなんとか金の一部だけでもL・T・M・プラマーから巻き上げたかったのだ。が、しかしそれは、孫のジェームズが愛した娘(レイチェル)に似ていたことから、単に孫を手元に置いておきたいがために取った行動だったのかもしれない。息子の親権を得ることのできなかったL・T・M・プラマーは、テキサス共和国の大統領に返り咲いていたサム・ヒューストンに嘆願の手紙を書いた。ヒューストンは怒りもあらわな返事をよこした。

拝啓　ジェームズ・W・パーカー氏が、ご子息の身柄を拘束した件に関するお手紙、たしかに落掌いたしました。……

長い間行方知れずになっていた子供のために、動揺し困窮している父親をだまして、財産を巻き上げようとする試みは、すべての点でこの上なく厳しい叱責に値します。このケースが明らかになる前に、私にはすでにパーカー氏の告白を疑うべき理由がいくつかありました。が、このような汚らわしいペテン行為を、彼が親族や縁故の者に行ないうるとはとても思えません。……彼が二〇〇ドルやその他諸々の負債を抱えているという主張も見せかけで、何一つ根拠のないことです。したがってあなたは、ご子息を家に連れてこられて何ら支障はありません。(17)

ジェームズ・プラットの生涯については、わずかだが追加の情報がある。彼は二度結婚して四人の子供の父親となり、一八六二年一一月一七日に肺炎で死んだ。それまではアーカンソー州リトルロックで、南部連合軍に所属し兵役に服していた(18)。

シンシア・アンを探すジェームズ・パーカーの旅は一八四四年が最後となった。思うに彼は、ウィリアム大佐が彼女に遭遇したことを知り、奪還をあきらめたのだろう。彼はまたもう一つの教会からも追放の憂き目を見た。こんどは酩酊が原因だった。手広い事業で成功を収めたジェームズはヒューストン郡の治安判事に選出された。彼は一八六四年に六七歳で死んだが、大半の子供たちや兄弟よりも長生きをした。彼が亡くなる頃には、パーカー家もテキサスでもっとも裕福で、もっとも有力な一族となっていた。ジェームズの兄ダニエルは一八四五年に死ぬまでに九つの教会を設立した。そのおかげでダニエルはテキサスで指折りのプロテスタント聖職者になった。弟のアイザックは傑出した政治家で、一八三六年にはじまった「テキサス議会」の創設メンバーの一人となった。その後彼はテキサス州の下院議員や上院議員を務めた。もう一人の弟ジョゼフ・アレンは大地主で、ヒューストンの著名な市民だった。だが、その繁栄と成功にもかかわらずパーカー一族は、もはやけっしてパーカー砦には戻らなかった。砦はやがて姿を消した。ある者の話では、数年の内に砦は取り壊され、そこで使われていた頑丈なヒマラヤスギの柱はさらに東の自作農場を建てるのに使われたという。農場の暮らしは砦にくらべるとはるかに危険が少なかったという。

10 何食わぬ死の顔

メキシコ共和国は一八四八年二月二日、一方的な戦い（米墨戦争）の末アメリカに敗北したあとで、グアダルーペ・イダルゴ条約に調印した。この条約が一七年後のアポマトックス・コートハウス（この場所で南軍のリー将軍が北軍のグラント将軍に降服し、南北戦争が終結した）で行なわれた調印とくらべてみても、アメリカ史上同じくらいのきわめて重大な出来事だったという意見に、異論を唱える歴史家はほとんどいないだろう。しかしグアダルーペ・イダルゴ条約はそれ自体でも、まったく決定的な意味を持つ条約だった。アポマトックスの休戦条約は国をふたたび一つに縫い合わせたのだが、この休戦条約が主張したのは、奇妙に乖離して相戦う州同士が、実は永遠に変わらない共通の利益を持つ一つの国家だったということだ——今ではこれが一つに統合された政治理念となっていて、その内容は、創立者たちが思いもしなかった権力と、何百万という解放された奴隷（その幸せと自由が、今では政府の当然とされる重荷と責任になっている）を持った連邦政府を諸州が押し戴くというものだった。

しかし、グアダルーペ・イダルゴ条約が作り上げたものは、現実の物理的な国家そのものだった。条約が締結される前のアメリカ西部は、おもに古い「ルイジアナ購入」で買収した土地から構成されていた。それはミシシッピ川の河口からはしご段式に上へと上がり、川の流れを遡ると、やがては岩場の多い霧深い北西海岸に達する地域だった。この購入は愛国的な神話を一時的に、そして部分的に現実のものにした。が、グアダルーペ・イダルゴの休戦条約は、メキシコがリオ・グランデ以北の権利を放棄したもので、アメリカの夢を突然、しかも完璧に実現することになった。従来のアメリカの国土に旧スペイン領の土地がプラスされたのである。旧スペイン領は大陸南西部を横切る、一年中陽光が降り注ぐ広大な土地だった。現在のアリゾナ、コロラド、ユタ、ニューメキシコ、カリフォルニア、ネヴァダの各州がこれに当たる。一八四五年にアメリカ合衆国へ組み入れられたテキサスもまた、ある意味ではこの仲間に入れていいだろう。テキサスがアメリカ合衆国へ併合されたことが、アメリカの対メキシコ戦争を引き起こす原因となったのだが、米墨戦争の勝利によってアメリカはテキサス問題を永久に解決した。この戦争によってアメリカ合衆国が獲得した土地は全部で一二〇〇万平方マイル。これは合衆国全体の六六％の土地が突如新たに加わった計算になる。獲得した土地の広さやそのパーセンテージからいっても、それはまるでフランスがドイツを丸ごと手に入れたようなものだった。このようにしてアメリカという国は完全に作り直された。手に触れた土地はことごとく所有して支配し、先住民の持つものはすべて取り上げる、あるいはそれを破壊しようとする風変わりな決意、それにコンキスタドールのように生々しい欲望、そして芽生えはじめた権力への意志が、今では何一つ妨げられることなく、一方の海から他方の輝かしい海へと伸びて行くことが可能となった。それはまさに鮮明な形を取った「自明の運命説」そのものだった。

グアダルーペ・イダルゴ条約は西部のすべてを変えた。それは西経九八度線より向こうの世界のあらゆる人々を永遠に変えた。が、おそらくもっとも根本的に変貌させられたのは、広大で荒涼とした大陸中央部に住んでいた先住民たちだっただろう。メキシコ戦争（米墨戦争）の最中もなおこの場所は、危険で人の立ち入ることのできない謎めいた場所だった。その多く――カナダからテキサス南部まで――、とりわけコマンチェリアの心臓部を流れ抜ける大河の上流域は、白人たちがまだ一度も探検したことのない場所だった。大陸の中心部は二つの地点で貫通されている。一つはオレゴン街道だ。この街道はミズーリ州からスタートして、南北プラット川に沿って大陸を遡りコロンビア川に達する。もう一つはサンタフェ街道。これは同じミズーリ州からスタートしているが、ミズーリ州西部から、途中でアーカンソー川に沿って、ニューメキシコへうねうねと曲がりながら進んでいく。が、二つの街道は、単に比較的数の少ない開拓者たちが旅をする主要路にすぎなかったし、この幹線道路がさらなる入植地を呼び込むことはなかった。だいいち西へ向かう開拓者たちは、オレゴン街道の途中で立ち止まって、そこで小屋を建てたいと思うことはまずなかった。それが開拓者の目的となることもなかったし、いずれにしても、途中で寄り道をしてそこに留まることは、自殺行為に他ならなかったからだ。二四万平方マイルに及ぶコマンチェリアを含めて、高原地帯はなお未開拓のままだった。バッファローの大群や騎馬インディアンの部族、交易路、それに大まかな境界線も手つかずのままだったのである。

　コマンチ族にとって問題だったのは、かつて二大帝国の間の緩衝装置として存在していた彼らが、今は直接、アメリカという国家の行く手に自らが立ちふさがっているという事実だ。コマンチ族は今や単一の政治的存在に取り囲まれていた。テキサスがアメリカ合衆国へ併合されたことにより、コマンチ族が現在相手にしているのは、ほとんど資源のない国、価値の低下した通貨や、寄せ集めの市民軍を持つ地方の突飛な共和国ではもはやなかった。コマンチ族は今では、アメリカ連邦政府の主たる関心事となってしまった。連邦政府が保持していたのは、確たるヴィジョンと、紺色の制服で身を固めた軍隊、税金で潤沢な金庫、それに複雑でつねに見当はずれ、政治的な思惑で左右され続けるインディアン政策だった。が、メキシコ戦争の直後は、そのどれもがまだはっきりとした形で現われていなかった。実際、奇妙な状態がそのまま続いていたのである。一八四〇年代の終わりまでは、文明化したアメリカの中で、テキサスだけがなお騎馬の部族が疾駆する領域だった。インディアン特別保護区では、東部の部族の強制移住が行なわれていて、たくさんの部族から集まった二万人ほどのインディアンたちが、現在のオクラホマ州の全域に預けられていた。彼らはそこでたがいに押し合い、平原の部族ともぶつかり合った。しかし、彼らが白人と衝突することはなかった。それは現在のところまだなかったのである。北方の平原では、スー族、アラパホ族、シャイアン族などの土地で、インディアンたちが軍隊と交易をしたり、ときには対立していたが、この地方には白人のフロンティアはまだ一つとして存在していなかった。

が、現状維持の状態はそれほど長くは続かない。一八三〇年代と一八四〇年代に白人文化はコロラド川、グアダルーペ川、トリニティー川、ブラゾス川をゆっくりと遡り、容赦なくコマンチ族の国境地方へと進出してきた。やがてこのような入植地は北部でも再現され、カンザス川、リパブリカン川、スモーキーヒル川を遡り、じかにシャイアン族の狩猟場へと入り込んできた。白人文化は、連邦政府がインディアンのために特別に設けたインディアン特別保護区の中まで侵入した。水門が一気に開かれたのは一八四九年である。ゴールドラッシュこそが、アメリカの行使しはじめた、新たな空間の自由を獲得する大いなる試みの幕開けだった。めまいのするほど多くの人々が西部へなだれ込んできた。それはほんの一年前にはとても考えられないことだった。

しかしこの数年間、コマンチ族にとって問題となっていたのは、ピルグリム、土地収奪者、農夫、四九年組、それに急速に領土を拡張したくてたまらない国家だけではなかった。テキサス共和国の時代に、今までになかった別のことが起こり、それが白人に対するコマンチ族の関係を根本的に変えた。コマンチ族の勢力は長い間、軍事的な優位を完全に保ってきた。一人一人をくらべてみても、アングロサクソン系ヨーロッパ人よりコマンチ族の方が馬の手綱さばきも上手だし、射撃の腕前も勝っている。これはスペインが支配していた初期の頃から変わらない事実だった。が、今はじめて重大な挑戦がやってきた。それはあごひげを生やし、暴力的で、訓練を受けていない、薄汚い男たちという形で現われた。彼らはバックスキンの服を着て、セラーペ（鮮やかな色をした毛布状の長いショール）をまとい、頭にはクーンスキン（アライグマの毛皮）の帽子やソンブレロをかぶり、他にも風変わりなものを身につけていた。男たちは軍隊にも属していない。したがって勲章もつけず、制服も着ていない。草原で寒風の中キャンプを張り、給料もたまにしか貰えない。彼らが存在しているのは、もっぱらコマンチ族の脅威のおかげだった。コマンチ族から念入りに写し取った彼らの戦闘方法は、北アメリカのフロンティア戦争を大きく変えることになる。男たちはさまざまな名前で呼ばれた。「間諜《スパイ》」「馬に乗った志願兵」「ガンマン」「馬に乗ったガンマン」[1]など。だれもがそろって彼らのことを「レンジャー」と呼ぶようになるのは、一八四〇年代の中頃まで待たなくてはならなかった。

彼らはいったい誰なのか、なぜ彼らが必要とされたのかを理解するためには、一八三〇年代後半に新生テキサス共和国が置かれていた状況――きわめて難しい、ほとんど維持することのできない状況をつかむことが重要だ。

テキサスはけっして、独自の主権を有する国になることが予定されていたわけではない。サンジャシント川で勝利を収めると、テキサス人の大半は、自分たちの領土がすぐにでもアメリカ合衆国によって併合されるものと信じていた。が、そこには少数ではあるが、ミラボー・ラマーやジェームズ・パーカーのように、一人よがりに帝国の建設を目指す者たちがいた（ジェームズは、ニューメキシコを征服することで、ラマーの思い抱く雄大なヴィジョンを進んで実現しようと考えていた）。しかし他のほとんどの人々はアメリカの一州となることを望んでいた。が、その人々はやがて失望することになる。希望が成就しなかった理由はおもに二つあった。一つはメキシコが変節した北部の州の独立をけっして認めようとしなかったこと。したがって、もしアメリカ合衆国がテキサスを州として合併すれば、それはメキシコとの戦争の危機を招くことになる。一八三六年の時点ではなお、アメリカの側でも準備の整わない時期尚早の状態にあった。そのためにアメリカは、隷属する領土を容易に一つに併合することができなかったのである。これが第二の理由。

テキサスはこうして孤立し、無一文の姿で、軍事的にも力のないままに一〇年の間、和解しがたい二つの敵に直面するがままにされてしまった。南にはメキシコがあり、西と北にはコマンチ族の国家があった。メキシコ人のテキサス侵入はなお持続していた。サンアントニオの町は一八四二年に二度メキシコの大軍に攻略されている。急襲はたえずあった。国境を越えて無法者たちがあちらこちらに出没して、略奪をほしいままにした。さらにテキサスの西のフロンティアは、コマンチ族によって絶え間のない攻撃にさらされていた。興味深いのは、ここでテキサスの占めていた特殊な位置に注目してみることだ。テキサスの二つの敵はそのいずれもが、新たな共和国が提案する条件では、和平案を受け入れようとしなかった。さらに際立っているのは、「両者はともに降服を受け入れない」ことだ。メキシコ軍は一貫して容赦なく攻撃を仕掛けてくる。もっとも有名なのはアラモ要塞に対する攻撃だった。要塞の中にいたテキサスの戦闘員たちは即座に撃ち殺された。一方、コマンチ族は降服という言葉さえ持たない。平原の戦いでは、けっして降服という行為が存在しない。つねに平原の戦争は死闘を意味していたからだ。この意味ではテキサス人たちに、通常の外交的な選択の余地はまったくなかった。彼らはただ「戦わなければならなかった」[2]のである。

しかし、メキシコ人は相変わらずうろうろとして、ニュエセス川の北方に部隊を派遣しては、ひとたび失った州の返還を取り戻す機会をうかがっていた。その一方でコマンチ族からはたえず、破壊的でとどめようもない脅威が今なお押し寄せてくる。コマンチ族が殺したテキサス人の数は何千人にも及び、メキシコ人が殺した数を上回っていた。強情で不屈、恐れを知らないテキサス人だったが、気がついてみると、コマンチ族を相手にするには、まったく準備不足の上に心構えもできていない。そんな状態だったので共和国の初期には、テキサス人もまた、スペイン人やメキシコ人と同じ運命をたどるかのように見えた。コマンチ族との戦いでは、序盤戦、インディアンの方が断然有利だったのである。

インディアン側の優位性は武器に端を発していた。テキサス人がアラバマ州のテネシーや他の東部の地からやってきたとき、身につけていた主要な武器はケンタッキー銃で、これは多くの点で技術の粋を集めたものだった。長くて重い銃身、短い銃床、それに命中率が高い。隠れたところから、静止した姿勢で発砲したときには圧倒的な威力を発揮する。猟銃としてはきわめてすぐれた銃だが、戦闘には不向きだった。とくに騎馬の戦闘には向いていない。銃に弾丸を装填するのにひどく時間がかかるからだ。火薬を計って注ぎ入れ、弾丸を銃身に長い棒で詰め込む。そして雷管に火薬を詰めて、うまく撃針で強打できるようにフリント（火打石）を適度に調整しなくてはならない[3]。作業をすべて終えるのに少なくとも一分間はかかるだろう。これは動き回って弓を使いこなすコマンチ族が相手では、死刑を宣告されたようなものだ。コマンチ族と戦う者にとってさらに分が悪いのは、長い銃を使う際に銃の撃ち手がつねに馬から降りなければならないことだ。馬に乗った状態で銃を撃てば、この銃がもつ唯一の利点である正確性が失われてしまう。テキサス人はケンタッキー銃の他にピストルを持っていた。これは旧式の単発銃で、(4)ライフル同様、弾丸の装填や発砲に手間がかかる上に、やはり馬上の使用には不向きだった。

これらすべてが意味していたのは、共和国の初期、テキサス人がつねに徒歩で戦っていたということだ。弓を巧みに使う敵によって行なわれる、猛々しい馬上からの攻撃に直面して、テキサス人たちが地上から射撃できるのはそれこそ三発がやっとだろう。その内の二発は近距離から撃つことになる。そのあとで撃ち手は、仲間の銃に援護射撃をしてもらうか、あるいは何とか再装弾するチャンスを見つけなければならない。昔からインディアンの行なったやり方や、伝統的な幌馬車に対する戦術としては、白人の銃が弾を撃ち終えるまで待つという方法があった。撃ち終えたあとで、彼らがふたたび弾を込める前に攻撃をする。接近戦のときには白人もまた手斧やトマホークを使った。が、それはひいき目に見ても役に立っていたとはいいがたい。

一方、コマンチ族が手にしていた武器はそのどれもが、いくつもの戦闘をくぐり抜けてきた非常に機能のすぐれたものばかりだった。バッファローの皮でできた円形の楯、一四フィートの長さを持つ槍、バッファローの腱を使った弓、それに鉄の矢じりをつけた矢を入れる矢筒など。弓と矢を扱うインディアンのテクニックは伝説に残るほど名高いものだった。彼らのすぐれた腕前になお懐疑的だったリチャード・ドッジ大佐は、一八三四年に次のような場面を目撃した。それはコマンチ族のインディアンが「五本から一〇本ほどの矢を左手でつかみ、それを恐ろしい速度で放つ。そのスピードは、はじめに放った矢が地面に落ちる前に、最後の矢がすでに飛んでいるというほどだった。しかもその威力は、それぞれの矢が二〇ヤードから三〇ヤード離れた男に致命傷を与えるほど強かった」(5)。ドッジはまた次のようなことも書き留めている。インディアンはどうしたわけか、従来の正式な標的をめがけて矢を射ることは不得意で苦労するという。が、「試しに切り込みを入れた棒の先に、五セント硬貨をはさんで的にして、それを射させてみるとよい。彼は巧妙に体をひねりながら、矢を斜めから飛ばしてみごとにコインを打ち落とすだろう。それもほとんど百発百中の確率で(6)」。インディアンたちが、走る馬の背から矢を射る正確さは、大半の白人の男たちにとってまさに驚くべきものだった。

矢傷でもっともひどいものは、しばしば鉄の矢じりをつけた矢による損傷だった——この矢じりは大むね、交易業者から手に入れた樽の鉄たがや鉄板から、三角形に荒削りにしてこしらえたもの。鉄の矢じりは骨に当たるとよく曲がる。つまりそこで「しっかりと留まって」しまうのだ。そのために矢傷は内部の損傷が大きくなり、矢を引き抜こうとすると激しい痛みを引き起こした(7)。平原インディアンの楯はバッファローの皮を何枚も重ねて部厚く作られていて、銃弾への防備という点では驚くほど効力を発揮する。マスケット銃やそのあとに出たライフル銃の銃弾が、まともに正面からやってきても、それを十分に食い止めることができた(8)。インディアンたちが使う槍はとりわけ殺傷力が強い。彼らはそれを使ってバッファローを背後から突き刺す——つねにバッファローの右側から、一番下の肋骨と腰角《ようかく》の間に(9)——、全速力で馬を走らせながら。これもインディアンたちが、たくさんの練習を積み重ねた結果、習得したものだった。接近戦のときには、白人がどのような武器を持ってきても、おそらくこの槍に対抗することはできないだろう。ドッジが観察した通り、槍は「はなはだしく命を損なう(10)」ものだった。

インディアンもまた銃は持っていた。が、一八六〇年代に連発式のライフルが登場する以前に、白人との戦闘でインディアンが銃を使用した点については、あまりに誇張して語られすぎている。インディアンが所持していた銃の大半は、安価な交易品のマスケット銃だった。この銃は命中率が低く、壊れやすい上に質の悪い火薬を使用している。そのために弾丸の初速が低く、湿度の高い天気や雨模様のときにはうまく発火しないことがあった(11)。銃の故障はよく起きたが、そんなときインディアンたちは修理をすることができない（条約の中で彼らはしばしば、銃工による修理を要求している）。東部の森林地帯では、木陰に身を潜め、慎重に狙いを定めて発砲することができる。そのためにこのような武器はいくらか有効で役に立つ。が、平原ではあまり役に立たない。マスケット銃を持つインディアンは比較的少ないし、その使用はたいてい戦いのはじめの一斉射撃に限られていた。そして、そのあとから矢や槍によって攻撃することが多かった。(12)

テキサス人の抱えていた最大の不利な点は、彼らの乗る馬とそれを扱う馬術にある。アメリカ人の馬はどちらかといえば作業用の馬で、ゆっくりと重い足取りで歩くために、速くてタフで機敏なインディアンのポニーと互角に走ることはとてもできない。それにくらべるとフロンティアの人々が乗る馬は、いくらか立派に飼育されていた。が、そのほとんどは険しい土地を何マイルも走るにはあまりに脆弱すぎた。(13)短い距離を走るときでも、白人の乗り手がコマンチのムスタングを遠く引き離すことは不可能だった。おまけに長い距離を走るとなれば、インディアンの馬は食料の点で優位に立つ。入植者の馬が穀類を食べるのに対して、ムスタングはまぐさ（とりわけハコヤナギの樹皮を好む）や草を食べるからだ。

が、たとえ条件を同じにしても、白人の乗り手がインディアンと同じように長距離を走ることはできない。東部の森林地帯に住んでいれば、長い距離を走る機会などないし、場所から場所の移動といっても、テキサスで経験する距離に近いところなどはどこにもないからだ。それに白人たちは馬に乗って戦ったり、走る馬から正確に射撃する方法をまったく知らない。が、コマンチ族は完全に馬上で、しかも北アメリカの兵士や市民がこれまで目にしたことのないやり方で戦った。静止している敵に対して仕掛けるインディアンの古典的な攻撃を考えてみるとよい。彼らはまずくさび形の陣形を作る。そのあとで、くさび形はみごとな正確さとスピードで、スポークのない巨大な車輪に変形する。車輪の縁には戦士の動く列が一つか二つ輪をなしている。車輪の中にもう一つ車輪ができる。ウォレスとホーベルは次のように書いていた。

機械のように正確に回る輪は、回転するごとに徐々に敵に近づいていく。輪の中でもっとも敵に近いところにいた戦士が、馬の首に掛けてあった縄輪にどっと身を投げた。そして首の下から矢を射た。もし彼の馬が打ち倒されるようなことがあっても、彼はたいていうまく足で地面に立ち、首尾よく難を避けることができた。[14]

仕事用のやくざ馬にまたがったアメリカ人やテキサス人は、どう見てもこのような攻撃に十分対応できるとは思えない。他の部族のインディアンたちも、そのほとんどがコマンチ族には対抗できなかった。コマンチ族は二〇〇年の間このやり方で戦ってきた。そして、高い機動力を持つ破壊的な敵に対しても、日常当たり前のようにして、彼らはこの戦闘方法を繰り広げてきた。戦争が彼らの行なったすべてだった。そして彼らの社会的な身分のすべてが戦争にもとづいていた。一世代にわたった彼らのアパッチ族征服は、コマンチ族の生活に深甚な変化をもたらした。それ以前は狩りで動物を捕まえ、その肉を獲得することが人生の第一目的だった。が、今はそれが戦争になった。そしてコマンチ族のインディアンたちは、ここに至るまで戦争に対する欲求を徐々に発育成長させてきた。[15] コマンチ族の行なう戦争はその大半が白人の目には届かなかった。が、今のわれわれはそれを目にすることができる。コマンチ族が白人の入植地を攻撃していないときに彼らが何をしていたのか、それをわれわれに思い出させてくれる記録が二、三存在する。その中で、以前コマンチ族の捕虜だったハーマン・レーマンが彼らの戦闘について語っている。戦闘はアパッチ族とコマンチ族との間で行なわれたものだが、おそらくそれは多くの点で典型的なインディアンの戦闘といってよいだろう。戦いは丸一日激しい戦闘が繰り広げられて、双方に多数の犠牲者が出た。アパッチ族は最初の日に二五人の戦士を失った。が、コマンチ族にはおそらくそれ以上の死者が出ただろう。次の日、コマンチ族は馬に乗ってさらに激しい攻撃を仕掛けた。この日の戦いでコマンチ族は四〇人の戦士を殺し、アパッチ族の女と子供をすべて殺戮した。[16] やはり以前に捕虜となった経験を持つ者が記したもう一つの記録では、馬に乗ったブラックフット族のインディアン一八〇〇人と、やはり馬に乗ったコマンチ族の戦士一二〇〇人が激しく衝突した。至近距離で行なわれた残忍な白兵戦で、戦いは六時間に及んだ。コマンチ族は敵を「叩きのめし」、ブラックフット族に盗まれていた三〇〇〇頭の馬を取り戻した。[17]

これが今、西部のフロンティアに住む哀れな農夫たちの上に、コマンチ族が雨あられと降らせている情け容赦のない攻撃の実体だった。農夫たちが取りうるただ一つの有効な手段は、幌馬車や馬で輪を作り、インディアンたちをできるだけ殺して、これ以上戦いを続けることは、さらに犠牲者を増やすことになると攻撃側に知らせることだった。が、ほとんどの場合、入植者たちにそれをするチャンスはなかった。

この問題に対してテキサス側の出した解決策——レンジャーズ部隊の設立——は西部の軍事史の上でもユニークなものだった。他の者から見るとこの部隊はまったく軍隊の体をなしていないからだ。第一にこれは軍隊組織や慣習のあらゆるルール——伝統的な軍隊を機能させ、すべての基準となっている階級制——を無視している。部隊は既知のいかなるカテゴリーにも合致しない。それは警察でも常備軍で

も市民軍でもない。この団体が正式に組織されたのは一八三五年と一八三六年である。部隊設立の原動力になったのはシンシア・アンの伯父ダニエル・パーカーで、設立に際しては彼の雷のような演説がその背景にあった。[18] 部隊はサンジャシント川で戦った軍隊（一八三七年までにはほとんど全員が一時解雇された）が残していった空隙に足を踏み入れることになる。部隊設立の計画は紙上では上首尾のように見えた。六〇〇人の騎馬ガンマン――パーカーの立案では部隊員は「レンジャーズ」と名づけられ、はじめてこの言葉が正式に使われた――が、インディアンの探索とフロンティアの防御のために任命された。[19]

しかし実のところ、資力の乏しい小さな政府には、銃や人や馬を提供することなどとてもできない。[20] 制服、糧食、兵舎をまかなうことさえできない。レンジャーとして選り分けることのできる人間を六〇〇人近く見つけることなどまず不可能だった。ときには一〇〇人ほど集まることもあったが、たいていは五〇人集めるのがやっとだった。彼らの所属した団体は正規の軍隊ではないし、政治的な組織でもない。したがって、将校に指名される者もいない。何とはなしに、拍手喝采や単に功績にもとづいて選出されるだけで、兵卒が将校たちに任務を与えるというシステムだった。食料が支給されないので、レンジャーたちは自分で狩猟をした。戦場へ行くにも、しばしば持参するのは水、それに乾燥したトウモロコシの粉に砂糖を混ぜた「冷たい小麦粉」[21] と呼ばれるものくらいだ。ときに彼らは、自分たちが防御に尽くした地域の人々から食料を分けてもらうこともあった。鶏を盗んだこともある。政府が確実に支給してくれるものは賢明なことに唯一弾薬だけだった。

レンジャーにはほとんど何も支給されないのに、それでもなお、新兵の募集に何ひとつ支障が生じた風がないのは奇妙なことだった。それは第一に、テキサスの西側では当時、若くて向こう見ずな独身の男性があふれていたことが挙げられる。彼らは開放的な空間を求め、危険で生々しい冒険に憧れていた。[22]

若者のほとんどは二〇代で、心地のよい農場の座ってばかりいる生活にあきあきし、何かそれ以外のものを求めてサンアントニオからやってきた連中だった。彼らは当然、コマンチ族やメキシコ人たちは殺した方がいいと考えた。名のあるレンジャーズ部隊の隊長はたいてい三二歳になるまで兵役を続けた。彼らには馬以外に財産と呼べるものはなかったし、しばしば定まった職業のない者もいた。が、こうした者たちを抜きにしては、レンジャーズ部隊はまったく機能しなかった。彼らは自ら進んで戦場へ行き、三カ月から六カ月もの間戦地にとどまった。それくらいの期間がレンジャーの任務としては当たり前だったのである（レンジャーたちと他の市民軍との違いは、半永久的ともいうべきレンジャーの兵役の長さだった）。一八三六年から一八四〇年にかけて、この一見ばかばかしいほどのひな形から、当初のインディアン対策の組織（レンジャーズ部隊）は発展していった。レンジャーたちは単に必要とされたということだ。そして、その前提から組織として成長を遂げていったのである。

彼らはフロンティアのパトロールをしはじめると、コマンチ族を見つけ次第殺した。経験の浅い若者たちはそれ以上のことは考えない。そのために彼らは、馬と武器とインディアンの攻略だけの、死を招きかねないこの新しい社会にすぐに適応した。が、しかしその彼らも、驚くほど多数の死をどうしたら防ぐことができるのか、その点に関してはすぐに学び取ることはできなかった。コマンチ族と非公式な軍隊で戦うというこのはじめての試みは、これからもけっして十分に理解されることはないだろう。それはこの試みの大半が記録に残されていないからだ。新しいフロンティアの住人たち、とりわけレンジャーたちは読み書きができなかった。それに彼らはものを考えるタイプではない。彼らは自分たちの勝利を認めて、自ら受け入れることとさえめったにしない（白人たちはつねに西部では、ただがむしゃらに前に進むだけで、自分たちの行なったことが結果として大惨事を避けることになっても、彼らにとってそれは何ほどの意味も持たなかった)、ましてや、自分たちの敗北を認めることなど彼らの眼中にはなかった。ともかく彼らは、薄汚い上に粗末な身なりで、食べ物も十分に与えられていない非正規兵の一隊だった。もちろん手紙一つ書くこともしないし、日記もつけない。報告書と名のつくものもめったに出した覚えがなかった。自分たちがしたことを他の者に話さないこともしばしばだった。彼らの周辺には、一八七〇年代に起きたインディアンとの戦いについて、それをのちにこと細かく、しかも少々派手に書き立てることになるジャーナリスト風の人々もいなかった。ヒューストンやリッチモンド、クラークスヴィルのようなテキサス東部の町には記者もわずかにいたのだが、その彼らにしても、一八四六年にメキシコ戦争が勃発したあとになってはじめて、レンジャーとは誰だったのか、そして彼らは何をなしとげたのか、あるいは彼らはアメリカの戦争をどのようにして変貌させたかについて理解したほどだ。共和国の時代にフロンティアで何が起きていたのか、そのことについてはわずかではあるが、現場にいて、直後に書き残したほんのひと握りの回想録作者から情報を得ることができる。

が、残された証拠から判断しても、一方的で残虐な結果に終わったコマンチ族との戦いで、多くの若者たちが死んでしまったことは明らかだ。レンジャーのジョン・ケイパートンは「毎年およそ半数のレンジャーが殺された」と推定して、「入隊した隊員たちの命は、一年か二年以上はとてももたなかった」[23]といっている。彼はまた、一八三九年にサンアントニオにいた一四〇人の若者の内、「一〇〇人がインディアンやメキシコ人との数多くの戦いで殺された」[24]と書いている(そのほとんどはインディアンによって殺された)。これは人口がわずか二〇〇〇人の町では非常に大きな数だ。プラムクリークの戦い、そのあとに起きた血なまぐさいムーア大佐の襲撃などの歴史を読んだ者は、テキサス人はおそらく、コマンチ族に対する戦争の仕方をすばやく習得したにちがいないと感じるだろう。が、これは真実ではない。プラムクリークは、バッファロー・ハンプが彼の軍を統制することができず、インディアンたちに略奪をほしいままにさせてしまったことから起きた失態で、それがテキサスの兵士たちの勇敢さと同じ程度に戦いの結果に影響を及ぼした。コロラド川におけるムーアの成功もまったく奇襲の結果によるものだ。コマンチ族は今なお、白人は自分たちの故郷まで追いかけてくることはまずないだろうと考えていた。

ムーア大佐がはじめてコマンチのキャンプを襲ったときに、さんざんな目にあったことは、初期に行なわれた戦闘の大半がおよそどのようなものだったのか、それをよく見るようにという提案を白人たちもたらした。一八三九年五月二七日に三二人のレンジャーを率いて、ブラゾス川（テキサス州ベルトンの近く）河畔のフォードマイラムを出発したジョン・バード大尉の偵察隊もまたこの教訓を生かしていた。「略奪をこととする」インディアンを探索していて、彼らはたまたま、バッファローの皮を剝いでいた二七人のインディアンの一団に出くわした。嘘のような幸運によろこんだ白人たちは、馬に拍車をかけて彼らのもとへと向かった。コマンチ族たちはもちろん逃げた。どんな攻撃にしろ、相手から攻撃を仕掛けられるというのは彼らの戦い方ではなかったからだ。[25] レンジャーたちは追いかけた。三マイルほど追跡を続けた。が、いつものことだが、彼らの馬ではコマンチ族のポニーにとても太刀打ちができない。レンジャーたちはあきらめて、砦へ戻ることにした。が今、はじめて気づきはじめたのだが、逃げたコマンチ族もまた戻ってきた。そして突然、コマンチ族は「レンジャーたちを」追いかけてきたのである。ある将校の話では、コマンチ族は「矢を四方八方から射かけてきた」[26]という。そして人数も四〇人に増えていた。ここでバードはあやまちを犯す。それは経験を積んだコマンチ族の戦士たちならけっしてしないあやまちだった。バードは怯えたジャックウサギのように逃げ出してしまった。これが平原で起きた出来事なら、おそらくバード隊は一巻の終わりだったかもしれない。とりわけインディアンの部隊を率いていたのは他ならぬバッファロー・ハンプだったし、今では部隊も三〇〇人に膨れ上がっていたのだから(27)。

しかしバードはついていた。逃亡する彼の部隊は幸運なことに峡谷に行き当たり、隠れ場所を見つけることができた。続いて起こったことは、この時代にレンジャーズ部隊が戦った戦闘の典型的なものだった。白人たちは身を隠した。インディアンは攻撃を仕掛けて双方に死者が出た。最終的にはインディアンの方が撤退した。身を潜めてケンタッキー銃を撃ってくる白人を、今いる場所から引きずり出そうとすれば、さらに自軍の犠牲者を増やすことになる。これを嫌ってインディアンたちは軍を引き揚げた。ここでまた典型的だったのは、戦いを引き延ばす白人のやり方だった。実際、バードはしつこく勝利を収めることにこだわった。勝つためには自らが死に瀕してもいとわない、そんな覚悟だった。バードの部隊では六人の兵士が死んだ。他の者たちも負傷した。死傷者の数は全体の三〇パーセントを越えていた。が、現実は峡谷が彼や兵士たちを全滅から救い出してくれたのである。これが平原での戦いだったとしたら、兵士たち全員が歴史の闇の中に消えてしまうような、数多くの瞬間を思い浮かべることができたにちがいない。勇ましく追跡していたレンジャーたちも、一瞬にして、絶望的に逃亡するレンジャーに変貌していただろう。それに平原では峡谷などあるはずもなく、レンジャーたちはたちまちの内に全員殺されていたにちがいない。もし不運なことに即座に殺されなかったとしても、こんどは火やその他の手段でゆっくりと拷問にかけられた上、殺されたにちがいない。これについてはレンジャーも徐々に学びつつあった（広く信じられていたのは、インディアンと戦うベテランのレンジャーが、自分自身のために銃弾を一つだけ残しておいたということだ。その例がただ一つ記録に残されている。一八五五年に、アメリカ歩兵将校のサム・チェリーがコマンチ族と戦っている最中のことだった。チェリーの馬が撃たれて彼の上に倒れかかってきた。身動き一つできなくなったチェリーは、襲ってくる敵に向かって冷静に銃を五発撃った。そして勝ち誇ったインディアンたちに囲まれると、やおら銃口をこめかみに当てて最後一発の引き金を引いた(28)。

レンジャーたちは荒くれ者の一団だった。大酒を飲み、人を殺したり、殴り合いや刃傷沙汰が大好き、自分で犯罪人や敵と目星をつければ、どんな者でも率先して処刑にした。時が過ぎるとともに、レンジャーの中でも多くの者が殺された。そして自然淘汰が行なわれ、残った者たちはいっそう荒々しく、いっそう残忍で、さらに攻撃的になった。彼らは外見もまたそんな風に見えた。理想化されたレンジャーといえば、つばの反り返った皮の帽子をかぶり、スカーフと綿のシャツ、それにシンプルな半ズボンといった出で立ちだ。が、現実はちょっと違っている。彼らは自分の好きなものを勝手に着込んでいた。ときにはカラフルなメキシコのセラーペや、つば広のソンブレロを身に付けていた。また毛皮の帽子や薄汚いパナマ帽をかぶり、切り詰めたコートをまとった姿も見かけられた。頭のてっぺんから足の先までバックスキンで固めていたり、バッファローの皮でこしらえた数々の服を着ている者もいた。中には腰のあたりまで裸で、わずかにインディアンの腰布のようなものを脚絆の上に巻きつけている者もいる(29)。たいていがみんな背は高く、筋肉隆々とした腕をして、長い髪の毛、ふさふさとしたあごひげを生やした、逞しい体つきの男たちばかりだった。彼らの名前を見ても、「ビッグ・フット」・ウォレス（実際彼は大きい。野蛮な闘士だ）、「アリゲーター」・デーヴィス（以前、彼は格闘して人をメディナ川に引きずり込んだことがある）、「オールド・ペイント」・コールドウェル（肌がしみだらけで、剝げかけたペンキのように見えた）など恐ろしげなものが多い。一九世紀のアメリカのさらに文明化の進んだ地域から見ると、あきらかに彼らは、社会秩序の上からいっても盗賊や無法者の側に属していた。フロンティアの酒場で会っても、とてもこちらから喧嘩をふっかけてみようとは思わない連中だった。

そしてこれは驚くべきことだが、この荒くれて、ときに一丁字もない者もいるような、手に負えないごろつきたちの一団が、もの静かでほっそりとした二三歳の若者にこの上ない確固とした忠誠を誓っていた。若者はひげのない少年のような顔と、寂しげな目、それに甲高い声をしていて、年齢よりずっと若く見えた。彼の名前はジョン・カフィー・ヘイズ。ジャックと呼ばれていた。彼を非常に恐れたコマンチ族は、メキシコ人のように彼のことを「カピタン・ヤック」と呼んだ。(30) メキシコ人たちは彼の首に大きな懸賞金を掛けた。ヘイズはとびきりのレンジャーで、それは誰もが彼のようになりたいと思ったほどだ。攻撃を受けたときに彼くらい勇敢で機敏、なおかつ冷静な男は他に誰一人見当たらない。かつてアメリカが生み出した軍司令官の中で、彼はもっともすぐれた指揮官の一人だった。これはサンアントニオの人々も一八三〇年代の終わりには薄々感じていた事実だった。が、他の人々はメキシコ戦争がはじまってはじめて気づいた。メキシコ戦争で彼は国民的な英雄となり、それとほとんど間を置かずに、彼の指揮する恐るべきレンジャーたちもまた神話の中に足を踏み入れた。ヘイズがテキサスのフロンティアやメキシコで戦ったのは一二年に満たないほど短い間だったが、彼は個人的に消すことのできない刻印をテキサス・レンジャーズ——この組織はヘイズを見習って甦ったといえるかもしれない——はむろんのこと、アメリカの西部に残すことになった。

一枚の写真がある。一八六五年に撮られたもので、ヘイズは四〇歳だった。この写真が彼のすべてを語っている。顔はまだ少年のようだ。髪はふさふさとして、うしろになでつけられていた。顔立ちは端正で、どちらかといえばハンサムな方だ。概してごく普通の印象を受けるが、一つだけ際立って人目を引く特徴がある。それは彼の目だ――深くて賢そうで、静まり返っていて、やや寂しげ、そして一四〇年も経っているのに、今見ても圧倒的な魅力を持つ。何ものをも恐れない男の目だ[31]。ヘイズは平原のフロンティアにはじめて登場した偉大なインディアン・ファイターだった。彼自身が、多くの伝説や三文小説やハリウッド映画を生み出した伝説そのものだったのである。

ヘイズは一八一七年に、テネシー州リトル・シーダー・リックの富裕な軍人の家に生まれた。祖父はインディアン戦争中、アンドリュー・ジャクソン（一七六七―一八四五。第七代アメリカ合衆国大統領）の下で兵役につき、そののちジャクソンが晩年を過ごすことになる、テネシー州のハーミティッジ邸を

ジャック・ヘイズ　偉大なテキサス・レンジャー。コマンチ族やメキシコ人がもっとも恐れた人物。オールドウェスト（旧西部）の数えきれない伝説の発信元。ヘイズ以前、アメリカ人は西部に長いライフルを持ち、徒歩で入って行ったが、ヘイズ以後は、誰もが馬に乗り、6連発銃を手にしていたといわれる。

彼に売り渡した。ヘイズの父親もまたジャクソンの下で働いた。そして、ジャクソンがもっとも信頼した将校の一人ジョン・カフィーにちなんで自分の息子に名前をつけた(32)。冒険を求める多くの若者たち――とりわけテネシー州人――と同様に、若いジャックはサンジャシント川の戦いが終わると、テキサスへ向かい、おそらく一八三八年にはサンアントニオに着いていただろう。そこで彼は測量士の仕事を見つける。当時測量技術は、入植者たちがインディアンの土地を目指して、西方へ押し分けて進むためにぜひとも必要とされる現実的な手段だった。テキサスは独立後、新しい入植者たちに「人頭権地《ヘッド・ライト》」という名で知られる、払い下げ公有地のようなものを与えていた。この土地の所有権を示す権利証書を人々に与えるためには、誰かが水準器や測鎖（距離測量用の鎖）、測量士用のコンパスなどを持って出かけて行き、払い下げ請求地の認定をしなくてはならなかった。当然予想されたことだが、コマンチ族のペナテカ部隊は測量士たちを憎み、わざわざ追跡してはこれを捕まえた。おそらく測量は北アメリカでもっとも危険な仕事だったろう。ヘイズが到着した年には測量をしていた人々のほとんどがインディアンに殺された(33)。

　しかしこの仕事は、賃金はもとより冒険を求めていたヘイズを魅了した。測量部隊には測量士たちの他に、彼らを守る武装警備兵や冒険好きな連中がついてくるようになった。この連中はただ部隊のあとについてきては、土地を探検したり、狩りをしたり、おそらくはインディアンを狙い撃ちもしたのだろう(34)。恐いもの知らずでどこにも属さず、元気のあり余った者たちにとって、この時期にテキサス州サンアントニオに住んでいることはまったく時宜を得たことだった。バルコーネス断崖の縁にあったサンアントニオはひときわ美しい。なだらかなライブオークのサバンナが広がり、春には野の花が咲き誇って虹のスペクトルを繰り広げる。狩猟の獲物はふんだんにいた――バッファロー、クマ、鹿、アンテロープ、野生の七面鳥、カナダヅル、コヨーテ、オオカミなどが何万もの単位でたむろしていた。リャノ川、グアダルーペ川、パードナレス川、サンマルコス川など、水晶のように澄み切った石灰岩の川では魚が飛び跳ねていた。(35)

この新しいパラダイスにいながら、たくさんの若者は相変わらずつらい死に方をしていた。ヘイズの従兄弟もその例に漏れなかった。が、にもかかわらずヘイズは、かなり多くの測量を手がけている。一八三八年には七六の人頭権地の測量をぶじに終えた。(36)その一方で彼はインディアン・ファイターとして、とりわけ仲間の命を救ってくれる闘士として有名になりつつあった。彼を知るある作家は次のように書いている。『インディアンだ』という叫び声が起こると、小さなテネシー州人（ヘイズ）はにわかに別人のようになる。馬に乗り、人間とは違った生き物の外見を呈する。続いて彼に起こることは突撃と死闘、そしてインディアンたちはたちまち叩きのめされた。これはインディアンが彼の部隊を襲ったときにつねに起こることだった(37)」。南北戦争時のグラント将軍のようにヘイズもまた、気にかけていたのはいつも、敵方にどれほどダメージを与えることができるかということだけで、敵方が彼に与えるダメージについては、それほど心配していなかった。グラント将軍同様彼もまた、攻撃だけがすべての男だったのである。話をしている分には、穏やかで礼儀をわきまえたヘイズだったが、ひとたび戦いとなると氷のように冷ややかで、彼に判断を委ねた者たちには毅然とした態度で接して指揮を取った。測量士たちの命を守ることで名を上げたヘイズは、やがて新たなレンジャーズ部隊と行動をともにするようになる。レンジャーズ部隊はしばしば測量チームを護衛する役割を担った。われわれはヘイズがプラムクリークで戦ったことを知っている。また一八三九年に徒歩で家までの帰還を余儀なくされた、不運なムーア大佐の遠征隊に参加していたことも知っている。(38)が、当初の彼についてはそれ以上のことは知らない。

しかし、彼はあきらかに群を抜いていた。一八四〇年、二三歳のときにヘイズはサンアントニオのレンジャーズ部隊の隊長になった。この時期の部隊は、テキサス共和国によって正式に設立された軍隊だが、なお武器や装備、馬、それに食料さえ自前で用意するよう命じられていた。はじめの内は給料さえ支払われなかった。のちに給料は月三〇ドルと定められて、とにもかくにも支払われた[39]。当初、部隊の資金のいくぶんかは一般市民の献金によるものだった（組織としてのレンジャーズは、わずかにとぎれとぎれだが断続的に存在した。議会の承認から権限の授与、そしてしばしばの解散、さらにそのあとの改編といったぐあいだ）。新しく誕生したインディアン・ファイターたちの平均余命――多く見積もっても二年だろう――からしても、それはだれもが従事したいとはとても思わない仕事だった。しかし、すでに変化は起こりつつあった。勝ち目が移動しはじめていた。これを誰よりも知っていたのがヘイズだった。理由を一つ挙げると、新しいタイプのレンジャー――ヘイズ部隊のレンジャーのような――は馬の乗り方を知っていた。そして彼は敏捷で速く走る馬に乗っていた。この馬はムスタングにケンタッキー産やヴァージニア産やアラビア種をかけ合わせたものだった。新しい育成馬はインディアンの馬にくらべると重い。が、ムスタングと一緒に走ることができ、長距離を遅れずについていくことができた。一〇〇ドル以下の値打ちしかない馬を持つ新兵をヘイズは入隊させなかったという。

ヘイズ指揮下のレンジャーズ部隊は、人数が一五人あるいは二〇人を上回ることはめったになかった。が、その行動は徐々に、彼らが追い求めていたインディアンに似通ってきた。「彼らはインディアンたちと同じように大草原を軽快に移動していた」とケイパートンは書いている。「そして暮らしぶりもインディアンたちのようだった。テントはなしで、夜は馬の鞍を枕代わりにした[40]」。とりわけヘイズは、コマンチ族に敵対するインディアンやリパン・アパッチ族の偵察者たちに多大な注意を向けた。彼らから馬の乗り方や戦い方、追跡の仕方、キャンプの設営法などを学んだ。レンジャーは各自ライフルを一丁、ピストルを二丁、ナイフを一本所持していた。鞍のうしろにはメキシコ製の毛布を巻いておき、塩や「冷たい小麦粉」、タバコなどを入れる小袋を携えていた。(41) が、所持品はこれがすべてだった。コマンチ族のようにレンジャーたちもまた月明かりによって旅をした。そして、川の流れや北極星の位置を目印に移動した。火はなしですませた。キャンプでも火を焚かず、ハードタック（固いパン）や調理をしていないものを食べた。(42) ヘイズの兵士たちは瞬時の内に戦闘態勢がとれるように、服を着たまま、武装を解かずに眠った。彼らは凍えるような天候でも、馬のかたわらで泳ぎながら川を渡った。(43) アメリカの軍事史をひもといてみても、このような行軍をした先人は誰一人いない。レンジャーたちのようにわずかの時間で馬に馬勒をつけ、鞍を置くことができた騎兵もどこにもいなかった。

この内のいくつかは若い兵士たちも自然に身につけた。が、中にはトレーニングの末にようやく身につけた技術もある。ヘイズがつねに兵士たちにいっていたのは、射撃と乗馬をともに習得せよということだった。ある練習を例にとると、六フィートほどの棒を地面に四ヤードの間隔で立てる。レンジャーはフルスピードで棒に向かって馬を走らせ、まず一本目の棒をライフルで撃つ、そして二本目はピストルで撃つ。(44) まもなくレンジャーたちは、棒の上に載せた人間の頭ほどの輪を撃ち抜くことができるようになった。注目すべきはレンジャーたちが「馬に乗りながら」攻撃をし、射撃をしていることだ。これはまぎれもなく平原インディアンたちから盗み取ったコンセプトだった。おそらく彼らはこれを一八三八年から一八四〇年の間にはじめたのだろう。この移行がいつの時点で起こったのかわからないが、それがコマンチ族独自のスタイルを直接まねたものであることは確かだった。そして、この技術が対インディアン戦争で、計り知れないほど大きな進歩を示した。馬の鞍に腰掛けながら銃を撃つことのできるのは、アメリカ中でレンジャーたちだけだったし、それを戦闘中にできるのもまったく彼らだけだった。この技術は完全に必要に迫られて習得されたものである。コマンチ族と戦う者の中で、草原にいながら、馬から下りて戦った方が有利だなどと思う者は、おそらく誰一人いなかっただろう。

乗馬の練習はさらにいっそう手の込んだものになっていった。ヘイズの指揮下にいた人物が書いた同時代の記録がある。

三、四カ月練習を重ねると、われわれの技術もすっかり身についた。そのおかげでこんなことができるようになった。馬をフルスピードかその半分のスピードで走らせ、帽子やコート、毛布やロープ、それに一ドル硬貨でさえひろい上げることができた。鞍で立ち上がって体を馬の横腹に投げ掛けると、向こうから見えるのはわれわれの片手と片足だけだ。そしてピストルで馬の首の下から撃つ。起き上がるとこんどは反対の横腹に身を横たえる。これを繰り返した。(45)

ヘイズが熟知していたことは、正真正銘の大胆さが重要なことと、敵の心に恐怖とパニックを印象づけることの大切さだった。それでも彼はなお武器に関しては著しく不利だと感じていた。レンジャーが撃つことのできるのは三発だけ（ライフル一丁とピストル二丁）で、そのあとはすぐに馬を止めて弾薬を再装填しなくてはいけない。それも馬の上では簡単に操作できない。そのためにも、部下のレンジャーたちはすばやく、しかも激しく敵を叩いて先制攻撃をしなくてはいけなかった。それはしばしば待ち伏せをしたり、夜間の奇襲によって行なわれた。向こう見ずの徹底した攻撃によって、自分たちのハンディキャップを克服する必要があったのである。「そこで支配していたのは一つのアイディアだった」と同時代の人ヴィクター・ローズは書いている。「迅速に音を立てずに行進せよ――敵が油断しているときに叩け――敵を痛めつけよ――敵を粉砕せよ」。一八四〇年の秋、ヘイズと二〇人の男たちは、サンアントニオに近いグアダルーペ川の渡河地点で、二〇〇人ほどのコマンチ族の一団に遭遇した。コマンチ族はたくさんの馬を盗んでいた。ヘイズはレンジャーたちに次のようにいった。「みんな、あそこにはインディアンがいる。われわれの馬がいる。インディアンたちはかなり強い。が、われわれは彼らを打ちのめすことができる。さて、諸君はどうする？」

「前進しましょう」とレンジャーたちは答えた。彼らの考えはいつもの通り、ヘイズの指揮に従うことだった。「やつらが一〇〇〇人いたとしても、われわれはみんなあなたについて行きます」(46)。インディアンたちは信じられないといった様子だった。こんな荒野で、馬に乗ったコマンチ族を相手に、それも一〇対一という戦力の差を無視して戦おうとは。インディアンたちは前線へ進んで行き、小部隊が攻撃してくるのを待った。テキサス人たちは猛烈な攻撃を仕掛けて、それぞれが三発ずつ銃を撃ち放った。戦線は「混乱に陥った」。激しい小競り合いの中で、インディアンの族長が撃たれて殺された。インディアンたちは遁走した。

こんな風にしてヘイズと彼の率いる小部隊は、テキサス中央部のペナテカ部隊と激突した。そして何度か戦いを重ねたのだが、そのほとんどは記録に残されていない。ヘイズが好んだのは奇襲だった――コマンチ族が好んでしたと同じように、就寝中に彼らの集落を襲ってインディアンたちを殺した。ヘイズはコマンチ族から、平原で行なわれる戦争の基本的な知識を学んだ。それは戦いには勝利か死の二つに一つしかないということだった。インディアンたちは容赦のない攻撃を重ねたし、レンジャーたちは命乞いをめったなことでは受け入れない。そこには名誉ある降服への期待など一切なかった。ヘイズはつねに勝利を収めていたわけではない。が、彼は部下の命を守ることには驚くほど成功している。ある戦いで彼は、一二〇人のレンジャーたちと、一五人から二〇人ほどのリパン・アパッチ族を率いて戦場へ向かった。相手はコマンチ族の大軍である。この戦いでヘイズが失った人員は二〇から三〇人ほどだった(47)。もう一つの戦いには、一五〇人のテキサス人と一〇人のリパン・アパッチ族を引き連れていった。やはり大軍を相手に戦い、一時間半ほど敵を馬で追いかけた。ヘイズ軍の馬はよろめき、下肢の腱を痛めた。コマンチ族のポニーと張り合って走ることはとてもできなかった。レンジャーの中には傷を負った者もいる。ヘイズ自身の報告によると、「ヘイズ軍は糧食が尽きてしまった今、ベクサー（サンアントニオ）へたどり着くまでは、生き延びるためにやむをえず、負傷した馬をつぶさざるをえなかった(48)」

ヘイズはまた、やがては彼の主要な強みとなるものをすばやく習得している。それはコマンチ族の行動がきわめて予想可能で意外性に欠けるという事実だ。彼らはけっして自分のやり方を変えることがない。習慣に強く縛りつけられており、同じようにまじないや魔法にどっぷりと浸かり切っている。したがって与えられた状況——たとえば戦時族長やメディスン・マンが殺害されたような事態——に対して、毎回、まったく同じように反応してしまう。白人の側からいうと、コマンチ族たちはたやすく怯えてしまうのだ。ヘイズの行なったことは、勝算を計算することのできない人々にとっては、信じがたいほど勇敢な行為に見えた。が、これはいっておかなくてはならないのだが、もちろん彼自身、信じがたいほど勇敢な男だった。

ヘイズには他にも特性があった。それは仲間の身の安全に関してとびきり用心深いことだ。仲間が傷ついたときなど、彼の面倒の見方はほとんど母親のようだった。キャンプの中でも驚くほどよく働く。薪や水の運搬、馬を杭につなぎ、両脚をいっしょに縛る作業、そして食事の調理などあらゆる仕事をした。しかし、「自分個人の危険という問題になると、彼の勇敢さは向こう見ずと境を接することになる」。体格は頑丈にできていて、それが不快感、悪天候、睡眠不足などに対して、彼を一見、無感覚のように見せていた。「夜分吹きさらしの場所で野営したときに、私はしばしば、彼がキャンプファイアのそばで座っているのを見かけた」とJ・W・ウィルバーガーは書いている。

土砂降りの雨が降っていたり、みぞれや雪まじりの冷たい北風が、彼の耳のあたりをびゅうびゅうと吹き抜けていても、彼はあらゆる不快なことに対して、あきらかに無感覚のようなのだ。それはまるでファーストクラスのホテルの心地よい部屋に座っているようだった。おそらくこのときも、彼が夕食で食べたものは、ひと握りのペカンの実と、堅いビスケットのかけらがそのすべてだったろうに。(49)

ヘイズの戦闘における手柄は、彼が一八四一年に隊長へ任命される以前に、すでに国境沿いでは知られていた。が、フロンティアで彼の名声を確立させたのは、一八四一年に行なわれた二つの戦いだった。最初の戦いはメキシコ人が相手だった。二五人のレンジャーたちを引き連れたヘイズは、ラレードの近くでメキシコのすぐれた騎兵軍を敗走させた。二五人の捕虜を得て、二八頭の馬を捕獲した。彼はこの攻撃をまったくずぶといやり方でやってのけた。部下たちに馬から下りて、敵に向かって前進せよと命じた。そして、通常の斥候兵があえて発砲を控えて前へ進むより、さらにいっそう近くまで敵に近づくように、それまで銃は撃ってはならないと伝達した。攻撃はいつものように彼が指揮した。敵まで六〇ヤード——性能のいいケンタッキー銃の射程圏内にすでに四〇ヤード入っていた——の距離にきたとき、レンジャーたちはいっせいに発砲を開始した。メキシコ人たちは逃げた。レンジャーズたちは弾を再充填するために待機することなく、ピストルを抜くとメキシコ人が見捨てた馬に飛び乗って彼らを追跡した。[50] メキシコ人の敗北はラレードの町をパニック状態に陥れた。住民の多くは殺されることを恐れて、リオ・グランデに「飛び込んだ」。ヘイズが町に近づくと市長が白旗を掲げて出てきて、レンジャーたちに町を破壊しないでほしいと懇願した。[51] レンジャーたちは町に危害を加えなかった。しかし、彼らはつねにそんな風に寛大だったわけではない。一八四七年にレンジャーたちはメキシコシティで、仲間の一人の死の報復として八〇人の男たちを処刑にしている。[52]

第二の戦いは、ヘイズの大半の戦いがそうだったようにコマンチ族が相手だった。一八四一年夏、コマンチ族の部隊はサンアントニオ近郊の入植地へ下りてきた。急襲し住民を殺して馬を盗んだ。ヘイズは、間欠的にだがテキサス議会が出してくれる歳出予算の一つを手に、一三人のレンジャーズ部隊を立ち上げて、コマンチ族を馬で追跡した。サンアントニオから西へ七〇マイルほど追って、ユヴァル渓谷の入り口までやってきた。ヘイズはそこでインディアンたちを発見したのだが、その方法はリパン族から学んだものだった。非常に単純なことで、ただコンドルの大群のあとを追いかければよかった。コンドルの群れは、コマンチ族が捨てた血の匂いのするゴミの山の上を、高々と螺旋状に輪を描いて飛んでいる。キャンプに近づくとヘイズは、一二人のコマンチ族を見つけて、彼らと交戦した。レンジャーたちは攻撃し、インディアンたちは鬱蒼とした薮の中に隠れた。

ヘイズはただちに敵が取った行動の意味を悟った。それはこのような深い薮の中では、彼らの射る矢がほとんど、あるいはまったく役に立たないことだ。ヘイズは部下に薮を取り囲み、出てくるものを撃てと命じた。彼は手に傷を負っていたが、二人の部下を連れて薮の中に入った――そのあとさらに三人目の部下が加わった。薮の中で彼らはインディアンと四時間にわたって戦闘を繰り広げ、一〇人の敵を殺した。この戦闘についてヘイズは、テキサス共和国陸軍長官に宛てて、少々冷ややかで珍しい報告をしている。

インディアンたちは銃を一丁しか持っていなかった。薮はきわめて深かったので、彼らは矢をうまく使えない。非常に不利な状況の中で戦った。が、最後まで戦い、静かに息を引き取るまで、彼らは戦いの歌を歌っていた。騎兵に取り囲まれ、薮から出てくれば斬り殺される。おまけにこの状況で矢はまったく役に立たない。したがって、彼らの運命は避けることができなかった――運命を見据えて彼らは、英雄のようにそれに立ち向かった。(53)

これは戦士としての武勇の驚くべき誇示だった。おかげでヘイズは少佐に昇進した。彼はまだやっと二五歳になったばかりである。

コマンチ族との戦いで成功を収めたヘイズだったが、なお彼は、ある大きな手に負えない問題に直面していた。それは彼が使用している、弾薬の再装填の難しい単発のライフルと旧式のピストルが、矢筒に二〇本の矢を入れたコマンチ族と戦う際に、著しく彼を不利な立場にさせている問題だ。これにはどうにも解決策を見出すことができない。銃身の長いロングライフルを馬上で使うことを試みたが――実際、それは大きな奇跡をもたらさなかった――このライフルはなお馬上では扱いにくく、もっぱら地上での発砲や再装填に適していた。これもやはりケンタッキー経由でペンシルヴァニアからやってきた、古い無骨なライフルだった。ロングライフルの持つ欠点が、ヘイズのレンジャーたちが戦闘で見せる狂暴な攻撃性の大部分を減殺してしまう。しかし、現状のままで手を変えずにいたら、やがては鉄の矢じりのついた矢を存分に浴びせられることは火を見るより明らかだった。それなりに危険はあるものの、猛然と仕掛ける攻撃こそが今のところ何より安全な方策だったのである。

一方、文明化したあるいは文明化しつつあった東部では、ある計画が進行中だった。それはやがてヘイズの抱えた問題を解決し、そのことで世界を変えることになる試みだった。が今はまだ、それは失敗のぬかるみの中にあり、世間に知られることもなかった。一八三〇年、すばらしいアイディアを持ち、複雑な力学に才覚を示す一六歳の少年サミュエル・コルトが、木材からリボルバー(回転式)拳銃のひな形をはじめて作り出した。六年後に彼はその拳銃の特許を取った。一八三八年、ニュージャージー州のパターソンにあった会社で、コルトが特許を取った拳銃の製造がはじまった。その中の一つが三六口径、五発入り弾倉《シリンダー》、八角形の銃身を持つリボルバー式ピストルだった。トリガー(引き金)は隠れていて、撃鉄を引くと下りてきた。このアイディアははじめてのものではなかったが、一般向けに使われたのはこれが最初だった。

が、新しい銃については一つだけ問題があった。それはこの銃をほしいという者がいないことだ。銃にとってうってつけの市場ともいうべきアメリカ合衆国政府は、何一つ注文を出さなかったし、助成金を出してこのプロジェクトを援助することもしなかった。リボルバー拳銃は騎兵が腰につける携帯用の武器としては最適だったが、この時期、アメリカ軍には騎兵がいなかった。新しいピストルは一般市民の興味を引くこともなかったようだ。少々実用的でないとはいえ、なかなかこじゃれた代物だったのだが。奇妙なことにこの銃をほしがったのは、異国のように遠く離れたテキサス共和国の人々だけだったのである。一八三九年、ミラボー・ラマー大統領はこともあろうにテキサス海軍に命じて、パターソンの武器製造会社に五連発式コルト・リボルバーを一八〇丁発注させた。その後、テキサス軍はさらに四〇丁の銃を追加注文している。[54] ピストルは船積みされて到着し、その代金が支払われた。が、コルトの銃が、水兵やテキサス政府で働く者によって使用されたという証拠はとくにない。この銃は結局、テキサス軍のどこだかわからない見当違いの部署へ行くことになる、用途不明のとても実用的とはいえない武器と見なされていたようだ。当時の状況はこんな風だった。そして新兵器は無視されてしまったのである。

コルト・リボルバーがどのようにして、ジャック・ヘイズとレンジャーたちの手に渡ったのか、それを正確に知る者は誰もいない。しかし、彼らの手に渡ったことだけは確かだった。ヘイズの部下でもっとも名の知られた中尉の一人サミュエル・ウォーカーが、後年コルトに出した手紙の中で、その日付は一八四三年のある時だったと記している。[55] これはおそらく正確だったろう。というのも、サム・ヒューストンが海軍を解隊したのがやはりその年だったからだ。[56] レンジャーたちは事件が起こるたびに、この武器の重要性をすぐに理解したにちがいない。彼らにとってサミュエル・コルトの工夫はまさしく天啓だった。連発式銃は馬上で使用することができる。したがって、やっとこれでインディアンたちと互角に勝負することができた。記録には残されていないが、ヘイズと仲間たちは多くの時間を費やして、新しい武器の実射を試み、その能力を理解したにちがいない。そして彼らはキャンプの火を囲んで、リボルバーの持つ利点と弱点について議論を交わしながら多くの夜を過ごしたにちがいない。

が、サミュエル・コルトの新しいリボルバー銃は多くの弱点を持っていた。それはまず華奢なこと。リボルバーが発射する弾丸は口径が小さいために、大きな口径——四四口径、あるいはそれ以上のもの——が必要なときにはとても役に立たない。それに近距離以外では命中率がひどく落ちてしまう。またこの銃はあらかじめ装填したシリンダー（リボルバーの弾倉）を使用する。ということは、銃を二丁と各四つのリボルバーを持ったレンジャーは、四〇発の弾を撃つことができるということだ。が、シリンダーの取り替えが難しい。それに空になったときに、戦場でそれに銃弾を再装填することはまず不可能だ。しかし、「回転式」弾倉という革命的な基本事実は変わらない。ヘイズと残りのレンジャーたち、とりわけベン・マカロックとサミュエル・ウォーカーは、リボルバーの持つ潜在能力を確信していた。一八四四年の春頃、レンジャーたちは不人気で風変わりなコルト・リボルバーをはじめて実戦で試してみる機会を得た。

この実戦は「ウォーカーズクリークの戦い」という名で知られるようになる。それは小規模の軍事衝突だったが、テキサス史上、そしてアメリカ西部史上、決定的な瞬間の一つとなった。実際、ジャック・ヘイズがサンアントニオに到着する前は、西部のアメリカ人たちはおおむね徒歩で、ケンタッキー銃を抱えて歩き回っていたといってよい。それが一八四九年に彼がサンアントニオを離れるときには、西へ行く者はだれもが馬に乗り、六連発銃をホルスターに入れて持ち歩いた。ウォーカーズクリークの戦いがその変化のはじまりだったのである。

一八四四年六月のはじめに、ヘイズと一四人のレンジャーたちはパードナレス川やリャノ川上流域を偵察していた。彼らがいたのはオースティンやサンアントニオの西、ペナテカ部隊が中心地にしていた丘陵地帯だった。何一つ見つけることができなかったために彼らは帰途についた。六月四日、彼らはウォーカーズクリークで足を止め、ビートゥリー（ミツバチが巣を作る芯のうつろな木）から蜂蜜を集めた。ウォーカーズクリークはサンアントニオの北、五〇マイルほどのところを流れるグアダルーペ川の支流である。その間、ヘイズは仲間の内二人を出して、グループのうしろに置き、あとをつけてくる者がいないかどうか見張らせた。これは昔からインディアンたちがしていた慣習で、ヘイズはインディアンの習わしをたくさん習得していた。やがて、後方を見張らせていた二人の男が大急ぎでキャンプに戻ってきた。息せき切って二人が報告するには、一〇人のインディアンが馬に乗って彼らのあとを追っているという。部隊はただちに馬に乗り、インディアンの方へと逆行した。彼らが近づくと、三、四人のインディアンがこれ見よがしに怯えた風をして、さらに命からがら逃げ出す様子をしてみせた。これこそ昔から行なわれていたインディアンのトリックだった。ヘイズは敵の計略に乗ることなく、彼らの追跡をやめた(57)。

やがてペナテカ部隊の残りのインディアンたち――七五人――が姿を見せた。テキサス人たちはゆっくりと前進をする。インディアたちは険しい丘の頂きへと戻っていった。そこはライブオークの立ち木のある、起伏の多い岩だらけの土地で、守りに堅い絶好の要塞だった。丘のてっぺんからインディアンたちはレンジャーズ部隊に向かって、「突撃、突撃」とスペイン語や英語で叫んで彼らをあざけった。

ヘイズは彼らの要求通りにした。が、それはインディアンたちが思い描いていたものとはまったく違っていた。ヘイズと一四人の仲間は、丘のふもとで一時インディアンたちの死角に入った。そのことに気がついたヘイズは、即座に小部隊の進む方向を変えた。全速力で馬を二〇〇ヤードから三〇〇ヤードほど走らせ、丘のふもとを迂回してインディアンたちの背後に現われた。そして彼らの側面から攻撃をした(58)。驚いたコマンチ族は、それでも何とか急いで態勢を立て直した。彼らは部隊を二手に分けると、大声を上げながらテキサス人に両面から立ち向かってきた。今までの場合だと、彼らの攻撃は必ずやレンジャーの戦線を破壊していたところだ。おそらくはレンジャーズ部隊を敗走させていただろう。が、しかしレンジャーたちは、すぐれた馬術と荒々しい勇気を見せると、馬を並べて輪を作り、インディアンたちの攻撃に立ち向かった。

次に起こったことは――七五人のコマンチ族ペナテカ部隊対一五人のレンジャーズ部隊。矢と槍対連発式ピストル――まさしく地獄絵図のようだった。数人のレンジャーたちが重傷を負った。その間、レンジャーたちのピストルは驚くべき正確さで、インディアンを馬の鞍から撃ち落とした。戦闘場面は一五分ほど続いた。そのあとでインディアンたちは戦いを中断すると逃走をはじめた。続いて繰り広げられたのは走りながら行なわれた戦闘である。荒れ地を一時間以上二マイルほど走った。インディアンたちは勇敢な族長に鼓舞されると、散り散りになっていた隊をふたたび集めて再編成し反撃に転じた。が、彼らはレンジャーズ部隊の次から次に火を吹くコルト・リボルバーに圧倒されるばかりだ。インディアンの死傷者は四〇人に上った。レンジャーズ部隊の方は一人が死に、四人が負傷した。が、戦闘はまだ続いている。インディアンの族長は、ばらばらになった部下を繰り返し何度も呼び集めては反撃の態勢を取った。

そのとき五連発銃が持つ弱点を明らかにするかのように、ヘイズの部下たちの銃弾が尽きてしまった。さらに正確にいうと、前もって装填していたシリンダーを使い切ってしまったのである。シリンダーを戦場で再装填することは不可能だった。だれもが手元に五連発の銃を持っているだけとなった。もはや今では、残る三五人のインディアンのなすがままとなってしまう。少なくともインディアンがレンジャーたちの銃弾が尽きたのに気がつけば、そうなるのは目に見えていた。が、ヘイズは冷静だった。

銃に弾丸の残っている者は誰かいないかと大声で叫んだ。一人ロバート・ガレスピーが前に進み出て、自分の銃には弾がありますといった。「馬から下りて、族長を撃て」とヘイズは命令した。ガレスピーはその通りにした。「三〇歩」ほどの距離に近づいて、族長を鞍から撃ち落とした。残ったインディアンたちは「族長が倒れたことでひどい恐怖感に襲われ、……四方八方に散り散りとなって低木の茂みへ逃げ込んだ」(59)

硝煙が消えると、二〇人のコマンチ族が死んでいた。他にも三〇人ほどのインディアンが負傷している。ヘイズの部隊は一人が殺され、三人が重傷を負った。部隊の主要な中尉の一人サミュエル・ウォーカーはコマンチ族の槍によって地面に突き刺されていた。レンジャーたちはその場所にキャンプを張り、負傷者の手当に当たった。三日後に四人のコマンチ族が現われた。おそらく仲間の死体を取り戻すためだったろう。ヘイズはふたたび彼らを襲い、四人の内の三人を殺した。

フロンティアにいた他の誰もが、ウォーカーズクリークで起こったことを理解するためには、なおしばらく時間が必要だった。そして、この事件が意味したもの、つまりそこでは思考の枠組みをぶち壊すような根本的な変化が起こったことを、アメリカ政府が理解するのにはメキシコ戦争まで待たなくてはならなかった。今、インディアンたちが直面していたのは、銃弾のけっして尽きることのない銃によって、馬上から射撃されるという現実だ。白人たちは今では完全に馬に乗りながら敵と戦うことができた。それも射撃の回数がほとんどコマンチ族の矢の数と匹敵できるほどの銃を手にして。ハンディキャップはすでになくなり勝負は五分五分となっている。あるいはむしろ白人の方が優勢になった。「このときまで」とサミュエル・ウォーカーは一八四六年にサミュエル・コルトへ出した手紙の中で書いている。「大胆不敵なインディアンたちはつねに、自分たちをわれわれよりすぐれた者と考えていました。個人対個人としても、あるいは馬に関しても。……　この戦いの結果、われわれは彼らを威嚇し、彼らに対抗できるようになりました(60)」

が、しかし、テキサス共和国の外では、誰一人としてサミュエル・コルトがしたことを理解する者はいなかった。一八四四年、コルトが連発銃を製造しはじめて丸六年が経ったとき、彼の発明は失敗に終わっていた。それより前の一八四二年に、ニュージャージー州のパターソンにあった工場が破産に追い込まれた。コルトは何とか特許権だけは手放さずにいたが、その他のものはほとんど失ってしまった。銃のモデル（模型）や試作品、それに六連発式銃の計画書もすべて散逸するか損なわれてしまった。それから五年もの間コルトは貧困の中にいた。

しかし、そこには希望もあった。そしてコルトはそれを知っていた。ヘイズとその仲間がリボルバーを使って試みていたことについて、それを語った言葉が東部にいた彼のもとへ届いていたからである。非常に興奮したコルトは一八四六年の秋に、テキサスにいたサミュエル・ウォーカー宛てに手紙を書いた。

私の連発銃を使用された経験について若干の質問をさせていただくのと、メキシコとの戦争で兵役に銃を導入されたことに関して、あなたのご意見を少々お聞かせ願います――これもやはり、私が発明した武器を使って、ヘイズ大佐やあなたが立てられた手柄のことで、私はまだそれほど多くの情報を手にしていないからです。そのために私は長い間、あなたと個人的に知り合いになりたいと思っていました。そして、私の銃が通常の実用以上の働きを示したさまざまな実例について、そ

の真実の話をあなたからお聞きしたいと思っていました。(61)

ウォーカーはすぐに返事を書いた。ウォーカーズクリークの戦いでどれくらいリボルバーが威力を発揮したかを、熱意を込めて報告した。そして手紙を次の言葉で結んだ。「改良を重ねさえすれば、あなたの銃は騎兵隊にとって、世界でもっとも完璧な武器に必ずなると思います」(62)。このときからサミュエル・コルトの展望はよい方向へと急速に開けていくことになる。

メキシコでは戦争がはじまっていた。テキサス・レンジャーズはそれに志願し、アメリカ合衆国軍ザカリー・テイラー将軍の傘下に入った。レンジャーたちはただちに国境の南で戦闘に参加することになった。そして、メキシコにいたアメリカ軍に驚くべき印象を与えた。テキサス・レンジャーズは誰もがこれまで目にしたことのない集団だった。だいたい制服というものを着ていない。武器や装備もすべて自前。それにどこへでも馬に乗って行く。軍隊の中では他の誰とも違って、彼らは好んで騎馬による戦いを行なった。また彼らはおもに斥候として働いた――そこでは、コマンチ族から学んだ戦争のスタイルを、国境の南の土地で活用できるようにきわめて効果的に変えていた。そして彼らの勇敢な行ない、タフさ加減、機略縦横な才覚を物語る逸話は、メキシコ戦争から世界中へと広がっていった。サミュエル・ウォーカーが七五人の仲間とともに、五〇〇人のメキシコの騎兵隊が固める戦場をがむしゃらに突進していった話や、メキシコのゲリラ兵が出没する道をみごとに通過可能にしたジャック・ヘイズ大佐の話は、シカゴからニューヨークに至るまで、各地のサロンで繰り返し語られた。テイラー将軍はレンジャーたちの手に負えないふるまいに愚痴をこぼしていたが、彼らが敵を怯えさせたという事実はいかんともしがたい。誰もが彼らを恐れたのである。

レンジャーたちのことでもっとも人目を引いたのは彼らの持つ武器だった。五連発コルト、それに銃を巧みに扱って馬上から高い命中率で撃つことのできる彼らの能力、それは軍隊にとって大きな驚きとなった。軍は今では銃をさらに多く採り入れたいと考えた。正確にいうと一〇〇〇丁の銃が必要だった。これだけあれば、レンジャーたち及びメキシコにいた他のテキサス人全員に十分に行き当たる。しかし、そこには一つ問題があった。サミュエル・コルトはこの五年間、どのような種類のリボルバーも作っていなかった。資金もなければ、銃を作る工場もない。彼のピストルの実用模型さえ何一つなかった。サミュエル・コルトはニューヨークの新聞各紙に宣伝を打って、銃の模型を見つけようとした。が、これには成功しなかった。しかし彼は軍隊に一〇〇〇丁の銃を一丁二五セントで売ることを提案した。契約を手にするとコルトは、友人のイーライ・ホイットニーにピストルを作るように説得した。さて、そこで彼がしなければいけないことは真新しい銃を新たにデザインすることだった。

そしてこのあとで注目に値する出来事が起きる。たまたま一時的にワシントンに滞在していたサミュエル・ウォーカーにコルトが手助けを依頼した。銃のデザインを自分といっしょに考えてほしいという。コルトは次のように書いている。

この武器を作りはじめる前に、こちらにおいでいただいて、お目にかかれるとありがたいのですが。……省庁から指令を受けました。ニューヨークへきて武器の製作の指揮をするようにというのです。その際、あなたにご提案していただく改良点を製作に生かしたいと思います。(63)

こうして二人の男――テキサスのフロンティア出身で、歴戦のレンジャーと野心に燃えた「コネティカットのヤンキー」――が共同製作者となった。ウォーカーはアイディアに溢れていた。彼はコルトに説明した。必要なのはより大きな口径で、銃は重くいかつい作りでなくてはいけない。銃身はより長く、そして同じように長くて、より丸みを帯びた「握り」がほしい。彼の提案する微調整はまったく特殊なものでもあった。一八四七年二月一九日付のコルト宛て手紙の中で、「従来のものにくらべて、銃の後部はさらに洗練されたものに。そして前部は洋銀造りでまったく違った形[64]」にした方がよいと書いた。五つの弾倉を変えて六つの弾倉にしたのはサミュエル・コルトのアイディアだった。

技術の粋を集めた品「ウォーカー・コルト」は、これまでに考案されたものの中で、もっとも威力のある、もっとも殺傷力の高い銃となった。やがてこの銃は、腰につける武器としてはローマ時代の短剣以来、いかなる武器よりも多くの人々を戦闘で殺すことになる。[65]それは小さな大砲だった。銃身は巨大で六インチもある。重さは四ポンド九オンス。回転式の弾倉には、それぞれ二二〇グレーンの重さを持つ、円錐形で四四口径の弾丸が入る。装薬――黒色火薬五〇グレーン――が新式コルト銃に、一〇〇ヤードの射程距離を持つライフルと同じくらいの殺傷能力を持たせた。[66]銃身にはウォーカーズクリークの戦いの場面――銃はサミュエル・コルトからレンジャーたちへの贈り物だった――がエッチング加工で描かれている。それはサミュエル・ウォーカーがコルトに説明した通りのものだった。銃身に描かれ、刻み込まれたウォーカー・コルトを手にした馬上のレンジャーは、メキシコ戦争のぬぐうことのできないイメージの一つとなった。新式銃はもちろんサミュエル・コルトの窮状を救った。当初たしかに、彼はこの銃の取引で数千ドルを失ったが、のちに彼はこの国でもっとも大金持ちの一人となった。一方、サミュエル・ウォーカーは一八四七年一〇月九日に、メキシコのウアマントラで狙撃兵に撃たれて死んで英雄となった。

11

死闘

美しい大草原の高地、ここには入植者《タイボ》もこれまで誰一人足を踏み入れたことがない。一〇月の冷たくて心地よい空気の中、澄んだ泉のそばで、ナウトダと呼ばれた女性（シンシア・アン）が一五〇〇ポンドもあるバッファローの解体という、大変つらい仕事に取りかかっていた。バッファローに関する作業は、そのあとを追って殺すことを除けば、残りはほとんどが女性の仕事だった。解体も彼女たちの担当だ。コマンチ族の女性はバッファローの肉を細長く切って乾燥させた。皮は鞣して着るものを作った。はらわたや腱はもちろんのこと、骨の髄や脳みそ（皮をこすってやわらくするのに使われた）、それに巨大獣の残りの部分も残らず取り出した。バッファローはそのすべてがヌムヌーの生活を支える基盤となっている。女性は他にも何から何まであらゆる仕事をした――そんな風に見えた。料理をして、子供や馬の面倒を見る。馬が牧草を食べ尽くしたり、敵が近づいてきたら、移動のための荷造りをする。彼女たちは戦うことさえした。それもたいていは防御のためだ。襲撃する部隊と行動をともにすることもあった。ナウトダも襲撃に参加した。

ナウトダははたして幸せだったのだろうか。結局は終わることのない逃れることのできない、つらい仕事の連続しか待ち受けていない生活に、はたして彼女の幸福の占める場所があったのだろうか――これについては判断を下すことができない。が、そこには臨時に訪れるよろこびもあった。ナウトダにとっては子供たちが何よりのよろこびだった。三人の子供がいた。年長の子は大きくて逞しい一二歳の少年でクアナという。弟はクアナより二つか三つ年下で、名前をピーナッツといった。美しい少女もいた。トセア（プレーリー・フラワー）という名で、まだよちよち歩きの幼児だった。この荒々しいフロンティアにもし幸福と呼べるようなものがあったとしたら、たぶん彼女は結婚に幸せを感じていたにちがいない。夫のペタ・ノコナは背丈が大きく、筋骨の逞しい浅黒い肌の男で、傑出した戦時の族長だった。ナウトダは夫が部隊内で占める地位の高さをよろこんでいたし、彼が狩猟で手にした獲物の恩恵にもあずかっていた。ペタ・ノコナは襲撃者としてもすぐれ、たくさんの馬を所有していて、大草原ではそれが彼らを富裕にさせた。が、ナウトダは夫をもう一人の妻――純血のコマンチ族女性だ――と共有しなければならなかった。

一八六〇年一〇月のことである。アメリカ合衆国がエイブラハム・リンカーンを大統領に選出（一一月）し、それにより国家を二分して、無数の人の血を流すことになる政治的事件（南北戦争）へとアメリカが動きはじめる、その一カ月前だった。が、ナウトダやその家族には合衆国全体の動きなどまったくわからない。彼女やインディアンたちが読み取ることができたのは、白人の存在だけだ。彼らは軍事力の有無や、入植地の進出状況やその増加ぐあい、それに白人たちの軍事力の意向には驚くほど敏感だった。狩りの獲物が狩り場へ戻ってこなくなったときには、ただちにそれを察知することができた。が、彼らが見ていたのは、あくまでも平原の僻遠の地からである。平原はアメリカ大陸の中央部に位置する広大な地だった。そこでは驚くべきことに、生活の大半が以前と同じ状態で続けられていた。ナウトダも家族とともに、一七六〇年にコマンチの女性が過ごしたのと変わらない暮らしをしていた。あるいはそれは多くの点で一六六〇年の暮らしぶりとも同じだったかもしれない。そこにはなおバッファローがいて、コマンチ族は相変わらず戦争をしていた。彼らは故国の九五パーセントの範囲内で、対抗者のいない確固とした地位を守り続けていたのである。

読者は不思議に思うかもしれない。白人は誰一人住んでいないし、彼らが旅して足を踏み入れたこともない遠く離れた平原で、キャンプをするコマンチ族の様子をどのようにして知ることができるのかと。しかし、すでに書かれている報告はどんなものでも、けっしてすべてが作り物というわけではない。シンシア・アン・パーカーのあとをたどるのはたしかに難しい――それに時が過ぎ行くにつれて、変化の速いフロンティアでは、ますます彼女は遠い思い出となりつつあった――が、一八六〇年一〇月における彼女の行方は正確に知られている。われわれは彼女がどこにいたのか、誰といっしょにいたのか、そして何をしていたのか、それに、彼女が数百ヤードに及ぶキャンプ内のどこで野営をしていたのかをはっきりと知っている。彼女の状況は次の二カ月の間に起こった出来事、彼女の身にまさに降り掛かろうとしていた血なまぐさい惨劇のおかげで知ることができる。それは一八三六年の襲撃で、彼女が捕虜となったことと対をなして、シンシア・アン・パーカーを世界でもっとも不運な一人とさせた運命でもあった。

これから何が起ころうとしているのか、彼女自身何ひとつ予測していなかった。いつもしていたことを彼女はその日もしていたわけだし、太古から引き継がれたヌムヌー女性の生活を、シンシア・アンはこの数カ月楽しんでいただけである。彼女が暮らしていたのはコマンチ族の大きなキャンプで、そこには五〇〇人のインディアンがいた。が、そのキャンプは放浪の途中で作られたものとは少し趣きが違っていた。むしろ、さまざまな場所に出陣している多くの攻撃部隊のための作戦基地や補給所といった感じに近い。必需品はもちろん、略奪品や畜牛、それに馬などが、この場所からそれぞれの市場へと送り出される。一種の分別所のようなものだったのかもしれない。キャンプはまた馬が盗まれたときに、代わりの馬を補給できる場所でもあった。[1] それはいわば大規模なインディアンの物流管理《ロジスティックス》システムといったところだ。途方もない量のあらゆる物品がそこにはあった。馬から靴やソーセージに至るまで。コマンチ族にはとても持てそうもないと考えられていた一定の計画性と組織化がそこでは見られた。のちに彼らのキャンプで見つけられたものは以下の通りだ。

> 大量の干し牛肉、バッファローの肉、バッファローの皮……膨大な量のバッファローのラグマット、炊事用具、斧、ナイフ、トマホーク、皮を鞣す道具、椀、モカシン、砥石、バッファローの骨から抜いた髄や脳を入れた皮袋、スープやソーセージ、獣脂や脳を詰めた腸の入った小袋、その他さまざまなもの……[2]。

コマンチ族のキャンプはピース川の近くに設営されていた。ピース川はテキサス州パンハンドル地方に発して、うねうねとテキサス北部の回廊地帯に沿って西へと流れ、レッド川に合流する。合流点は現在のクアナ市の南、クローウェル市の北東一〇から一二マイルの地点だが、この合流点に達する前に、ミュールクリークと呼ばれる澄んだ湧水の小川が、起伏の激しい丘陵やオーク、ハコヤナギ、エノキなどに縁取られた長い渓谷でピース川に流れ込む。ナウトダのいる集落は、透明なミュールクリークが、塩気を含んだ石膏混じりのピース川の水に行き当たる一マイルほど手前にあった。ピース川はクリークに沿って、ハコヤナギの木立の中を数百ヤード伸びていた。あたりは美しい、人の誰もいない土地で、広々とした大草原を断ち切るものは、川や丘陵、それにクリークから立ち上る険しい稜線くらいのものだった。コマンチ族の集落は、一八六〇年の秋、フォートワースの真西へと広がっていた入植地の西方約一二五マイルの地点にあった。

ナウトダがしていたことは血にまみれた汚い仕事だった。ときに彼女は頭から爪先まで、バッファローの獣脂や血、髄や肉にまみれていた。そのために当然のことながら、彼女の明るい髪の毛や白い肌はほとんどどす黒い色に染まっていた。[3] したがって彼女を、インディアンのキャンプの中で白人女性として見つけ出すことは難しかった。ナウトダは働きながら、一方で子供たちの面倒を見た。さらに娘のプレーリー・フラワーには乳を飲ませていた。息子たちは外で遊んでいる。彼らも今では十分に狩りのできる年齢になっていた。そしてときには父親とともに出かけた。一方、ペタ・ノコナは相変わらず狩りと襲撃に日を費やしていた。

彼の襲撃という習性はすでに周知の通りだ。夏場から秋のはじめにかけて、彼は現在のテキサス州フォートワースとウィチトーフォールズの間の諸郡へ、一連の無差別で破壊的な攻撃を仕掛けていた。これはかなり皮肉な感じがするが、彼のおもな攻撃目標の一つであるパーカー郡の名は、ペタ・ノコナの妻の叔父に当たるアイザック・パーカーにちなんでつけられていた。叔父は郡の首都であるウェザーフォードに住むパーカー一族の著名なもう一人の人物である。[4] アイザック・パーカーがテキサスへやってきたのは一八三三年だった。父親の長老ジョン、それにダニエル、ジェームズ、サイラスなどの兄弟、そして他のパーカー一族の者たちとともに。彼は一八三七年から一八五七年にかけて、下院議員や上院議員として、ほとんど途切れることなくテキサスのために働いた。一八五五年には、新しい郡を作るための法案成立に尽力している。[5] 彼は裕福で、彫りの深い顔立ちをした非常にハンサムな男だった。その上物書きとしても広く知られていた。が、ペタ・ノコナはもちろんそんなことは何一つ知らなかった。

そして今、彼は自分の親族が作り上げたものを略奪するためにやってきた。地元のあらゆる報告書が語るところによると、ノコナの襲撃はそのほとんどが夜間に敢行されたという。すでにテキサスでは広く語られているように、それはコマンチの月光の下で行なわれた。パーカー郡に居住していたヒロリー・ベッドフォードは次のように語っている。「月明かりの夜がくるたびに人々は大きな不安に襲われた。私がよく覚えているのは、美しい満月の夜はよろこびをもたらすものではなく、逆にそれは邪悪の最たるものとしてひどく怖がられた」(6)。家族はもとより、入植地が徹底的に破壊されてしまう。ヤングブラッドやリピーという名の家族は、永久に歴史上から消えてしまった。煙を上げて燃え尽きた小屋と、見分けがつかないほど切り刻まれた死体をあとに残して家族は消滅してしまった。襲撃したインディアンたちは畜牛や馬を盗んだ。当時の襲撃はつねに盗みを伴っていた。ベッドフォードは襲撃がペタ・ノコナによるものだったという。というのも、この地域は彼らが昔から猟場としていたところで、ノコナや彼の戦士たちはこの土地をよく知っていたからだ。夜間に移動するために彼らを取り押さえることはほとんど不可能だった(7)。

攻撃もまた並外れたものだった。そのために、フォートワースの西方の入植地にいた白人たちはパニック状態に陥ってしまい、インディアンの攻撃を押しとどめる手だてを何ひとつ考えることができなかったようだ。一八六〇年四月、テキサス州知事のサム・ヒューストンはミドルトン・T・ジョンソン大佐に、州の北部及び北西部のフロンティアにいるインディアンたちを懲らしめるため、レンジャーの連隊を立ち上げる権限を与えた(8)。それより二年前に、アンテロープクリークで輝かしい勝利を勝ち取ったリップ・フォードが、引き続いてコマンチ族を彼らの牙城で追跡したいと願ったのだが、財政的な支援を断ち切られてしまった。そこで今、ジョンソンが代わって五つの中隊を組織した。彼らは馬で北のフォートベルクナップへ向かい、そこでキャンプを張った。ジョンソンが兵士として募ったのがどんな男たちだったのか、また彼が新兵を募集した基準が、どんなものだったのかについては判然としていない。しかし、彼の採用した兵士たちはあきらかに、古いヘイズのレンジャーたちではなかった。インディアンの襲撃を心待ちしていた兵士たちは、その一方で無聊に悩まされた。酒を飲み、殴り合いの喧嘩をしたり、ナイフで渡り合った。ポーカーで遊び、バッファローの狩りもした。ジョンソン大佐はある時点で長い休暇を取り、ガルヴェストンへ行って結婚をした。六月、酒に酔ったレンジャーが他の者を拳銃で撃ち、負傷を負わせた。また別の者は地元のならず者に殺されたという。が、その者は脱走したという人もいて、どちらが正しいのかわからない。兵士たちはダンスパーティーを催しては、それぞれが男と女の役柄を演じた(9)。そしてまたバッファローを追いかけた。

ようやく出陣することになったものの、総勢三〇〇人の兵士たちはインディアンを見つけることができない。夏の間中、ジョンソンと部下はインディアンに裏をかかれたりうまく巻かれてしまい、たいていは以前と同じやり方で恥をかかされるばかりだった。ある報告によると、失敗に終わった探索のあとで、兵士たちはわが家へ向かって戻りはじめたという。彼らはペタ・ノコナを見つけることができなかったのだが、ノコナの方では難なく兵士たちを見つけることができた。夜分、インディアンたちはレンジャーのキャンプを襲った。馬を追い立ててどっと解き放った。そのために白人たちは、とぼとぼと大草原を横切って徒歩で家へ帰るはめとなってしまった(10)。別のときには、レンジャーが北のオクラホマ州へ向かっている間に、インディアンたちは南方に攻撃を仕掛けて、七五頭の馬を盗み、四日間の攻撃で数人の入植者を殺害した。北へ向かっていたレンジャーたちは、「奴らを徹底的にやっつける」と心に誓って馬首をひるがえした。が、インディアンたちが大草原に火をつけたために馬の飼料がなくなり、白人たちはフォートベルクナップに引き返さざるをえなくなった。[11] ジョンソン部隊の失敗は西部における、昔ながらのある真実を説明する好例となった。それはコマンチ族との戦い方を教える知識が、フロンティアの中で伝播されたとしても、それはせいぜいばらばらに不規則な形で広がったにすぎないということだ。ジャック・ヘイズが一八三九年に身につけていた知識が、二〇年後もなお、レンジャーたちの間で学ばれることはなかったのである。

フロンティアの人々は怒り狂った。ウェザーフォードの新聞「ザ・ホワイト・マン」の記者ジョン・ベイラーは、華々しい活躍をする反インディアン思想の持ち主だったが、その彼がレンジャーたちを「完全に無用な者たち」と呼んであざけって次のように断じた。彼らを雇ったことは「フロンティアの人々に押しつけられた途方もない売り物だった」。人々の期待はことごとく「レンジャーたちが体重の二倍もの量の牛肉を一ポンド一一セントで食べたこと、……悪い水を飲んだこと、そしてしまいには、栄光を餌に兵士へと誘導された日を、レンジャーたちが呪詛するだけのことに終わってしまった。さらに、出陣した軍事作戦の戦果は、二人の市民を殺したのと、連隊の大佐の結婚だけというお粗末なものだった」。さらに、もしベイラーや人々がレンジャーのだれでもよし一人でも（とりわけジョンソンを）見つけたら、「彼らは彼の首を吊るしてしまうだろう」[12] と記事は述べている。一方ジョンソンは、可愛い社交界の淑女ルイーザ・パウワー・ギヴンズとの、はじまったばかりの恋愛に夢中になっていたようだ。[13] この夏に行なわれたジョンソンの遠征は不成功に終わったが、それは白人がインディアンとの戦史を書くときにどんなことが起きるのか、その好例を提供することになった。レンジャーズ部隊の歴史にはジョンソンのことがほんのわずかしか述べられていない。しかもそこには、彼の遠征について詳細な記録はほとんどない。彼は肩をすくめてやり過ごされていた。テキサス・レンジャーズ部隊のみじめな屈辱について、興味を抱く者など誰一人いない。これがもし、一八六〇年のテキサス州北西部のフロンティアのことを、インディアンたちが記述していたらどうだろう。彼らはペタ・ノコナの襲撃を戦術的にもすぐれたゲリラ戦として描いていたかもしれない。それは歴史家たちがのちに、南軍のネイサン・ベッドフォード・フォレスト将軍の勇敢な手柄について語ったのと同じやり方だったろう。

勝利と剝いだ頭皮、畜牛、それに馬など、あふれんばかりの戦利品を手に、ノコナはミュールクリークのキャンプに戻ってきて妻や子供たちと再会した。一一月の末にノコナは、再び東のフロンティアへ向かった。今度は五五人の戦士を率いている。初秋のときにくらべて、今回はいちだんと手ひどい、残酷で復讐心に燃えた奇襲だった。部隊はメスキートヴィル（今のジャックスボロ）の西方を一掃し、入植地へ勢いよくなだれ込んだ。そして、目に止まる者はことごとく殺した。ウェザーフォード近くでは、ジョン・ブラウンの農場を襲って馬を盗んだ。ブラウンの体の至るところに槍を刺して殺し、鼻を削ぎ落とした。インディアンたちは車軸を流すような雨の中、草原を突っ切ってスタッグ・プレーリーと呼ばれている場所に着いた。そこはパーカー郡の西端である。(14) フロンティアのもっとも外側に位置するテキサス州でもっとも危険な場所だった。そこには新たに入植してきたエズラ・シャーマンが住んでいた。彼は銃すら所持していない。妻のマーサと三人の子供たちを、近いうちに移動させなければいけないと思っていたところだった。一一月二六日、ペタ・ノコナ隊の戦士たち一七人がシャーマンの家へやってきた。そのときシャーマン一家は夕食を囲んでいた。インディアンたちは小屋に入ってくると、家族と握手をして、何か食べ物をくれないかといった。(15) シャーマンの家族は何が起きているのかびくびくと不安な面持ちだったが、食べ物だけは彼らに与えた。インディアンたちは食べ終わると、家族を外へ追い出した。が、口調は相変わらず友好的なものだった。「出ていけ」と彼らはいった。「傷つけるつもりはない。出ていけ」。七歳になるシャーマンの息子は逃げ出して身を隠した。他の者たちも激しい雨の中、畑を突っ切って近くの農場へと逃げた(16)。

が、逃げるスピードが遅かった。家から半マイルほど逃げたところで、ふたたびインディアンたちが目の前に現われて、こんどはマーサを捕まえた。彼女は九カ月の身重である。エズラと二人の子供たちが逃げ続けている間、インディアンたちはマーサを引きずって、小屋から二〇〇ヤードほどのところまで引き戻した。彼女はそこで輪姦された。輪姦し終えると彼らは、彼女の体に何本か矢を射込んだ。そして、インディアンにすら異常と思えるほど残酷な行為を行なった。彼女の頭皮を生きながら剝ぎ取ったのだが、それも耳の下まで深々とナイフを入れ、頭頂部の皮を丸ごと剝いだ。マーサがのちに語ったところによると、インディアンもこの作業には手間取ったようで、やり終えるまでには長い時間がかかったという。血だらけになった彼女はようやく、這って自分の小屋へ逃げ帰った。激しい雨が降っていたために、小屋はインディアンたちに焼かれずにすんだ。夫がマーサを見つけたのも小屋の中だった。マーサはそののち四日間ほど生きた。そしてその間、隣人たちに事件の顚末を話すことができた。彼女は死産児を産んで死んだのだが、おそらく死因は腹膜炎だったろう。コマンチ族はこの病名をよく知っていた。そのためにしばしば、彼らは犠牲者のへそを狙って矢を射た。半世紀のちにパロピント郡の農場主が回想していたが、彼によると頭皮を剝がされた跡は、彼女に「恐ろしい容貌(17)」を与えていたという。一一月二六日から二八日までの二日間に、ペタ・ノコナの襲撃者たちによって殺された者たちは二三人に及んだ。マーサもその一人だった。

フロンティアの人々はマーサ・シャーマンの死を、インディアンによる行き当たりばったりの無分別

な殺害と見なした。キリスト教徒である女性にこんなことをするのは原始的で不信心、人間以下の部族の仕業だと思った。たしかにシャーマン夫人は誰一人傷つけたわけではないし、戦争行為を行なったわけでもない。が、しかし彼女の死は、ただ単に行き当たりばったりの無意味なものではなかった。彼女はペタ・ノコナ隊のインディアンたちによって、矢とナイフで殺された犠牲者だったが、それと同時に政治的、社会的な衝突の犠牲者でもあった。彼女の死には何らかの意味がある。それは一八五〇年代の終わりに起こった、白人入植者たちによるかつて例を見ないコマンチェリアへの侵入の結果だった。マーサが住んでいた土地は、オースティンやサンアントニオの西にあるエドワーズ高原のように、人々が懸命に働いてやっと暮らしが成り立つ丘陵地帯ではない。そこはテキサス州北部のクロスティンバーズのさらに向こう、丈の長い草の生えた、青々として広い大草原だった。そしてそこは、コマンチ族が一九世紀のはじめからそのために戦い続けてきた、豊かで太古から変わることのないバッファローの土地に囲まれた場所だった。開拓者たちは、一八五〇年代のはじめに建てられた連邦政府の砦をうしろに見ながら、徐々に西へ西へと進みつつあった。が、それが急激な増加を見せたのは次の一〇年の終わりだった。白人の入植地が、今日のウィチトーフォールズを通っていた経線へと五〇マイルほど飛躍的に伸びた。その経線は以前白人たちがそこを越えて行った「道」だった。「住む場所」ではなかったのである。

パーカー郡で小屋と小屋の間に新たに建てられた小屋は、この膨れ上がった入植者たちのものだった。そして、マーサ・シャーマンはあきらかに善意の、神を恐れる女性だったのだが、彼女と夫のエズラは、にもかかわらず、敵の領土へ図々しくも突進してくる、騒々しい雑然とした者たちの仲間だったのである。コマンチ族はそんな風に彼らを見ていた。コマンチ族にしてみればそれ以外に見ようがなかったたからだ。おまけにその秋、バッファローの群れが南へ移動して白人の農場へと向かった。これが意味するところは、フロンティアから離れたところにいるコマンチ族は、確実に飢えてしまうということだ。テキサス北部でペタ・ノコナの行なった荒々しい攻撃はこのように、政治的な目的を持った政治的な動きだったのである。もちろんシャーマン一家がパーカー郡の西部に小屋を建てようと決断したのも、意識をしていなかったとはいえ政治的な行為だった。両者はともに同じ土地を切望した。両者はともに他方がそれをあきらめてほしいと願った。そして両者は、相手があきらめてくれたらその代わりに、何か重要なものを進んで進呈しようとは思わなかった。パーカー砦で起きたことはこれにくらべると、たがいの哨戒線の間で起きたより小さな接触といってよいだろう。一八六〇年にペタ・ノコナが行なった襲撃は、領土をめぐる全面戦争をもたらすことになった。今となってはすべてが危うい状態にあり、すべては変わりつつあったのである。[18]

この変化には、爆発的という言葉がふさわしいかもしれない。一八三六年にシンシア・アン・パーカーが家族のもとから連れ去られたときには、テキサスの人口はおよそ一万五〇〇〇人だった。一八六〇年にはそれが六〇万四二一五人に増えていた。[19] 一八五〇年代だけでも、四〇万の新しい人々がテキサスにやってきたことになる。一八六〇年の時点では、テキサスの住人の四万二四二二人が、テキサス以外の土地で生まれた者たちで、一八万二九二一人が奴隷だった。サンアントニオは人口八二三五人の活気にあふれた町だったし、[20] ガルヴェストンやヒューストン、それにオースティンもすべてにわか景気に沸き立っていて、通りを豚がうろつく田舎町から、都市文明の様相を見せはじめた町へと変貌していた。一八三六年のテキサスには、わだちのできた埃だらけの幌馬車の通る道が、わずかに二、三あったにすぎない。それが一八六〇年になると、何千マイルに及ぶ道が何本もでき、おまけに二七二マイルの距離を走る鉄道線路もできた。パーカー一族の捕虜たちが草原に消えたときには新聞が三つしかなかった。それが今では七一ある。[22] しかし、テキサス州の住人はそのほとんどが農業に従事していて、市民の大半は自給自足の農夫だった。周辺のフロンティアでは農夫たちが、二つの丸太小屋を通路でつないだ昔ながらの住まいや、芝土でこしらえた家を建てていた。そして道具や武器を除けば、あとはほとんどすべてのものを自分で作り、土地から収穫したものでどうにか暮らしを立てていた。彼らはたくさんの恐怖に耐えたのだが、それは一世紀前にアパラチア地方のフロンティアで、入植者たちが耐え忍んだ恐怖と同じものだった。彼らはこの恐怖にもかかわらず、アラバマ州やテネシー州、それに東部の他の場所から引き続きやってきた。そして、長い間攻め入ることのできなかった草原という防壁の端に、何千人という単位で留まっていた。

ペタ・ノコナの来襲が示している通り問題は次の点にあった。つまり、入植者たちがコマンチ族によって捕虜にされて、レイプされ、拷問を受けて内臓を抜き取られ、それでもなおワシントンD・Cのインディアン管理局（当初オフィス・オブ・インディアン・アフェアズ、のちにビューロー・オブ・インディアン・アフェアズ［BIA］となる）では、誰一人その対応策をほんのわずかなものさえ考えない。ジャック・ヘイズとレンジャーたちが新しいやり方で、インディアンと戦いはじめてから二一年が経つが、対応策が現実となることはまったく不可能のようだった。たしかにときおり、コマンチ族の勢力を永遠に打ち破るという名誉な任務を担って、軍隊が派遣されることはあった。さらにしばしば彼らは、実際にコマンチ族を見つけては、かなりの数のインディアンを殺した。が、こうした遠征は結局何にもならなかった。何一つ阻止することができなかった。敵を奥地の牙城へ追い詰めて殲滅しようという、一致団結した意志がそこにはなかったからだ。

そしてあいかわらずインディアンの攻撃は続き、一八五七年以降はその激しさを増した。攻撃のほとんどはヤムパリカ、コツォテカ、ノコニ、そしてクアハディの各部隊によるものだった。彼らははるか北方やはるか西方の本拠地で、以前と変わらず自由に行動していた。カナディアン川の上流域で同様に束縛されない暮らしをしていたカイオワ族もまた、しばしばコマンチ族と歩調を合わせて襲撃をした。ここでは古いパターンがふたたび繰り返されている。ほんのわずかの様変わりはしたものの、実際には何一つ変わっていない。アメリカの入植地の大きな波が、東部の海岸地方からアパラチア地方を通り、ミシシッピ川を越えて押し寄せてきた。しかし、希望や楽観に浸っていられるのはほんのわずかの間だけだ。シャーマン一家や他の入植者たちとともに経度九八度線を越えたとたん、以前と同様、スペイン人やフランス人、メキシコ人、それに新たなテキサス州人をも押しとどめた広大で、純粋に自然の障害物——大草原地帯《グレート・プレーンズ》——を前にして、楽観的な希望はふたたび雲散霧消してしまう。そして遠くカナダに至るまで、そこにいたのは恐ろしい戦争機械のスー、アラパホ、コマンチ、カイオワ、シャイアンの各部族だった。

ジャック・ヘイズがカリフォルニアでひと山当てることを夢見て、一八四九年にテキサスを離れたときには、すでに彼は自分の正しさを証明してみせていた。コマンチ族を捜索し、彼らの集落を突きとめ、彼らに好きなように戦わせて、しかも打ちのめすことができるというやり方——これをヘイズは現実に示して見せたと多くの人がいったが、そのことに議論の余地はなかった。彼は新しい戦争の形を作り出した。そして彼は信じがたい破壊の担い手を見つけ出した。それは身軽に武装をして、足の速い馬を軽々と乗りこなす男である。男は古いスローチハットをかぶり、貧弱な顎ひげを生やし、スピットタバコをたしなむ。そして、とても勝ち目などあるまいという、多くの馬鹿げた予想をまったく寄せつけない――ヘイズの推奨する男はそんな人物だった。ヘイズは他の誰もが持とうとしない武器を採用した。そして結局それは最後に、フロンティアの者たちが腰につける武器となった。やがてその武器は、アメリカ西部における経験の性質そのものを大きく変えた。メキシコ戦争が終結する頃にはすでに、事情を知らない者は次のような結論を出していたかもしれない。インディアンは形勢が不利となっていて、今ではコマンチ族も脈動するアメリカ帝国の内側にすっぽりと包み込まれてしまい、彼らとの戦い方を熟知した決然たる人々に直面して、もはや予測していたよりいくらか早く滅亡しつつあるのではないかと。

が、けっしてそんなことにはならなかった。昔のレンジャーたちはあたかも存在しなかったようだ。多くの若者たちが血を流して学んだことを誰も彼もが忘れてしまったように見えた。レンジャーがワシントンの誰かに助言を求められたという事実もない。ゴールドラッシュの波とともに西へ赴いたヘイズは、やがてサンフランシスコ郡の保安官となった。その彼もテキサスのフロンティアでは、少なくとも一時の間忘れ去られていた。その点については馬を巧みに乗りこなしていた彼の仲間も同じだった。レンジャーズ部隊は解散し、アメリカ合衆国軍がそれに代わっていたからだ。レンジャーズ部隊は定期的に、一八五〇年、一八五二年、一八五五年、一八五七年、一八五八年に再結成された。つまりそれは限られた州予算の中で、一人の隊長が遠征のために兵士たちを採用するという形を取った。が、この部隊の大半の兵士はインディアンと戦った経験がほとんどない。中にはテキサスのはるか南で、リパン・アパッチ族と小競り合いをした者たちがいた。また、コマンチ族と戦った者も二、三人はいた。その中には隊を抜け出て、悪名高い山師の指揮下に入り、メキシコ政府を転覆させるために不運な遠征に参加した者もいる。彼らは結局、メキシコの国境の町ピドラスネグラスを焼いただけに終わり、恥の上塗りをした。[23] ウォルター・プレスコット・ウェッブが書いていたが、一八五七年の新兵たちは「フロンティアにいたという記録をまったく残さなかった」という。彼らの一部隊はやっとのことでインディアンの小グループを見つけることができたが、「しかし、彼らに完全に裏をかかれて敗北を喫した」[24]。この中で注目すべき例外はリップ・フォードが一八五八年に行なったレッド川北部の遠征（アンテロープヒルズの戦い）だが、これについてはあとで詳しく述べる。

しかしヘイズ以後のレンジャーたちの無能さは、アメリカ合衆国軍に次いで見劣りのするものだった。その無能さが一〇年の間に、驚くべき規模の退化をなし遂げることになった。一八六〇年の秋に起きたマーサ・シャーマンの残虐で、苦しみが延々と続いた死はおまけにもう一つの意味を持った。それは連邦政府の無能さと愚かしさ、それに故意の政治的無知がもたらした一〇年間の収穫だった。

失敗は多くの形を取った。一八四八年と一八四九年に連邦軍は、五つの砦を建設するために技術者を送り込んだ。砦はフォートワース（五つの内の一つ）からサンアントニオにかけて一列に伸びている。が、砦の建設が終わった瞬間、それはもはや陳腐で無用のものになっていた。入植地の境界線がすでに五つの砦を飲み込んでしまっていたからだ。

そこにはまた砦に派遣された男たちにも問題があった。アメリカ合衆国はメキシコから軍を引き揚げると、七つの中隊を送り込んで、テキサス州軍の代わりにした。連邦軍はさまざまな形態を取る「歩兵」から編成されていた。以前のおよそ一〇年間（ヘイズがテキサス・レンジャーズの隊長となってから、彼がテキサスを離れるまで）、テキサスのフロンティアでインディアンと戦い、手にした白人側の進歩を考えると、この決断は驚くべきものだった。連邦軍を構成していたのは州境から二〇〇〇マイルも離れたところに住み、高級ホテルでランチを取る、クラヴァットやチョッキを身につけた者たちだったのである。その上、彼らはインディアンとの戦争を好まず、したがってインディアンたちを彼らの行動圏で捜索する「ビッグ・フット」・ウォレスのようなプロの殺し屋たちを嫌っていた。新しいインディアン・ファイターたちは、あらゆる点から見てヘイズの仲間たちの対極をなしていた。

それをもっともよく示していたのが、西部へやってきた連邦政府軍の新しい「エリート」ファイター――竜騎兵――たちだ。彼らは重装備の騎馬歩兵で、戦場には馬で乗りつけるが、戦うときは馬から下りた。これは同じように馬に乗って武装した敵に対してはあきらかに効力がある。が、テキサスのフロンティアでは、彼らはあきれるほど時代遅れだった。まるでルイ一四世の宮廷から駆けつけてきた者のようだ。彼らが身につけているものは、「フランス風の青いジャケット、オレンジ色の略帽、それに白い長ズボンだ。そしてカーブした口ひげ」[25]。またルイ時代の年老いたマスケット銃兵のように、彼らは人目を気にして、ことさら勇敢な振りをしていたが、それはやがてほとんど滑稽なものに見えてきた。

連邦政府軍が手に持っていた武器は、スペイン人やメキシコ人たちがその昔、インディアンの騎馬部族と戦うには、そのどれもがとても役に立たないと実感したものばかりだった。単発銃（あきらかに政府軍は、メキシコ戦争の政府軍犠牲者たちとちがって、ウォーカー・コルトの意味や価値をまったく把握していなかった）、それにキラリと光る剣。これも一四フィートの槍や速射される矢を持つインディアンに対抗するには、何一つ有用な点が見出せない。中でももっとも奇妙な武器は、スプリングフィールドの造兵廠で作られた一八四二年式マスケトーン小銃だった。これは実際ひどい銃で、どの距離から打っても命中はとてもおぼつかなかった。

盛装した騎馬歩兵は重い体で鞍にまたがるが、ともかく彼らは本物の騎兵ではない。したがってインディアンを追跡するのにも一日二五マイル走るのがやっとだった。ときには馬を疲れさせないように、馬から下りて馬といっしょに歩かなければならないこともあった。彼らが追いかける戦士たちは——西部で行なう追跡という点では、政府軍にあまり多くを期待することはできない——七時間で五〇マイルの距離を走ることができ、その上、停止することなく一〇〇マイルも走れる。自らの重みに押されて、ゆっくりと重い足取りでしか走れない竜騎兵たちにとって、これは信じがたい能力だった。唯一、インディアンたちがこのような政府軍兵士たちによって危険にさらされるケースがあるとすれば、あるテキサス・レンジャーの意見によると、それは兵士たちの滑稽な出で立ちやぶざまな乗馬姿を見て、彼らが死ぬほど笑いこけてしまうときだろうという。[26]「だいたい歩兵を馬に乗せること自体が少々哀れを誘う実験だった」とあるレンジャーズ部隊の隊長は書いている。「彼らの多くはこれまで馬に乗ったことなど一度もなかったわけだから。それが合衆国でもっとも巧みな馬の使い手——コマンチ族——に、馬に乗って立ち向かって行こうというのだ。しかし、合衆国軍はそれを試みた」[27]。ジョン・ヘイズやサミュエル・ウォーカー、それにベン・マカロックの指揮したレンジャー部隊なら、こんな政府軍の兵士たちを徹底的に打ちのめすのに、はたしてどれくらいの時間がかかるのか、それは誰もが簡単に推測のできることだった。したがって、政府軍がインディアンを誰一人捕えることができなかったのは、けっして驚くべきことではなかったのである。

インディアンは歩兵にくらべるとはるかに腕が立つ。フロンティアに当時配属された軍隊は、その大部分を構成していたのがこの歩兵だった。たしかにこれは奇妙な選択だ。というのも、このように広大で大きく開けた土地では、歩兵にできることといえば、せいぜい砦の矢来に取りつけられた銃眼から銃を撃つことくらいだったからだ。このような守勢の考えは西部のフロンティアより、さらに文明化された場所でなら十分に説得力がある。が、馬に乗って戦うインディアンを相手にしたときにはまったく役に立たない。インディアンたちは連邦政府の砦を攻撃するほど愚かではないし、それほど追い詰められていたわけでもなかったからだ。彼らはたちまち砦を無視することを覚えた。軍隊の駐屯所（砦）が完備される前ですら、町によっては市民たちがレンジャーズ部隊による保護を要求したところがあった。一八四九年、あるテキサスの新聞は次のように書いている。「インディアンは世界中でもっとも熟達した馬の乗り手である。そのインディアンを、徒歩の兵士で編成された軍隊によって撃退するという思いつきは滑稽なものだ(28)」。政府軍兵士のほとんどが外国生まれのドイツ人やアイルランド人だったが、この事実が役に立つことは何一つない。彼らの多くは犯罪者であり、みじめなほど失意の生活を送ってきた者たちで、病気や不衛生、アルコール依存症などにひどく悩まされていたからだ。

しかし政策自体がもともとはワシントンから出てきたもので、きわめてどっちつかずの中途半端なものだった。一八四九年にインディアン管理局が陸軍省から内務省の管轄下に入った。原則としてこれは妥当な考えだったが、移動は二つの相容れない関係当局を打ち立てることになった。インディアン管理局は西部におけるインディアンとの戦争を極力避けることに深く肩入れしていた。そのためにインディアン管理局は陸軍に不信感を抱き、入植地から上がってくる「オオカミがきた」という声にも耳を貸さなかった。そして白人とインディアンの問題は自分たち管理局の処理すべき仕事だと考えていた。彼らが好んだのは条約という思いつき《アイディア》だ。これは数が多ければ多いほどよい。彼らは入植者たちがまっしぐらにインディアンの領土に突き進んでいるのに、なお永続する平和という概念を望んでいた。入植者たちもむろん平和を好んだのだが、それは平和がインディアンの完全な降服を意味する場合に限っていた。インディアン管理局にくらべると陸軍はさらによく事情を知っていたが、これについては何一つ手を打つことができなかった。ともかくインディアン管理局はひどく堕落していた。局内にいたのは、贈り物や年金、それに食物の分配を餌にインディアンをだますことが悪い行為だとはまったく考えていない、そんな管理官たちばかりだった――これらの行為がしばしば流血の惨事を招くことになる。結果として、驚くほど受動的な政策が一八四九年から一八五八年まで続いた。兵士たちは攻撃を受けてはじめてインディアンと戦ったし、インディアンたちが犯罪行為に手を染めたという明らかな証拠がない限り彼らを攻撃することはなかった。

政府はあくまで守りの姿勢だった。このようにして、西部へ一〇〇マイルほど踏み込んだ場所に新設され、一八五二年には建造を終えた一連の砦は[29]、最初に建てられたものにくらべるとはるかに実戦向きではなかった。ともかく設営当初からそうだった。多額の金を注ぎ込んで建てられた砦だったが、例によって人員と資金が不足していた。歩兵たちにできたことといえば、せいぜい練兵場のあたりで軍事訓練をして行進するくらいだった。が、しかし、馬に乗ったコマンチ族を徒歩の軍隊が追跡するのは無意味なことだ。砦はテキサスのフロンティアとメキシコの北部に、インディアンの攻撃を押しとどめるために建設されたのだが、一八五〇年代を通して、それはまったく効果の上がらない代物に終始した。ウォレスとホーベルは次のように書いている。「平原のインディアンたちが仕掛けてくる戦闘について、将校や軍隊はその基本的なことさえ不思議なほど知らなかった[30]」。

連邦政府レベルの失敗は条約にまで及んでいる。早い時期から合衆国政府によって調印されしかも不成功に終わった条約と、それはまったく異なるものではなかった。ある歴史家が見積もったものによると、締結されてその後に破棄された条約の数は三七八にも及んだという[31]。ほとんどすべての条約の結末は同じだった。白人の文明が進展し、先住民の文化は破壊され、白人文明に組み込まれたのちに排斥されてしまう。政府はけっして強制したわけではないし、そんなつもりもなかったと主張した。そしてインディアンたちは死んでいった。これが陰鬱な歴史というものだった。一連の条約によって「文明化五部族」は西へと追いやられた。条約はどれもがこんどこそ政府の約束は守られる、こんどこそ「涙の道」は終わりを迎えると請け合った。条約成立までのプロセスにはたしかに正真正銘偽善と思えるものもあった。が、中にはテキサスのインディアン管理官ロバート・ネイバーズの場合のように、きわめてまじめで純朴なものもあった。インディアンたちはつねに永遠に継続する協定を願っていた。が、条約にサインした白人は、誰一人としておそらく、政府がそのような約束を実行できるとは思っていなかっただろう。

途方もないほど膨大なエネルギーが、意味のない条約をコマンチ族と締結するために費やされた。その概要を記すだけでも、話のポイントをはっきりさせるのに役立つだろう。一番最初の条約は一八四七年に結ばれた。これはペナテカ部隊との間で締結されたもので、もちろん、ペナテカ部隊が条約に記された規定を他の部隊に強制することなどできない。そこで述べられた条件は典型的なものだった。まずインディアン側は捕虜を引き渡すこと。そして盗んだ品々を元に戻し、アメリカ合衆国の裁判権を受け入れること。また、交易は認可された業者とだけ行なうことなどである。その代わりに政府は次のことを約束した。合衆国大統領が直接サインした通行証を持参する者以外は、いかなる白人といえども、インディアンの土地に入ることは許されない。また、白人は銃や道具を修理するために、インディアンのもとへ鍛冶屋を派遣すること。そして彼らに一万ドル相当の贈り物を与えること。(32)もちろん白人は条約を守ることなどけっしてなかった。インディアンの土地に入りたいと思う入植者には誰にでも、ジェームズ・K・ポーク大統領(一七九五―一八四九。アメリカ合衆国第一一代大統領)が通行証の認可を与える、という思いつきはいったい誰が考え出したものなのか。いつものようにインディアンたちには、決められた境界線を越えて侵入することが許されなかった。その一方で、白人たちはさらにやかましく叫んでは要求をし続ける。同じような条約が一八五〇年にも締結されたのだが、これは上院によって否決された。そして、インディアン管理局の約束はことごとく反古となった。

一八五三年の条約はまったくのペテンだった。が、しかし、これはおたがいさまだった。協定は北部のコマンチ族、カイオワ族、カイオワ・アパッチ族の「代表者たち」によって調印された。が、その代表者たちが、いかなる要求に対しても同意のできる、部隊全体の権力を握っていたわけではなかった。条約の内容はアメリカ合衆国がインディアンの領土内に道路を敷設すること、そして補給所や駐屯地の設営と移住民の通過の保護を許可するというものだった。その見返りとして、管理官は毎年一万八〇〇〇ドルに及ぶ品物の授与を約束した。インディアン側は合衆国とメキシコの両方で攻撃をしないことや捕虜をすべて返すことを誓った。(33)

が、両陣営は協定を守らなかったし、守ろうとする意志もさらさらなかった。年毎に送ると約束した品物もインディアン側には届かない。あきらかにインディアン管理局に利益をむさぼる者がいた。今ではおそらく、白人のやり方に気づいたインディアンたちの方でも、誓って約束をするつもりなどまったくなかった。彼らは贈り物をもらうことには賛成した。そしてどれくらいたくさんもらえるのか、それをしきりに知りたがった。白人の方はこのような一連の条約から必然的に手に入れたものがある。インディアンに「条約破り」のレッテルを貼ることが可能になったことだ。彼らは結局、「もはや襲撃はせず、捕虜を戻す」ことを言明した書類にサインをしている。それなのに不誠実にもそれを守ることを拒んだ。帝国を拡大する概念として、またその設計図として「自明の運命説」が示しているのは、大陸の土地はことごとく白人のものだという考えだった。そして白人たちは、一七世紀にヴァージニアの地に上陸して以来、ずっと行なってきたことを今もなお継続していた。彼らの勇気が続くかぎり、あるいはインディアンの戦闘部隊が許すかぎり、彼らはインディアンの土地へ攻め込んでいった。たとえばこれとは別の可能性を考えてみるとよい。ここにひたすらアメリカン・ドリームのひとかけらを追い求める敬虔な入植者たちがいる。その彼らを撃ち殺すために、はたしてアメリカ合衆国政府が軍隊を送り込むことなどするだろうか。これはまず起こりえないことだった。

合衆国政府が考えることのできた最良のアイディアは、四〇〇〇人の飢えたペナテカ部隊と、一〇〇〇人に達する他のほとんどはウィチタ・カドー語族の者たちを、一八五五年にブラゾス川のほとりの保留地へ連れていくことだった。この計画はフランクリン・ピアス（一八〇四―六四。アメリカ合衆国第一四代大統領）の政権下で、陸軍長官をしていたジェファソン・デーヴィス（一八〇八―八九）によって秘かに立てられた。ペナテカ部隊は疫病の流行によって多くの人員を失い、猟場からは獲物もいなくなった。そして彼らの文化は侵入した白人たちによって汚されてしまった。彼らは文字通り飢えて死にかけていたのである。保留地に入らず荒野に留まったインディアンたちは、ただ単に侵略され制圧されていく者たちだった。

しかしこの計画はまた思わぬ面倒を招いた。コマンチ族に与えられた土地は、現在のアビリーンとウィチトーフォールズの間にあり、ブラゾス川の支流クリアフォーク河畔に広がる二〇〇〇エーカーほどの土地だった。遊牧の狩猟民にとって、割り当てられた土地はばかばかしいほど小さい。家畜を飼育するにも狭すぎるし、農業を営むこともほとんど不可能だ。残存する一二〇〇人のペナテカ部隊の内、約四〇〇人だけがこの土地に入った。残りの者たちは殺害されるという噂に怯えて、神出鬼没のバッファロー・ハンプとともにレッド川の北へ逃げてしまった。保留地に留まった者たちにとって考えられるのは、うまく土地に順応して幸せな農夫となることだった。が、これまでに種を蒔こうなどと思ったコマンチ族は誰一人いなかった。インディアン管理官のロバート・ネイバーズはやむなく彼らに畜牛を与えた。保留地に入った族長の一人サナコは、ペナテカ部隊のつらいあきらめの気持ちを次のようにまとめている。

あなた方は私たちの土地へ入ってきて、その一画を選ぶとまわりを線で囲む。ここでわれわれが住むように大統領がこの土地をプレゼントするのだという。が、レッド川からコロラド川に至るまで、この土地全体はもともとわれわれのものであり、記憶にないほど昔からつねにそうであったことは誰もが知っている。しかし、もし大統領がわれわれに、この狭い限られた土地に閉じこもるようにというのなら、われわれはそれに従うより仕方がない。(34)

しかしテキサス州の保留地についておもな問題となっていたのは、白人が保留地の隣に住んでいたことだ。一八五八年頃になると、白人の農場や大牧場が保留地を取り囲んだ。そしてやがて白人たちは、北部のインディアン部隊によって仕掛けられた襲撃について、保留地のインディアンたちをとがめるようになった。一八五八年秋、フロンティア一円に続けざまに、インディアンたちによる荒々しい襲撃が行なわれた――フレデリックバーグから二五マイルのところにあった入植地は、この襲撃で皆殺しの目に遭った。インディアンを憎悪する新聞の編集者ジョン・ベイラーの下で、入植者たちは整然とした行動をし、両方（コマンチ族ペナテカ部隊とウィチタ・カドー語族）の保留地のインディアンを皆殺しにするといって脅迫した。一八五八年一二月二七日、保留地にいたおとなしい一七人のインディアンたち

――アナダルコ族とカドー語族――が就眠中に白人によって襲われた。白人たちは彼らを目がけて発砲し、男四人と女三人を殺した。殺人を犯した六人の白人の身元は判明したが、告発されることはなかった。彼らに有罪をいい渡す陪審員などいないし、そこにあったのは、彼らを逮捕すれば、国境地方全体を反乱へと向かわせることになりかねないという気持ちだった。一方ベイラーは引き続き面倒を起こしており、彼の邪魔をする兵士は誰であろうと殺すというところまで行っていた。一八五九年春になると、保留地を取り巻く地域はパニック状態に陥った。白人たちは武装して歩き回りインディアンを探した。五月、数人の白人がインディアンのグループに発砲した。今となっては少しの疑いもないが、もしインディアンたちがなおそこに留まっていたら、おそらく全面戦争が起こっただろう。あるいはそれどころか、大規模な虐殺が起きていたかもしれない。

七月三一日、管理官のネイバーズと連邦政府軍の三中隊が、色とりどりで奇妙なインディアンの長い列を先導して、ブラゾス河畔の保留地から出てきた。が、この行列は出ていったきりでけっして戻ってくることはなかった。その光景は壮大であると同時に哀れを誘った。行進していたのは三八四人のコマンチ族と一一一二人のさまざまな部族のインディアンたちだった。(35) 彼らは草原の揺らめく暑さの中をゆっくりと移動していった。何百年の間彼らが行なっていたように、うしろにそり《トラボイ》を引きずりながら。八月八日、レッド川を渡った。そして八月一六日には、オクラホマ州、現在のフォートコブの近郊、ウォシタ河畔の新しい保留地へ到着した。翌日、管理官のネイバーズは報告書を提出するためにテキサスへ戻った。彼がフォートベルクナップにいたとき、彼のインディアン政策に異議を唱えるエドワード・コーネットという名の男が、ネイバーズに歩み寄って背後から撃った。

ジョン・サモン・「リップ」・フォードはどのような見方をしても、やはり、西部でもっとも注目すべき人物の一人だった。彼はそのときどきで、医師だったり、新聞の編集者だったり、州議会の上院議員や下院議員だったり、南部連合国の派手な支持者だったり、はたまたサンアントニオからエルパソへ通じる街道を切り開いた開拓者だったりした（街道にはのちに彼の名前が冠せられた）。さらに彼はブラウンズヴィルの市長を務めもしたし、一八七五年に開かれた憲法制定会議には代表として出席し、州立の聾唖学校の最高責任者になったこともある。彼はまた平和維持者でもあった。以前、ブラゾス河畔の保留地にいたインディアンたちが、地元の白人たちから濡れ衣を着せられたときに、リップ・フォードはインディアンたちをかばったことがある。が、その彼ものちには、罪のないカドー語族やアナダルコ族を殺害した男たちを逮捕しなかった。逮捕するようにと州の地方判事から命令が出ていたのだが、彼はそれを無視した。[36] ことほどさように、リップ・フォードはたくさんの意見を持つ男だった。しかもそのすべてがことごとく強烈だった。

　しかし、彼がもっとも名を上げたのは対インディアンや対メキシコ人の闘士としてだった。彼は一八三六年に新しく編成されたジャック・ヘイズのレンジャーズ部隊に参加して中尉に昇進した。メキシコ戦争のときにはやはりヘイズの指揮下で彼の副官として働いた。この戦争でニックネームを得た。彼の仕事は死亡の知らせを兵士の家族に送ることだった。そして送り状の追伸に彼はしばしば「ご冥福をお祈りします（Rest in Peace）」と書いた。結局、このような知らせをあまりにたくさん書くために、やむをえず彼は追伸を「R・I・P」と省略するはめになってしまった。多くの人々はこの略語を彼が殺したすべてのインディアンを表わすものとして受け止めた。戦争が終わると彼はふたたびレンジャーズ部隊に参加し、昇格して隊長になった。そして国境地方で、メキシコ人の無法者やインディアンの捜索に日を費やした。彼は読み書きができ教養もあったのだが、顔つきがいかにもいかつかった。読者は、彼がヘイズやマカロックなどとともに、丘陵地帯の石灰岩でできた吹きさらしの場所で、寒々としたキャンプの中にいる姿を思い描くことができるだろう。コマンチ族のあとをつけて殺すために、凍りつくような夜明けに目を覚ましている彼の姿を。幅広の顔には、くぼんだ目と曲がった鼻、大きくて人目を引く耳、薄くて堅い唇がついている。バックスキンでできた服を好んで身につけ、長く幅狭に切られたあごひげを蓄えていた。ときにはシルクハットもかぶった。彼は厳しい教練教官としても知られていた。

一八五八年一月、エラス郡、ブラウン郡、コマンチ郡などにコマンチ族の新たな攻撃の波が押し寄せ、テキサス州が動揺しはじめると、フォードは正式にフロンティアの救済者に選任された。テキサス州は連邦政府のふらついてばかりいる無能力さと、インディアンの攻撃を阻止できないその頼りなさにうんざりとしていた。堪忍袋の緒が切れたのは一八五七年に陸軍省が下した判断だった。それはモルモン教徒の反乱を鎮圧するため、テキサス州に駐留していた連邦軍の大部分（第二騎兵隊の大半）をユタ州北部へ送り込むというものだ[37]。コマンチ族はこれを完全に察知して攻撃をさらにエスカレートした。

もはやこれで十分だった。今となってはテキサス州人も自らの手で問題に対処していかなければならない。七万ドルの金を充当して一〇〇人の兵士を採用した。兵役の期間は半年。レンジャーズ部隊の上級隊長に任命されたフォードが、レンジャーたちを指揮した。彼らの使命はいつもとは違ったものだった。この数年、コマンチ族に対して派遣された重要な軍事遠征のすべては、個別の襲撃を受けるとそのたびにそれに対応して組織されてきた。これは襲撃したインディアンをそのつど追跡して、彼らの行為に懲罰を加えようという考えだ。まぎれもなくそれは報復だった。フォードと部下たちの考えは違っていた。彼らははじめからレッド川の北へ向かい、コマンチ族の領土へ深く入り込み「攻撃的な」一撃を加えようというのだ。「私は行動と活力が必要なことをあなたに認識していただきたいと思う」とテキサス州知事のハーディン・ランネルはフォードにいった。「敵意を持つ、あるいはその疑いのあるインディアンたちの痕跡を見つけたら、どんなものでも、ありとあらゆるものを追跡するように。そしてそれが可能なら彼らに追いつき、非友好的な態度を示したら、ただちに彼らに懲罰を加えるように」[38]。ランネルの言葉はまったく単純なものに聞こえた。実際、ランネルが要求していたのは、連邦政府の政策を無視したインディアンに対する全面戦争だった。ランネルの指令はジャック・ヘイズが二〇年前に行なったことを思い出させる。あのときヘイズはインディアンを探し求めて丘陵地帯をうろつき回った。そしてインディアンを見つけ次第、それがどこの部族のインディアンであろうと委細かまわずに攻撃した。レンジャーが犯罪行為を犯したインディアンを捕らえたかどうかは、テキサス州人にとってもはやどうでもいいことだった。重要なのはインディアンたちの機先を制して徹底的に彼らを叩くこと、そして本拠地深く、彼らのいる小屋まで追跡することだった。

このようにしてフォードは解き放たれた。彼は見つけうるかぎり有能な人材を採用し、それぞれに二丁のリボルバーと一丁のライフルを持たせた。そして彼らに射撃の技術と戦術を教え込んだ[39]。隊員たちは物事をすべて昔のレンジャーのやり方で行なおうとしていた。それはあまり楽しくない、厳しい、心地のよくないやり方である。ヘイズのいつものやり方だった。フォードは信頼のできるインディアンを一一三人自らの部隊に加えた。そのほとんどは、族長プラシドが率いるトンカワ族と、ジム・ポクマークが率いるカドー族及びアナダルコ族のインディアンたちだった。そこには数人だがショーニー族の者もいた。ヘイズのようにフォードもインディアンを大いに起用した。のちにフォードは次のように書いている。彼らは「通常以上の知力の持ち主だ。その地方の地理や地勢について詳細な知識を身につけている」[40]。一八五八年四月二九日、インディアンの側兵と斥候（当時の言葉では「スパイ」）からなる幅広の牽制部隊のうしろから、フォードとレンジャーの一隊は水しぶきを上げながらレッド川を渡った。そして、流砂の広がりの中を縫うようにして通り抜けた。テキサス州から出ると、もはや法によって認められた権威など彼らにはまったく存在しないのだが、隊員たちがそれを苦にしている様子はなかった[41]。五月一〇日、斥候たちが矢じりを二つ持ち込んできた。それは仲間のインディアンたちの鑑定によって、コマンチ族のコツォテカ部隊のものとすぐに判明した。五月一一日、カナディアン川のほとりで斥候たちがコマンチ族の小さなキャンプを見つけた。フォードはいかにもレンジャーらしく動いた。すばやく、キャンプの火はほとんどあるいはまったく焚くことをせずに、斥候を四方に二〇マイル先まで放ちながら。レンジャーズ部隊の中では、軍隊の遠征につきものの空騒ぎや繰り返しラッパを吹くこともやめた。軍隊は昔のレンジャーの教訓を学びつつあった。ただしそれはゆっくりとではあったが。それにつけても連邦政府軍は、今でもなお草原の中をびっくりするほど人目につく姿で移動をしている。

五月一二日、フォード部隊のトンカワ族はキャンプに攻撃を仕掛けると、すばやくそれを破壊した。インディアン数人を殺し、他の者たちを捕虜にした。二人のコマンチ族が全速力で逃げ出し、カナディアン川へ向かった。レンジャーと保留地のインディアンたちが二人を尾行し、三マイルほど早いスピードで追跡した。彼らは早足でカナディアン川を渡ると、コツォテカ部隊の広いキャンプの前で馬を止めた。キャンプはクリークに沿って一マイルほど伸びている。そこは美しい土地で、澄んだきれいな小川が川谷へ流れ込んでいた。北の堤の彼方には、アンテロープヒルズが朝日を浴びて絵のように美しい姿でそびえていた。ここはコマンチ族の領土の奥所にあるために、インディアンたちも攻撃されることなど夢にも思っていない。レンジャーズ部隊が目の当たりにしたのは、ただの移動用の戦時キャンプではなく大規模な集落だった。そこには女性や子供たちがいて、ティピの前のラックにはバッファローの肉が干されていた。フォード指揮下の二一三人の兵士たちが今、じかに立ち向かっているのは四〇〇人のコツォテカ部隊の戦士たちだ。

フォードははじめにインディアンの一隊を送り込んだ。それは彼がいったように、「コマンチ族が戦う相手は、弓と矢を持つインディアンだけだ、と彼らに思わせるため」だった。[42]

たくらみはあきらかに功を奏した。コマンチ族長ポビシェクアッソ（鉄のジャケット）が馬に乗ったインディアンの人波から姿を現わし、自分の馬を前に進ませた。「鉄のジャケット」は単なる戦時の族長ではない。彼はまた偉大なメディスン・マンだった。バックスキンのシャツの代わりに彼が着ていたのは鎖帷子《かたびら》で、スペイン人が身につけていた古い鎧の片割れだ。弓と槍を手にして、羽根で飾られた頭飾りをかぶり、長くて赤いフラネル地の吹き流しを垂らしていた。顔には顔料を念入りに塗りつけている。[43] フォードによると彼の乗っていた馬にも「美しい飾りつけ」[44]が施されていたという。前に馬を進めると、呪文を唱えて馬に円を描かせた。そして勢いよく息を吐き出した。彼は射出された矢をふっと吐き出す自分の息で、的からはずすことができるといわれていた。彼を目がけて放たれた銃弾や矢は、彼によってはじき返されるというのだ。鉄のジャケットは無敵だった。そして実際、しばらくの間はそんな風に見えた。レンジャーやインディアンたちは彼に目がけて銃を撃った。が、たしかに効果がない。攻撃に参加した者が回想している。ピストルの弾丸は「まるでブリキの屋根から落ちるあられのように、『彼の鎧』にぶつかって落ちていった」[45]。族長はふたたび円を描くと、さらに前に進み出た。しかしこんどは、六連発の拳銃とミシシッピ・ライフルを手にしたフォード側のインディアンたちが別の標的を見つけた。「六丁ほどのライフルの発砲音が空中に響いた」とフォードは書いている。「族長の馬は六フィートほど飛び上がると、そのまま地面に倒れた。そのあとに一斉攻撃が続いた。そしてコマンチ族のメディスン・マンは事切れてしまった(46)」

結果は予測通りですぐに現われた。主要なキャンプのコマンチ族はほんのわずかだけ抵抗を試みたが、族長の魔術が破られたと見るや意気沮喪してすぐに逃げ出した。続いて行なわれたのは追撃戦だった。すぐれた武器を手にしているレンジャーと仲間のインディアンの同盟軍は、平原や木の茂った川沿いの低地で、コツォテカ部隊の乗り手たちを狙い撃ちした。戦いは幅三マイル、長さ六マイルの広い地域に広がり、やがてそれは一連の一騎打ちへと変わっていった。再装填可能な四五口径の六連発拳銃と、元込め式のカービン銃を持つレンジャーたちは、弓と槍を手にしたコマンチ族にくらべて圧倒的な優位に立っていた。コマンチ族もむろん銃は持っていた。が、それは旧式の単発マスケット銃で、たった一度しか撃つことができない。インディアンたちは果敢に闘った。彼らの戦いはその多くが、妻や子供たちの避難を援護するものだった。女たちは男とともに殺された。フォードは「インディアンの戦士とインディアンの女を識別することは簡単ではなかった」と書き留めて強調している。これはレンジャーたちが、故意にインディアンの女たちを殺したのではないという意味だが、たしかにこれは真実ではない。インディアンの女たちは男のように馬に乗ったし、弓も驚くほど巧みに引いた。彼女たちはしばしば戦闘員として敵を殺した（一〇〇年のちにヴェトナム戦争で真実となったように）。いずれにしても彼女たちは潜在的な戦闘員だった。それにトンカワ族やショーニー族、そして他の部族のインディアンたちが女性を殺すことに、まったく良心の呵責を感じていなかったのはいうまでもない。平原における戦争はつねに殺し合いの死闘だった。追撃戦では七六人のコマンチ族が殺され、多くの者が負傷した。レンジャー側の被害は死者がただ一人だけで負傷者は三人だった。「仲間の」インディアンが死んだ数はまったく報告されていない。

さてここで今、非常に奇妙なことが起こった。コマンチ族のもう一つの軍勢――前のものにくらべて人数は同じか、あるいはそれより多かったかもしれない――が、峡谷や茂みのあたりから姿を見せた。そしてフォードの兵士たちに対峙した。伝説によると、新たな軍勢を指揮していたのはペタ・ノコナだったという。が、これには確たる証拠がない。続いて起きたことは昔ながらの儀式張った戦いだった。が、白人たちでこの種の戦いを目にしたものはほとんどいない。盛装したコマンチ族が馬に乗り、草原に一人ずつ前へ進み出た。そして保留地のインディアンに向かってあざけりの言葉を絶叫し、一騎打ちをするから出てこいと挑発した。インディアンたちは実際に一騎打ちをした。「とても言葉で表わすことのできないような一場の劇が上演された」とフォードは書いている。「それは騎士たちが武者修行をしていた、いにしえの野蛮な騎士道の時代を彷彿とさせた。似たものを作り上げようとすれば、楯、槍、弓、頭飾り、跳ね馬、それにこまごまとしたたくさんのものは欠かすことができない。そして戦闘者たちが挑発的な叫びを上げながら、たがいにぶつかり合った光景は、耳をつんざくようなライフルの発射音を除けば、中世の戦場で起こった出来事と寸部違ったところがない。一騎打ちが済むのに三〇分の時間を費やしたが、双方に大したダメージはなかった」(47)

一騎打ちが終わるとたちまちまた、現代の時代がわが物顔でやってきた。レンジャーたちが突撃する。銃がいっせいに火を吹く。コマンチ族の戦線がすぐに崩れた。三マイルほどの追撃戦となり、それもやがて双方に死傷者を出すことなく終わりを告げた。フォード軍の馬は疲弊していた。コマンチ族も傷を癒すために引き揚げた。フォードの戦いはテキサス史上「アンテロープヒルズの戦い」として知られるようになった。そしてそれはいくつかの理由で名高いものとなる。まずこの戦いによって、コマンチ族に対するテキサス州人の優位性が示された。そして、政府軍とインディアン管理局の無能さが強調された。戦いはまたリップ・フォードの名声を決定的なものにした。そして何よりも重要だったのは、ジャック・ヘイズが学んだにもかかわらず、その後数年の間、どういうわけだか忘れ去られていた教訓が実戦で検証されたことだ。のちにフォードはランネルに次のように書き送っている。「追跡する者たちが根気よく、警戒を怠らずに、進んで困苦に耐える気持ちでいれば、コマンチ族を追ってそれに追いつき、打ちのめすことは十分に可能だ」。つまりそれは一八三〇年代の終わりや一八四〇年代のはじめのレンジャーたちのように、自ら進んで行動して闘うようにということだった。

アンテロープヒルズの戦いはまた、いくぶん厄介だった政治上の問題を明確にした。それは政府軍とテキサス州人のどちらの方に、境界地方のパトロールをする資格があるのかという問題だ。その年、アメリカ議会の上院の議場で、サム・ヒューストンは立ち上がると、身をすくませるような冷笑を浮かべて、「テキサスにはもはや連邦軍の必要はまったくないといった。「われわれに一〇〇〇人のレンジャーを預けてさえくれれば、われわれのフロンティアを守ってみせます。テキサス州は正規軍を望んでいない。よろしければどうぞ軍を引き揚げてください」。これに反論したのがミシシッピ州の上院議員で陸軍長官だったジェファーソン・デーヴィスだった。彼はヒューストンにメキシコ戦争の際、レンジャーたちのことで政府軍が経験した規律上の問題を思い起こさせた。が、これに対してもヒューストンは鋭くいい返した。「たとえ将軍がこれ以上さらにいい募り、正規兵ではない騎兵（レンジャー）たちが四六時中、キャンプのまわりで騒動を引き起こすといっても、それはすべて私が確認した範囲を越えるものではない」(48)

しかし、フォードの襲撃が政府軍を貶《おとし》めていたことは確かだ。それがヒューストンの正しさを示唆していたからだ。あるいはおそらく、正しさを証明していたからかもしれない。フォードはアメリカ軍の中で、今まで誰一人したことのなかったことを行なった。それはコマンチ族を追跡して、その本拠地をつきとめたことだ。このようにして、ユタ州へ出向いていた連邦政府の第二騎兵隊は召喚されることになり、新たにコマンチ族に立ち向かうためにレッド川の北へと従軍を命じられた。

この遠征ははじめから終わりまで政治的なものだった。丸々と太って下卑た、テキサス州のアメリカ合衆国軍司令官デーヴィッド・トウィッグ将軍は、フォードの襲撃に促されて、これまで一八四九年以降、政府軍がずっと耐えてこざるをえなかった受け身の防衛政策を放棄する権限を、直接ウェストポイントの陸軍本部から獲得した。こうして懲罰軍はフォートベルクナップにおいて、金髪でこざっぱりと

若き日のサル・ロス　ピース川の戦いでコマンチ族の戦時族長ペタ・ノコナを殺した頃のロス。そのときに捕らえたノコナの妻がシンシア・アン・パーカーだった。のちにロスはテキサス州知事となる。

した身なりをした、うぬぼれの強いミシシッピ州人アール・ヴァン・ドーンの指揮の下に編成された。彼はのちに南部連合の少将として名を成す。五つの中隊と一三五人の仲間のインディアンを直接指揮したのは、屈強で野心にあふれた二〇歳の大学生サル・ロスである。彼らは一八五八年九月一五日に北へ向かった。サル・ロスが追跡したのは、一見不屈そうなペナテカ部隊の族長バッファロー・ハンプだ。彼は保留地へ入ることを拒否して、今は他のコマンチ族の部隊と行動をともにしている。政府軍の斥候（ウィチタ族）たちはやがて、ウィチタ族の集落の隣にコマンチ族の大きな集落があるのを見つけた。インディアンたちは危険が迫っていることにまったく気がついていなかった。

彼らが危険を察知しなかったのにはわけがあった。インディアンたちは、真東のフォートアーバックルで指揮を取っていた陸軍将校プリンス大尉と条約を交わしたばかりだった。勇猛果敢なヴァン・ドーンがフォートベルクナップで、コマンチ族に致命的な打撃を与えようと準備をしていたとき、プリンスは同じ部隊の族長たち――バッファロー・ハンプ、ヘア・ボッブド・オン・ワン・サイド（片側がおかっぱ頭）、オーバー・ザ・バティズ（丘を越えて）――と親しく付き合い、彼らと仲直りをしていた。ヴァン・ドーンもプリンスもたがいに、もう一方がしていることに思いが至らなかった。(49) ウィチタ族やコマンチ族は、少なくとも一時的であれしばらくは平和であること、そしてリップ・フォードが行なったような攻撃の心配から解き放たれた気がしてよろこんだ。彼らはごちそうを食べ、交易をした。賭事もしたし、概してこれまで通りに生活していた。したがって、ヴァン・ドーンが指揮する連邦政府の兵士や、その「仲間たち」が近づいてきていることにはまったく気がつかなかった。政府軍の位置や兵力についてはその報告がいくつか、族長の「片側がおかっぱ頭」のもとへ届いていた。彼は状況について思いをめぐらした結果、白人と条約を交わしたばかりなので、まさか彼らが襲ってくるはずはないと結論を下した。予言も良好だった。彼らは安心して眠りについた。

翌朝の明け方、ヴァン・ドーンの軍隊はコマンチ族の集落に猛攻撃をかけた。ロスと保留地のインディアンたちは馬を逃がした。そのためにインディアンの戦士たちは、そのほとんどが徒歩で闘わざるをえなかった。戦闘というより虐殺に近かった。政府軍の兵士たち二〇〇人が集落の中にいた。彼らはティピを破壊して中に押し入った。インディアンたちはいつものように、必死になって家族の者を援護して避難させようとした。七〇人のインディアンが殺された。負傷者は数えきれない。バッファロー・ハンプは多くの戦士たちとともに何とか逃れることができた。政府軍は死者が四人、負傷者が一二人だった。負傷者の中には腹に矢を受けたヴァン・ドーンや、二カ所に銃創を負ったロスがいた。二人は五日間戦場に留まり傷の回復を待った[50]。政府軍は一二〇のティピを焼き、銃弾、炊事用具、衣類、仕上げ加工された皮、トウモロコシ、それに生存食の貯えなど、コマンチ族の持ちものすべてを焼き尽くした。逃れた者たちは着の身着のままだった上、政府軍が三〇〇頭の馬を捕獲していたので、徒歩で行かなくてはならなかった[51]。

コマンチ族に加えられた行為は結局のところ残酷な策略だったのだが、政府軍は輝かしい勝利を自慢した。が、テキサス州の新聞ははたして本当にそうなのかと論評した。ある新聞は次のような意見を述べている。「ウィチタ族集落の戦い」がもたらした結果は「おそらく、国境地帯の入植地へ向けて行なわれる略奪行為がしばらくの間、停止されるということだろう」。が、「戦争が終結するためには、この攻撃のあとに機敏でエネルギッシュな軍事行動がさらに継続される必要がある[52]」。が、その後しばらく軍事行動は起こらなかった。かろうじて七週間後の一八五八年一一月五日になって、サル・ロスははじめて気がついたのだが、戦闘からこの方、コマンチ族によって、テキサス北部の入植地から一〇〇頭以上もの馬が盗まれていた。一八五八年秋に行なわれたインディアン側の荒々しい襲撃は、ジョン・ベイラーの保留地戦争のきっかけとなったものだったが、それはまたいくぶんかは、少なくともヴァン・ドーンの攻撃に対する仕返しでもあった。[53] しかし、フォードとヴァン・ドーンの二つの攻撃には明確な意味があった。それは一つに、二つの戦闘があくまでも攻撃的だったということ。これらの戦闘ではじめて、コマンチ族を追跡してレッド川を渡るほどの意欲を白人側が見せた。そしてこのように積極的な戦術を取れば、少なくともインディアンを殺せることを示した。二つの戦闘がいつの日にか、インディアの来襲を止めることに繋がっていくのか、それは今の段階ではまだわからない。さらに二つの戦闘で見られたものは、武器の進歩——とりわけ六連発銃と元込め式カービン銃——が本来あった力の均衡を根本的に変えてしまったことだ。二〇〇人の兵士たちが、それに倍する人数のコマンチ族の軍勢と戦い、これを壊滅させたとき、そこには学ぶべき教訓があった。それについてはもちろん、ジャック・ヘイズがすでに一八四四年にウォーカーズクリークで実証ずみだった。しかし、それを今覚えている者は誰もいなかった。

原注

1　新しい戦争

（1）Robert G. Carter, *On the Border with Mackenzie*, p.159.
（2）Captain George Pettis, *Kit Carson's Fight with the Comanche and Kiowa Indians*, pp. 7ff.
（3）C. C. Rister, ed., "Documents Relating to General W. T. Sherman's Southern Plains Indian Policy 1871-75," *Panhandle Plains Historical Review* 9, 1936 の中で引用されている。
（4）T. R. Fehrenbach, *Comanches*, p.494.
（5）F. E., Green, ed., "Ranald Mackenzie's Official Correspondence Relating to Texas, 1873-1879," p.7. この事件は Fehrenbach, p.506 を通して「幌馬車隊の虐殺」としても知られている（そしてときには「ウォレン幌馬車隊の虐殺」としても）。
（6）Carter, pp.81-82.
（7）Ernest Wallace and E. Adamson Hoebel, *The Comanches*, pp.50-55.
（8）Ibid.
（9）Herbert Eugene Bolton, *Coronado: Knight of Pueblos and Plains* の中で引用されている。
（10）Thomas W. Kavanagh, *The Comanches*, p.3.
（11）Rupert Richardson, *The Comanche Barrier to South Plains Settlement*, p.156.
（12）Carter, p.149.
（13）Ibid., p.160.
（14）Ibid., p.161.
（15）Ibid., p.176.

2　死のパラダイス

（1）Quanah Parker interview with Charles Goodnight, undated manuscript, Goodnight Papers, Panhandle-Plains Historical Museum, Canyon, Texas.
（2）Marshall DeBruhl, *Sam Houston: Sword of San Jacinto*, p.305.
（3）Deed of indenture, November 1, 1835, signed by

Juan Basquis for sale of half a league of land to Silas Parker; document in Taulman Archive, Center for American History, University of Texas.

（4） Joseph Taulman and Araminta Taulman, "The Fort Parker Massacre and Its Aftermath," unpublished manuscript, Cynthia Ann Parker vertical files, Center for American History, University of Texas, Austin, TX, p.2.

（5） Ibid., p.247.

（6） Bill Yenne, *Sitting Bull*, p.35.

（7） 入植者を守るレンジャーズ部隊の創設を最初に提案したのは Daniel Parker とされている。彼の提案は一八三五年に開かれた会議の常設審議会で受け入れられた。この会議はテキサス革命の諸問題を管理運営した委員会。Daniel はそのメンバーだった。Margaret Schmidt Hacker, *Cynthia Ann Parker: The Life and Legend*, p.7 を見よ。また、Mike Cox, *The Texas Rangers: Wearing the Cinco Peso 1821-1900*, p.42 も見よ。

（8） Hacker, p.6.

（9） James Parker, *Narrative of the Perilous Adventures*, p.9.

（10） Ibid.

（11） Thomas W. Kavanagh, *The Comanches: A History 1706-1875*, p.250; また Cox, p.49 と *Evolution of a State* 中の Noah Smithwick の記事も見よ。Noah はレンジャーのグループにいた。

（12） Taulman and Taulman, "The Fort Parker Massacre," pp.2-3.

（13） Rachel Plummer, *Rachel Plummer's Narrative of Twenty-one Months Servitude as a Prisoner among the Comanche Indians*, p.7. Rachel Plummer の他の物語（彼女は二つ書いている）*Narrative of the Capture and Subsequent Sufferings of Mrs. Rachel Plummer*. も見よ。

一般的注——この二つの物語と、James Parker の *Narrative of the Perilous Adventures* をもとにして、パーカー砦の虐殺を伝えるほとんどの報告が作られている。また、虐殺の直後に Daniel Parker や他の家族の者たちによって提出された供述書も残されている（Center for American History, University of Texas, Austin）。さらに他にも、家族の者たちによるさまざまな報告がある。その中には Quanah の孫の Baldwin Parker による、自身の家族を中心にした事件の報告もある（Center for American History archive）。しかしその他の物語は、Joseph and Araminta Taulman によって繋ぎ合わされたもので、それはオースティンのテキサス大学にある彼らのアーカイブの一部となっている。他にも Abram Anglin による目撃者の報告もある（Dewsitt Baker, ed., *A Texas Scrap Book: Made up of the History, Biography and Miscellany of Texas and Its People* [New York: A.S. Barnes,, 1875, reprint 1991 Texas State Historical Assn.]). 追加として、直接パーカー家の親族や子孫に行なったインタビューをもとに書かれた多くの新聞記事があるので、それを挙げておく。"Story of the White Squaw," *McKinney Democrat Gazette*, September 22, 1927; "Early Times in Texas and the History of the Parker Family," by Ben J. Parker of Elkhart, Texas (manuscript at Center for American History); J. Marvin Nichols, "White Woman Was the Mother of Great Chief," *San Antonio Daily Express*, July 25, 1909; Ben J. Parker, "Ben Parker Gives Events of Pioneering," *Palestine Herald*, February 15, 1935; 二次情報源としては、広範囲に調査されたJo Ella Powell Exley, *Frontier Blood* の右に出るものはまずない。

(14) Fehrenbach, *Lone Star*, p.291.

(15) これやその他建築上のディテールは、テキサス州グロースベックの元の場所に建てられたOld Parker's Fort ですばらしく再現されている。

(16) Plummer, *Rachel Plummer's Narrative*, p.93.

(17) Ibid., p.93.

(18) Daniel Parker, notes dated June 18, 1836, Parker Documents, Center for American History, University of Texas, Austin. Hacker, p.8 も見よ。

(19) Plummer, *Rachel Plummer's Narrative*, p.95.

(20) Exley, p.44.

(21) Ibid., p.94.

(22) Plummer, *Rachel Plummer's Narrative*, p.9.

(23) Parker, *Narrative of the Perilous Adventures*, p.1.

(24) John Graves, *Hard Scrabble*, p.15.

(25) Plummer, *Rachel Plummer's Narrative*.

(26) Rachel Plummer, *Narrative of the Capture* (1838), p.7ff.

(27) Ibid.

3 衝突する世界

(1) Ernest Wallace and E. Adamson Hoebel, *The Comanches*, p.12.

(2) Alfred Thomas, ed., *Forgotten Frontiers: A Study of the Spanish Indian Policy of Don Juan Bautista de Anza, Governor of New Mexico, 1777-1787, From the Original Documents in the Archives of Spain, Mexico, and New Mexico*, pp. 119ff.

(3) Ibid., p.8; Rupert Richardson, *The Comanche Barrier*, p.5.

(4) T. R. Fehrenbach, *The Comanches*, p.133.

(5) Dorman H. Winfrey and James M. Day, eds., *The Indian Papers of the Southwest*, vol. 1, p.24.

(6) M. Lewis, *The Lewis and Clark Expedition*, p.30; Thomas Kavanagh, *The Comanches: a History 1706-1875* の中で、Kavanaugh は"Padouca"という部族名は平原に住むアパッチ族に対して使われてきたと述べている(p.66)。いずれにしても要点は、たくさんの部族が知られ、名前も確認されているその土地で、この時代のコマンチ族がまったく知られていなかったということだ。
（7） George Bird Grinnell, “Who Were the Padouca?” *American Anthropologist* 22 (1920): 248.
（8） Kavanagh, *The Comanches*, pp.218-19.
（9） Ibid., p.235.
（10） George Catlin, *Manners, Customs, and Condition of the North American Indians*, p.47.
（11） W. S. Nye, *Carbine and Lance: The Story of Old Fort Sill*, p.8.
（12） Catlin, pp.48ff; Colonel Richard Irving Dodge, *Our Wild Indians, 33 years' personal experience among the redmen of the great west* も見よ。
（13） Randolph B. Marcy, *Adventure on Red River: A Report on the Exploration of the Red River by Captain Randolph Marcy and Captin G. B. McClellan*, p.5.
（14） Fehrenbach, *The Comanches*, pp.30-31.
（15） David La Vere, *Contrary Neighbors*, p.8.
（16） Clark Wissler, *The American Indian*, pp.220ff.
（17） Fehrenbach, *The Comanches*, p.33.
（18） Walter Prescott Webb が彼の著書 *The Great Plains* (p.53) の中ではじめてこの意見を述べた。以来，他の人々によって繰り返されている。
（19） J. Frank Dobie, *The Mustangs*, pp.23ff.
（20） Wallace and Hoebel, p.41.
（21） Ibid., p.24.
（22） Fehrenbach, *Lone Star*, p.31.
（23） Dobie, p.25.
（24） Fehrenbach, *The Comanches*, p.86.
（25） Wallace and Hoebel, p.35ff.
（26） Wissler, p.220.
（27） Fehrenbach, *The Comanches*, p.126.
（28） Wallace and Hoebel, p.39.
（29） Ibid., p.35; Dobie, p.69.
（30） Athanase de Mézières, “Report by de Mézières of the Expedition to Cadadachos, Oct. 29, 1770,” in Herbert E. Bolton, ed., *Athanase de Mézières and the Lousiana-Texas Frontier, 1768-1780*, vol. 1, p.218.
（31） Catlin, pp.65ff; Colonel Richard I. Dodge, *Our Wild Indians* も見よ。
（32） Dobie, p.65.
（33） Dodge, *The Plains of the Great West*, pp.401ff.
（34） Dobie, p.48. 彼は Captain Randolph Marcy の書いた記事を引用している。
（35） General Thomas James, *Three Years Among the Indians and Mexicans*, St. Louis, 1916, cited in Dobie, p.83.
（36） Wallace and Hoebel, p.46.
（37） Richard I. Dodge, *The Plains of the Great West*, pp.329-30.
（38） Ralph E. *Twitchell, The Spanish Archives of New Mexico*, p.269.
（39） Kavanagh, *The Comanches*, p.63.

(40) Marvin Opler, "The Origins of Comanche and Ute," *American Anthropologist* 45 (1943): 156.

4　飲めや歌えの大騒ぎ

(1) Rachel Plummer, *The Narrative of the Capture and Subsequent Sufferings of Mrs. Rachel Plummer*, 1839.
(2) T. R. Fehrenbach, *The Comanche*, p.97.
(3) Jo Ella Powell Exley, *Frontier Blood*, p.133.
(4) Plummer, p.96.
(5) Ibid., p.97.
(6) Walter P. Webb, *The Great Plains*, p.9.
(7) Plummer, p.97.
(8) Noah Smithwick, *Evolution of a State or Recollections of Old Texas Days*, p.113.
(9) David La Vere, *Contrary Neighbors*, p.122.
(10) Plummer, p.97.
(11) Ibid., p.98.
(12) Ibid., p.107.
(13) Ibid., p.108.
(14) Herman Lehmann, *Nine Years Among the Comanches, 1870-1879*, p.155.
(15) Crazy Horse の歴史的情報が乏しいことについては、Larry McMurtry の短いがすぐれた研究 *Crazy Horse* の中で少し詳しく論じられている。
(16) この重要な現象については、より詳細な説明が7章で行なわれている。
(17) Fehrenbach, *The Comanche*, pp.77ff.
(18) Sharon Block, *Rape and Sexual Power in Early America*, pp.222ff.
(19) Ernest Wallace and E. Adamson Hoebel, *The Comanches*, p.194.
(20) Ibid.
(21) Rammon Jimanez, *Caesar Against the Celts*, pp.27ff.
(22) Ibid., p.36.
(23) Colonel Richard Irving Dodge, *Our Wild Indians*, p.59.
(24) Ibid.
(25) Ibid.
(26) Scott Zesch, *Captured*, p.127.
(27) John S. Ford, *Rip Ford's Texas*, p.231.
(28) Clinton Smith, op. cit., pp.69ff.
(29) Zesch, p.79.
(30) Clinton Smith, p.69.
(31) Wallace and Hoebel, p.22.
(32) Ibid., p.25.
(33) 唯一の例外は、テキサス州パンハンドル地方で行なわれたクアハディ部隊に対する最後の軍事作戦で、ペナテカ部隊のメンバーがアメリカ合衆国陸軍へ参加し、斥候を務めたときだ。が、彼らは戦闘員ではなかった。
(34) W. S. Nye, *Carbine and Lance, the Story of Old Fort Sill*, p.7.

（35） Rupert N. Richardson, *The Comanche Barrier to South Plains Settlement*, p.10.

（36） Wallace and Hoebel, p.23.

（37） Plummer, p.113.

5 オオカミの遠吠え

（1） T. R. Fehrenbach, *The Comanches*, p.160.

（2） Alfred Thomas, ed., *Forgotten Frontiers: A Study of the Spanish Indian Policy of Don Juan Bautista de Anza, from the Original Documents*, p.58. すでに一七〇六年に、Iribarri が部族間の争いの悲惨な状況を詳細に報告している。それは州の北東部を占めていたアパッチ族文化の崩壊を示すものだった。

（3） Ibid., p.58.

（4） Herbert E. Bolton, ed., *Athanase de Mézières and the Lousiana-Texas Frontier, 1768-1780*, vol.1, p.34.

（5） David La Vere, *Contrary Neighbors*, p.10.

（6） Ernest Wallace and E. Adamson Hoebel, *The Comanches*, p.12.

（7） Hubert H. Bancroft, *History of Arizona and New Mexico* (1889), p.239.

（8） この戦いに言及したものはいくつかの箇所で見られる。最初は、当時テキサスのスペイン総督をしていたDomingo Cabello y Robles によって書かれた一七八四年九月三〇日付の報告書（Ynforme）の中に、二度目は、一八世紀の著名なインディアン管理官 Athanase de Mézières の文書を、一九一四年に Herbert Bolton が編集したものの中（p.25）に出てくる。

（9） Fehrenbach, *The Comanches*, p.138.

（10） Richard I, Dodge, Plains of the Great West, p.414. この報告は "Mexican Comanche" の戦士 Pedro Espinosa の情報にもとづいたもの。

（11） La Vere, pp.30-31.

（12） コマンチ族とスペインとの関係について、われわれが知っているほとんどすべての情報は、当時のスペインの公文書から得られたものだ。中でも群を抜いて完璧なのが次の二つの資料。一つは Don Juan Bautista de Anza によって提出された報告。これは Alfred Thomas によって翻訳編集されて *Forgotten Frontiers* に収められている。二つ目はスペインのインディアン管理官 Atanase de Mézières の聡明で洞察力に富んだ報告。これは一九一四年、Herbert Bolton によって *Athanase de Mézières and the Lousiana-Texas Frontier 1768-1780* としてまとめられた。また、Ralph Twitchell が編集した数巻からなる集めものの *Spanish Archives of New Mexico* は役に立つ上に興味深い。

（13） Pedro de Rivera Villalón, *Diario y derrotero de lo camionado, visto y observado en la visita que lo hizo a los presidios de la Nueva Espana septentrional*. Edited by Vito Allesio Robles, Mexico (D.F., Secretaria de la Defensa Nacional, 1946), pp.78-79 (Kavanaugh, *The*

Comanches, p.67 を見よ）.
（14） Rupert N. Richardson, *The Comanche Barrier to South Plains Settlement*, p.23.
（15） Thomas, p.58.
（16） Ibid., p.59.
（17） Carles Wilson Hackett, ed., *Pichardo's Treatise on the Limitations of Texas and Louisiana* (Austin: University of Texas Press, 1949), vol.3, p.323.
（18） コマンチ族に対して一七一六年に派遣され、成功を収めた Serna の遠征隊に関するすぐれた報告は、Ralph Twitchell, *Spanish Archives of New Mexico*, vol.2, p.301 の中で読むことができる。
（19） Kavanagh, *The Comanches*, pp.66ff.
（20） James T. DeShields, *Border Wars of Texas*, p.16.
（21） William Edward Dunn, "The Apache Mission on the San Saba River; Its Founding adn Failure," *Southwestern Historical Quarterly* 17 (1914): 380-81.
（22） Ibid., p.382.
（23） Frank Dobie は彼の著書 *Coronado's Children* の中で、San Saba の金の噂について興味深い一瞥を投げ掛けている。
（24） Dunn, p.387.
（25） Ibid., p.389.
（26） Ibid., p.381.
（27） Parrilla to the viceroy, *Historia* 95 (June 30, 1757), p.146.
（28） Fathers Banos and Ximenes to the *Guardian*, July 5, 1757, cited in Dunn, p.401.
（29） Fehrenbach, *The Comanches*, p.201.
（30） Thomas, *Forgotten Frontiers*, p.66.
（31） Ibid.
（32） これまでに、この語り草となった従軍についてもっとも詳細に述べられたものは Anza 自身の記述によるもの。メキシコシティへ送った報告書の中で、彼は雄弁にそして綿密に語っている。このオリジナルの記録は *Forgotten Fontiers* の編集人 Alfred Thomas によって翻訳され編集された（同書の p.119-42 を見よ）。Anza の文書はスペインとコマンチ族の関係を伝える歴史史料として、貴重な一次資料の役割を担っている。私の説明はそのほとんどが彼の報告書から取ったものだ。
（33） Thomas, *Forgotten Frontiers*, p.136 の中の Anza の日記。
（34） この推測の出所は Sam Houston のインディアン問題コミッショナー George V. Bonnell で、一八三八年に発刊された *Houston Telegraph and Texas Register* の記事の中で述べたもの。彼がこの数字をコマンチ族から聞き出したことは明らかだろう。したがって、それが人数を疑わしいものにしていることは否めない。が、そこに記された数字はこの時代のただ一つの推計として有効である。のちにコレラや天然痘などの疫病の流行を受けて、コマンチ族の人口が当時およそそれくらいの数だったろうということが裏付けられた模様だ。

6 血と煙

（1） General Custer もまた詩を書いていたことは注目すべきことだ。が、Lamar のへぼ詩の方が Custer の詩よりいくらかましだ。

（2） Noah Smithwick, *Evolution of a State*, p.138.

（3） James Parker, *Narrative of the Perilous Adventures*, P.14.

（4） Robert M. Utley, *Lone Star Justice: The First Century of theTexas Rangers*, p.23.

（5） Jo Ella Powell Exley, *Frontier Blood*, p.106 (citing congressional records).

（6） Utley, p.24.

（7） "Messages of the President, Submitted to both Houses," December 21, 1838, Lamar Papers, Doc., 948, p.11.

（8） T.R. Fehrenbach, *The Comanches*, p.310.

（9） David La Vere, *Contrary Neighbors*, p.55.

（10） Ibid., p.310.

（11） Donaly E.Brice, *The Great Comanche Raid*, pp.17-18.

（12） La Vere, p.64.

（13） Ibid., p.20.

（14） Mike Cox, *The Texas Rangers: Wearing the Cinco Peso, 1821-1900*, p.43.

（15） 他の報告では例によって違った数字が書かれている。John Henry Brown は白人五五人、リパン族四二人、トンカワ族一二人と記していた。Smithwick は実際その場にいたので、彼の報告がより信頼がおけるもののようだ。

（16） Smithwick, p.135.

（17） Ibid.

（18） Cox, p.69.

（19） Ibid.

（20） J.W. Wilbarger, *Indian Depredations in Texas*, p.145.

（21） John Henry Brown, *Indian Wars and Pioneers of Texas*, p.75.

（22） Ibid. エピソード全体については、John Holmes Jenkins, ed., *Recollections of Early Texas: Memoirs of John Holland Jenkins* や Noah Smithwick, *Evolution of a State* で当時の報告を読むことができる。この戦闘について Colonel John Moore が上司にした報告は、*Journals of the Fourth Congress of the Republic of Texas*, vol.3, pp.108ff の中にある。

（23） Cox, p.75. 傷の箇所の詳細については Charles A. Gulick, Jr., ed., *The Papers of Mirabeau Buonaparte Lamar*, vol.4, p.232 からの情報。

（24） Shelby Foote, *The Civil War*, vol.1, pp.336ff.

（25） Dorman Winfrey and James M. Day, eds., *The Indian Papers of Texas and the Southwest*, vol.1, p.105.

（26） Mary Maverick, *Memoirs of Mary Maverick*, p.31.

(27) Ibid.
(28) Fehrenbach, *The Comanches*, p.326.
(29) Ibid.
(30) *Evolution of a State*, pp.107ff で Smithwick が述べている、Spirit Talker と過ごした三カ月についての報告を見よ。
(31) Ibid., p.134.
(32) William Preston Johnston, *Life of General Albert Sidney Johnston*, p.117.
(33) Maverick, p.35.
(34) Brice, p.24.
(35) Maverick, p.32.
(36) Fehrenbach, *The Comanches*, p.328.
(37) Maverick, p.36.
(38) この叙述は Captain George Howard が Colonel Fisher に送ったレポート（dated April 6, 1840）の中にある。その内容はまたレンジャーの John Salmon "Rip" Ford の回想録の中でも述べられている。
(39) Rupert N. Richardson, *The Comanche Barrier to South Plains Settlement*, p.51.
(40) Ibid.; Jodye Lynne Dickson Schilz and Thomas F. Schilz, *Buffalo Hump and the Penateka Comanches* (El Paso: University of Texas at El Paso Press, 1989), p.18 も見よ。
(41) Thomas Kavanagh, *The Comanches*, p.264.
(42) Ibid.

7 夢物語と黙示録

(1) David La Vere, *Contrary Neighbors*, p.36.
(2) Scott Zesch, *The Captured*, p.34.
(3) *Houston Telegraph and Texas Register*, May 30, 1838.
(4) La Vere, p.28.
(5) Jodye Lynne Dickson Schilz and Thomas F. Schilz, *Buffalo Hump and the Penateka* Comanches, p.5.
(6) Ibid., p.20.
(7) Ibid., p.9.
(8) Ibid.
(9) Ibid., endnotes, p.51.
(10) インディアンの人数は、それを報告する者によって多寡がある。攻撃を目撃したヴィクトリアの市民 John Linn は攻撃部隊にいた戦士は六〇〇人ほどだと推測している。レンジャーの Ben McCulloch は一〇〇〇人のインディアンがいたという。地方新聞の記事は二〇〇人と報じた。私は McCulloch と Linn の両方の推測を信じたい。つまりそこには六〇〇人の戦士と、他には女、子供、年寄りがいたということだ。McCulloch はかつてテキサスが生んだもっともすぐれた追跡者だが、その彼がこの遠征でも、インディアンたちの足跡を追っている。おそらく彼は馬や攻撃者の算定も正確だったろう。

(11) John Holmes Jenkins III, ed., *Recollections of Early Texas: The Memoirs of John Holland Jenkins* (Austin, University of Texas Press, 1958), p.62.
(12) John J. Linn, *Reminiscences of Fifty Years in Texas*, p.340.
(13) Donaly E. Brice, *Great Comanche Raid*, p.30.
(14) John Henry Brown, *Indian Wars and Pioneers of Texas*, p.80.
(15) Jenkins, p.68.
(16) Ibid., p.80.
(17) Linn, pp.341-42.
(18) Mike Cox, *The Texas Rangers*, p.76.
(19) Jenkins, p.64.
(20) Brown, p.81.
(21) Mary Maverick, *Memoirs of Mary Maverick*, p.29.
(22) Linn, p.347.
(23) Victor M. Rose, *The Life and Services of General Ben McCulloch*, p.64 (citing verbatim account of John Henry Brown).
(24) Walter Prescott Webb, *The Texas Rangers: A Century of Frontier Defense*, p.62.
(25) Jenkins, p.68.
(26) Linn, p.343.
(27) Schilz and Schilz, p.23.
(28) Brazos, *Life of Robert Hall*, pp.52-53.
(29) Schilz and Schilz, p.24.
(30) J.W. Wilbarger, *Indian Depredations in Texas*, p.185.

8 白いインディアン女

(1) Eugene E. White, *Experiences of a Special Indian Agent*, p.262.
(2) James T. DeShields, *Cynthia Ann Parker: The Story of Her Capture*, pp.23-24.
(3) *Clarksville Northern Standard*, May 25, 1846.
(4) Daniel J. Gielo and Scott Zesch, eds., "Every day Seemed to Be a Holiday: The Captivity of Bianca Babb," *Southwestern Historical Quarterly* 107 (July 2003): 36.
(5) T.A. Babb, *In the Bosom of the Comanches*, p.34.
(6) Scott Zesch, *The Captured*, p.45.
(7) Babb, p.22.
(8) Gielo and Zesch, p.56.
(9) Ibid.
(10) Ibid., p.57.
(11) Zesch, p.75.
(12) Ibid.
(13) Ibid., p.81.
(14) Ibid.
(15) Ibid., p.85.
(16) Babb, p.58.
(17) Rupert N. Richardson, *The Comanche Barrier to South Plains Settlement*, p.61; Thomas Kavanaugh, *The*

Comanches, p.296. ここで留意すべきは以下の点だ。Buffalo Hump, Little Wolf, Santa Anna たちはすべて有力な族長だった。彼らを Old Owl（Pah-hah-yuco）よりさらに力があったと考える者もいる。私の調査では、Wallace/Hoebel が示した社会組織モデルが正しいと仮定すると、彼らはすべて「戦時族長」のカテゴリーに入ってしかるべきだろう。
(18) Kavanagh, p.266.
(19) Ibid., p.297.
(20) *Clarksville Northern Standard*, May 25, 1846.
(21) Ibid.
(22) Letter: P.M. Butler and M.G. Lewis to the Hon. W. Medill, Commissioner of Indian Affairs, August 8, 1848, House Executive Documents No.1, 30th Congress, Second Session, p.578.
(23) DeShields, *The Story of Her Capture*, p.30.
(24) Butler, and Lewis, p.578.
(25) Joyde Lynne Dickson Schilz and Thomas F. Schilz, *Buffalo Hump and the Penateka Comanches*, p.24, and Dorman H. Winfrey and James M. Day, eds., *Indian Papers of Texas and the Southwest, 1816-1925*, vol.1, p.266.
(26) Richardson, *The Comanche Barrier to South Plains Settlement*, p.57.
(27) Ibid., p.72.
(28) DeShields, p.28.
(29) T.R. Fehrenbach, *The Comanches*, p.349.
(30) David La Vere, *Contrary Neighbors*, p.120.
(31) Ernest Wallce and E. Adamson Hoebel, *The Comanches*, pp.169-70.
(32) Ramon Powers and James N. Leiker, "Cholera Among the Plains Indians," *Western Historical Quarterly* 29 (Fall 1998): 319.
(33) Ibid., p.321.
(34) Ibid., pp.322-23.
(35) Richardson, *The Comanche Barrier to South Plains Settlement*, p.78.
(36) Letter: Horace Capron to Robert Howard, Commissioner of Indian Affairs, September 30, 1852, letters received, M234, Roll858, Texas Agency (cited in Schilz and Schilz, p.38).
(37) Richardson, *The Comanche Barrier to South Plains Settlement*, p.60.
(38) Letter: Robert S. Neighbors to the Hon. W. Medill, Commissioner of Indian Affairs, November 18, 1847, 30th Congress, First Session, Senate committee Report 171.
(39) Kavanagh, p.265.
(40) Chief Baldwin Parker, *The Life of Quanah Parker, Comanche Chief*, through J. Evetts Haley, August 29, 1930, manuscript, Center for American History, University of Texas, p.9.

(41) Jo Ella Powell Exley, *Frontier Blood*, p.291(note).
(42) Ibid., p.139.
(43) Ibid., p.138.
(44) DeShields, p.32.
(45) Bill Neeley, *The Last Comanche Chief: The Life and Times of Quanah Parker*, p.52. Ciynthia Ann はのちにもうひとつニックネーム（"Preloch"）を手にしている。インディアンがいくつか名前を持つことは珍しくない。
(46) Randolph Marcy, *Exploration of the Red River of Louisiana in the Year 1852*, p.37.

9　風を追いかけて

(1) James W. Parker, *Defence of James W. Parker Against Slanderous Accusations*, p.4.
(2) Ibid., p.5.
(3) James W. Parker, *The Rachel Plummer Narrative*, entire.
(4) W. S. Nye, *Carbine and Lance: The Story of Old Fort Sill*, pp.35-36.
(5) T. R. Fehrenbach, *The Comanches*, p.224.
(6) J. Evetts Haley, "The Comanchero Trade," *Southwestern Historical Quarterly* 38 (January 1935): 38.
(7) David La Vere, *Contrary Neighbors*, p.117.
(8) Ibid., p.123.
(9) Jo Ella Powell Exley, *Frontier Blood*, p.84.
(10) Ibid., p.87.
(11) Rachel Plummer, *Narrative of the Capture and Subsequent Sufferings of Rachel Plummer*, pp.116-17.
(12) James Parker, *The Rachel Plummer Narrative*, p.27.
(13) Letter: James Parker to M.B. Lamar, March 17, 1839, in Carles Gulick, ed., *The Papers of Mirabeau Buonaparte Lamar*, vol.2, p.494.
(14) Ibid.
(15) Exley, p.104. 留意すべきは Exley が三人目の子供に関する唯一の情報源だということだ。L. T. M. Plummer から "Dear Nephews" へ出した手紙（個人コレクション）を引用している。
(16) Randolph B. Marcy, *Adventure on Red River*, p.169.
(17) Amelia W. Williams and Eugene C. Barker, *The Writings of Sam Houston, 1813-1863*, vol.4, pp.180-81.
(18) Exley, p177. (citing Confederate records）.

10　何食わぬ死の顔

(1) Walter Prescott Webb, *The Texas Rangers*, p.78.
(2) この考えは Webb's *The Texas Rangers* で述べられているが、それが最初に現われたのは J. W. Wilbarger's *Indian Depredations in Texas*, originally published in 1889 においてだ。
(3) Walter Prescott, Webb, *The Great Plains*, p.167.
(4) Ibid.

(5) Colonel Richard Irving Dodge, *Our Wild Indians*, pp.418-20.
(6) Ibid.
(7) Evan Connell, *Son of the Morning Star*, p.57.
(8) Colonel Dodge, *Our Wild Indians*, p.421.
(9) Panhandle Plains Historical Museum exhibit.
(10) Colonel Dodge, *Our Wild Indians*, p.421.
(11) David La Vere, *Contrary Neighbors*, p.35.
(12) Ibid.
(13) T.R. Fehrenbach, *The Comanches*, p.298.
(14) Ernest Wallace and E. Adamson Hoebel, *The Comanches*, p.257.
(15) Fehrenbach, *The Comanches*, p.146.
(16) Herman Lehmann, *Nine Years Among the Indians*, pp.47-50.
(17) Clinton L. Smith, *The Boy Captives*, pp.52-53.
(18) Mike Cox, *The Texas Rangers: Wearing the Cinco Peso, 1821-1900*, p.42.
(19) Jo Ella Powell Exley, *Frontier Blood*, p.46.
(20) Fehrenbach, *The Comanches*, p.300.
(21) Z.N. Morrell, *Flowers and Fruits in the Wilderness*, p.86.
(22) Mary Maverick, *Memoirs of Mary Maverick*, p.29.
(23) Major John Caperton, *Sketch of Colonel John C. Hays, The Texas Rangers, Incidents in Mexico*, p.11.
(24) Ibid., p.32.
(25) Wallace and Hoebel, p.258.
(26) Captain Nathan Bookshire, Report in *Journals of the Fourth Congress of the Republic of Texas*, vol.3, pp.110-11.
(27) J. W. Wilbarger, *Indian Depredations in Texas*, pp.368ff.
(28) Colonel Dodge, *Our Wild Indians*, p.522.
(29) James Kimmins Greer, *Colonel Jack Hays: Frontier Leader and California Builder*, p.35.
(30) Wilbarger, p.74.
(31) 言及されている写真は Greer が書いた Hays の伝記の中にある。
(32) Webb, *The Texas Rangers*, p.67.
(33) Caperton, p.5.
(34) Colonel John S. Ford, *John C. Hays In Texas*, p.5.
(35) Caperton, p.13.
(36) Greer, p.26.
(37) Cox, p.78.
(38) Victor Rose, *The Life and Services of Ben McCulloch*, p.42.
(39) Caperton, p.9.
(40) Ibid., p.10.
(41) Webb, *The Texas Rangers*, p.81.
(42) Ibid., p.84.
(43) Rose, p.84.
(44) Cox, p.87 (citing James Nichols Wilson, *Now Your*

Hear My Horn: Journal of James Wilson Nichols [Austin: University of Texas Press, 1967], pp.122-23).

(45) Ibid.

(46) Wilbarger, p.73.

(47) Caperton, pp.18-19.

(48) Charles Adams Gulick, ed., *The Papers of Mirabeau Buonaparte Lamar*, vol.4, pp.234-35.

(49) Wilbarger, p.72.

(50) Cox, pp.82-83; Gulick, p.232も見よ。

(51) Webb, *The Texas Rangers*, p.71.

(52) Ibid., p.120.

(53) Gulick, p.234.

(54) John E. Parsons, *Sam Colt's Own Record of Transactions with Captain Walker and Eli Whitney, Jr., in 1847*, p.8.

(55) Ibid., p.9.

(56) Cox, p.93; Robert M. Utley, *Lone Star Justice: The First Century of the Texas Rangers*, p.10も見よ。

(57) Ford, pp.18ff. この情報はHays自身からきている。彼はこれを*Houston Star*に与えた。記事が掲載されたのは一八四四年六月一三日。情報はその後、Clarksvilleの*Northern Standard*など他紙でも取り上げられた。

(58) Ford, p.20.

(59) Ibid., p.21.

(60) Parsons, p.10.

(61) Ibid,, p.8.

(62) Ibid,, p.10.

(63) Ibid,, p.16.

(64) Ibid,, p.46.

(65) Fehrenbach, *The Comanches*, p.303.

(66) Cox, p.113.

11　死闘

(1) A. B. Mason, "The White Captive," *Civilian and Gazette*, 1860 (reprint of story in *The White Man*).

(2) Jonathan Hamilton Baker, *Diary of Jonathan Hamilton Baker of Palo Pinto County, Texas, Part 1, 1858-1860*, p.210.

(3) Jo Ella Powell Exley, *Frontier Blood*, p.158.

(4) G.A. Holland, *The History of Parker County and the Double Log Cabin* (Weatherford, Tex.: The Herald Publishing Company, 1937), pp.18, 46.

(5) Ibid., p.46.

(6) Hilory G. Bedford, *Texas Indian Troubles*, pp.70-71.

(7) Ibid.

(8) Judith Ann Benner, *Sul Ross: Soldier, Statesman, Educator*, p.38.

(9) Ibid., pp.38ff.

(10) J.P. Earle, *A History of Clay County and Northwest Texas, Written by J.P. Earle, one of the first pioneers*, p.76.

(11) Mike Cox, *The Texas Rangers*, p.164.
(12) *The White Man*, September 13, 1860.
(13) Cox, p.162.
(14) J. Evetts Haley, *Charles Goodnight: Cowman and Plainsman*, p.49.
(15) Charles Goodnight, *Indian Recollections*, pp,15ff.
(16) Marshall Doyle, *A Cry Unheard: The Story of Indian Attacks in and Around Parker County, Texas, 1858-1872*, pp.18-19.
(17) Ibid., p.33.
(18) Ernest Wallace, *Texas in Turmoil, 1849-1875*, p.17.
(19) Ibid., p.13.
(20) Ibid.
(21) Exley, p.169.
(22) Ibid.
(23) Walter Prescott Webb, *The Texas Rangers*, p.142.
(24) Ibid., p.147.
(25) T.R. Fehrenbach, *The Comanches*, p.400.
(26) Ibid., p.401.
(27) John S. Ford, *Rip Ford's Texas*, p.222.
(28) Wallace, *Texas in Turmoil*, p.18.
(29) Fehrenbach, *The Comanches*, p.402.
(30) Ernest Wallace, and E. Adamson Hoebel, *The Comanches*, p.296.
(31) Larry McMurtry, *Crazy Horse*, p.77, citing Alex Shoumatoff.
(32) Wallace and Hoebel, p.297.
(33) Ibid., p.299.
(34) Randolph Marcy, *The Prairie Traveler*, p.218.
(35) Wallace, *Texas in Turmoil*, p.25.
(36) Webb, *The Texas Rangers*, p.169; Wallace, *Texas in Turmoil*, p.24.
(37) Cox, *The Texas Rangers*, p.144.
(38) Ford, p.224.
(39) Ibid., pp.223ff.
(40) Ibid., pp.231-32.
(41) Cox, p.146.
(42) Ford, p.233.
(43) James DeShields, *Cynthia Ann Parker, the Story of Her Capture*, p.40.
(44) Ford, p.233.
(45) Cox, p.147.
(46) Ford, p.233.
(47) Ibid., p.235.
(48) Cited from Cox, p.145.
(49) W.S. Nye, *Carbine and Lance: The Story of Old Fort Sill*, p.19.
(50) Benner, pp.29ff.
(51) Ibid., p.32.
(52) Ibid.
(53) Wallace, *Texas in Turmoil*, p.24.

著者紹介

S・C・グウィン　S. C. Gwynne

アメリカのジャーナリスト。プリンストン大学で歴史学を学び、ジョンズ・ホプキンス大学で修士号（ライティング）を取得。1988 ～ 2000 年「タイム」の国内記者、編集主任、支局長などを歴任。2000 ～ 2008 年「テキサス・マンスリー」の編集主幹。2008 ～ 2010 年同特派員。現在は「ダグラス・モーニング・ニュース」のシニアライター。テキサス・スクール・オブ・ジャーナリズム大学で特集記事の書き方を教えている。著書に『Selling Money』、共著に『The Outlaw Bank』（邦訳『犯罪銀行 BCCI――史上最大の金融スキャンダルを追え！』ジャパンタイムズ 1994 ）がある。本書は 2011 年ピューリツァー賞のファイナルリストにノミネートされた。全米書評家連盟賞受賞。

訳者紹介

森夏樹（もり なつき）

翻訳家。訳書にＰｈ・ジャカン『アメリカ・インディアン』（創元社）、Ｊ・ターク『縄文人は太平洋を渡ったか』、D・C・A・ヒルマン『麻薬の文化史』、Ｔ・ケイヒル『聖者と学僧の島』『ギリシア人が来た道』『中世の秘蹟』、Ｒ・Ｌ・フォックス『非公認版聖書』『アレクサンドロス大王』、Ｇ・Ｊ・ライリー『神の河　キリスト教起源史』、Ｓ・Ｆ・ブラウン＋Ｋｈ・アナトリウス『カトリック』、Ｃｈ・ウッドワード『廃墟論』、Ｐ・ウィルソン『聖なる文字ヒエログリフ』、W・クラッセン『ユダの謎解き』、U・ダッドリー『数秘術大全』、R・タトロー『バッハの暗号』（以上、青土社）、T・ジャット『記憶の山荘　私の戦後史』（みすず書房）ほか。

史上最強のインディアン コマンチ族の興亡
最後の英雄クアナ・パーカーの生涯
上巻

2012 年 5 月 10 日　第 1 刷印刷
2012 年 5 月 25 日　第 1 刷発行

著者――S・C・グウィン
訳者――森夏樹

発行者――清水一人
発行所――青土社
東京都千代田区神田神保町 1 ― 29 市瀬ビル 〒101-0051
［電話］03-3291-9831（編集） 03-3294-7829（営業）
［振替］00190-7-192955
印刷所――ディグ（本文）
方英社（カバー・扉・表紙）
製本所――小泉製本

装幀――高麗隆彦

ISBN978-4-7917-6652-9　Printed in Japan